Klara Wolf

DAS ALIEN PROJEKT

OSIRIS
VERLAG

1. Auflage Januar 2024

Copyright © 2024
OSIRIS – Verlag & Versand, Marktplatz 10, D-94513 Schönberg
www.osirisbuch.de

Haftungsausschluss:
Die Inhalte dieser Publikation wurden sorgfältig recherchiert, aber dennoch haften Autor oder Verlag nicht für die Folgen von Irrtümern, mit denen der vorliegende Text behaftet sein könnte.

Umschlaggestaltung: Luna Design KG
Satz und Layout: Luna Design KG

ISBN: 978-3-947397-30-3

Dieser Titel ist auch als eBook erhältlich, ISBN (eBook): 978-3-947397-31-0

Gerne senden wir Ihnen unser Verlagsverzeichnis:
OSIRIS-Verlag
Marktplatz 10
D-94513 Schönberg
Email: info@osirisbuch.de
Tel.: (08554) 844
Fax: (08554) 942894

Unser Buch- und DVD-Angebot finden Sie auch im Internet unter:
www.osirisbuch.de

Klara Wolf

DAS ALIEN PROJEKT

Die außergewöhnlichen Erlebnisse und Kontakt-Erfahrungen
einer deutschen Familie mit einer nichtirdischen Intelligenz

Mit einem Vorwort von Dr. Marcel Polte!

OSIRIS
VERLAG

Für meine Töchter:

Hört auf Euer Herz!

Wichtiger Hinweis für den Leser!

Die Autorin hat sehr viele Abbildungen/Zeichnungen im Buch integriert, die das erlebte Geschehen ihrer Familie dokumentieren.

Die Abbildungen/Zeichnungen im Buch sind nicht farbig wiedergegeben. Um den interessierten Leser aber auch die Abbildungen/Zeichnungen in den Originalfarben zugänglich zu machen, können Sie diese auf der unten angegebenen Produktseite des OSIRIS-Verlags einsehen.

Link zur Produktseite mit den farbigen Bildern:

https://www.osirisbuch.de/p/das-alien-projekt-klara-wolf

Inhaltsverzeichnis

Vorwort und Einleitung

Vorwort von Dr. Marcel Polte

Seit vielen Jahren beschäftige ich mich nun mit dem Phänomen der fremdartigen Kontakterfahrungen. Nachdem ich mich rund ein Jahrzehnt mit den Erkenntnissen unserer heutigen Physik – von Einsteins Relativitätstheorie über Kosmologie bis hin zur Quantenmechanik – befasst hatte, stieß ich „zufällig" auf das sogenannte UFO-Phänomen. Es dauerte nicht allzu lange, bis ich von der Existenz der unbekannten Flugobjekte überzeugt war und mir etwas klar wurde: Wenn Du mehr über dieses Phänomen erfahren möchtest, ist es völlig sinnlos, den weltweit dokumentierten UFO-Sichtungen hinterherzujagen. Es gibt eine viel bedeutsamere Quelle für Erkenntnisse. Dies sind die hunderte Erfahrungsberichte von Betroffenen, die in Kontakt mit den Insassen dieser Objekte kamen. Diese unglaublichen Erlebnisse waren von diversen Forschern in den 80er und 90er Jahren sorgfältig dokumentiert worden (dazu zählen u. a. *Prof. John Mack, Budd Hopkins, Prof. David Jacobs und Johannes Fiebag*). Doch auch nach dem Studium der Literatur dieser Abduktionsforschung blieben letzte Zweifel.

Ich entschied mich daher, selbst mit mutmaßlichen Betroffenen aus Deutschland zu arbeiten, um mehr herauszufinden und eine Bestätigung zu erhalten. Daher eignete ich mir das in der Abduktionsforschung bewährte Werkzeug der Hypnose an und erwarb – neben meinem Anwaltsjob – eine Zulassung als Heilpraktiker für Psychotherapie, um auch therapeutisch arbeiten zu können. Es dauerte nicht allzu lange, bis ich tatsächlich mutmaßliche „Abduzierte" kennenlernte. Im Vorfeld benutzte ich jeweils einen Fragebogen, der die Erkenntnisse aus über 30 Jahren Abduktionsforschung enthielt. Dort waren typische Merkmale genannt, auf welche die Forscher bei den Betroffenen immer wieder gestoßen waren (unerklärliche Körpermerkmale, Zeitverluste, elektromagnetische Anomalien usw.). Kurz gesagt zeigte sich durch die Arbeit mit diesen Menschen, dass das Phänomen der „ET"-Kontakte tatsächlich real ist – auch in Deutschland. Ich schrieb daher im Jahr 2018 mein Buch „GREYS -

Weltweites Wirken und Entführungen in Deutschland". Dort gab ich einen strukturierten Überblick über den aktuellen Stand der Abduktionsforschung, ergänzt um meine eigenen Forschungsergebnisse. Damit war für mich das Thema aber noch nicht abgeschlossen, sondern ich kam weiterhin in Kontakt mit Betroffenen, gab Hinweise und führte hin und wieder Hypnosesitzungen durch. Nicht selten war es möglich, im Zustand der tiefen Entspannung dem Unterbewusstsein des/der Abduzierten Erinnerungen an spezifische Kontakterfahrungen zu entlocken, die bislang einem bewussten Zugang verschlossen waren. Das Ganze gipfelte darin, dass es bei einer Reihe von Sitzungen sogar zu einer mutmaßlichen Kommunikation mit den fremden Entitäten kam.

In dieser Phase meiner Forschungsarbeit nahm die Autorin Kontakt mit mir auf. Sie war auf der Suche nach Antworten. Zu viele merkwürdige Dinge hatten sich seit ihrer Kindheit ereignet, als dass sie diese einfach hätte ignorieren können. Da sie bei anderen Stellen nicht weitergekommen war, vertraute sie ihre rätselhaft-bizarren Erlebnisse schließlich mir an. Eine intensive Zusammenarbeit begann, denn das unerklärliche Phänomen war noch lange nicht am Ende. Nahezu wöchentlich gab es ihrerseits Neues zu berichten: von Spuk-Phänomenen, über nebulöse Kontakte mit fremden Wesen, bis hin zu handfesten Verfolgungsaktionen durch menschliche Beteiligte. Schließlich gerieten wir bei all dem ET-Spuk an unsere Grenzen und ich gab ihr zwei Empfehlungen, um nicht den Überblick zu verlieren. Erstens bat ich Klara Wolf, alles aufzuzeichnen, an was sie sich nach einem Kontakt erinnern konnte. Und zweitens schlug ich ihr vor, ihre vielen vergangenen und aktuellen Erfahrungen niederzuschreiben.

Beides gelang ihr mit der Zeit immer besser. Ihre Zeichnungen wurden immer geübter und ich wunderte mich über die vielen rätselhaften Details, die sie enthielten. Meistens konnte mir Frau Wolf auch nicht erklären, warum sie etwas gezeichnet hatte und was es bedeutete. Ich war mir daher schon recht bald sicher, dass die „ETs" an ihren Zeichnungen unbewusst mitwirkten und für sie wichtige Informationen einfließen ließen. Ähnliches ist aus der Abduktionsforschung bekannt. Auch das Schreiben wurde mit der Zeit flüssiger und schließlich fassten wir den Plan, daraus ein Buch zu machen. Allerdings hatte *Klara Wolf* nie vorgehabt ein Buch zu schreiben und war weit davon entfernt, eine professionelle Schriftstellerin zu sein. Es war daher für beide Seiten phasenweise ein gewaltiger Kraftakt, einen schnell heruntergeschriebenen Text in eine lesbare, verständliche Form zu bringen. Doch je länger das Buchprojekt ging, desto deutlicher spürte *Klara Wolf* einen gewissen Druck seitens der „ETs" voranzukommen und das Buch zu Ende zu bringen. Schließlich gelang ihr dies auch und sie kann zu Recht stolz auf ihre Leistung sein.

Ich kann – in aller Objektivität - sagen, dass das vorliegende Werk einzigartig ist. Noch nie wurde über einen derart komplexen Kontaktfall berichtet. Dies gilt sowohl für die Vielseitigkeit und Häufigkeit der ungewöhnlichen Erfahrungen, als auch für die Anzahl der daran beteiligten Entitäten. So hatte es die Autorin nicht nur mit den inzwischen allseits bekannten „Grauen" zu tun. Auch Blonde, dürre Ärzte, Reptiloide, eine riesige Gottesanbeterin (Mantis), geist- und energieartige Erscheinungen und „Men in Black" begegneten ihr. Allein der äußerst gut dokumentierte Fall von *Betty Andreasson,* der von dem US-Forscher *Raymond Fowler* über Jahre hinweg begleitet und in mehreren Büchern festgehalten wurde, kommt dem nahe. Fowler erwähnt in „The Andreasson Affair. Phase Two" nicht nur, dass Betty von Zeit zu Zeit den unkontrollierbaren Drang verspürte, seltsame Symbole und Skizzen zu zeichnen (S. 3). Ihr Mann Bob beschreibt zudem ein Untersuchungsszenario an Bord der Fremden, bei dem eine Art Roboterarm aus der Decke kam, der ihn an einen Zahnarztbohrer erinnerte (S. 55). Einen solchen Roboterarm während einer Untersuchung in einem „Zahnarztstuhl" hat *Klara Wolf* nicht nur beschrieben, sondern sogar auch gezeichnet.

Remote-Viewer konnten das Geschehen bestätigen, inklusive dem „roboterarmmäßigen" Vorgang und einem Bildschirm mit bunter Anzeige, der sich ebenfalls auf ihrer Zeichnung befindet. Das zu dem Buch in Auftrag gegebene Remote-Viewing-Projekt lieferte somit eine wichtige und eindeutige Bestätigung für die Erfahrungen der Autorin. Auch *Betty Andreasson,* die eine sehr talentierte Künstlerin ist, fertigte diverse Zeichnungen an, in denen sie die

Begegnungen mit den Fremden festhielt, bis hin zu detailgetreuen Abbildungen der diversen fremdartigen Maschinen und Gerätschaften. Allerdings sind die Erfahrungen, an welche sich *Klara Wolf* erinnert, zahlreicher und noch facettenreicher. Dabei hat es häufig den Anschein, als würde es sich um simulierte Realitäten handeln, in welche *Klara Wolf,* oder jedenfalls ihr Bewusstsein, von einer Sekunde auf die andere versetzt wird. Während dieser Simulationen werden ihr dann regelmäßig Dinge erklärt – oft in Metaphern – oder Aufgaben gestellt, die sie meistern muss. Dabei ist es offenbar nur ein dünner, durchlässiger Schleier, der diverse Existenzebenen voneinander trennt. Und die Grenze zwischen Realität und inszeniertem Schauspiel ist meist nicht erkennbar.

In diesem komplexen, für den menschlichen Verstand wohl nicht fassbaren Szenario findet sich die Autorin zeitlebens wieder. Für sie ist klar, dass es eine tiefe Verbundenheit mit und Loyalität gegenüber den Fremden gibt. Doch dieser Gemütszustand kann schnell schwanken, wie ich nicht selten beobachten durfte. Dies ist auch nachvollziehbar, wenn man bedenkt, dass *Klara Wol*f wenig Erklärungen erhielt und stattdessen wie ein multidimensionales Versuchskaninchen immer wieder aufs Neue – unter völligem Kontrollverlust – in bizarre Erfahrungen hineingezogen wurde. Ihr Fazit zu dieser ambivalenten Beziehung:

„*Es gab eine Zeit, in der ich sie brauchte, eine Zeit, in der ich sie mochte, und eine Zeit, in der ich sie hasste. Doch egal wie ich es betrachte, diese Wesen sind uns überlegen.*"

Doch wer oder was sind die „ETs", mit denen sie es zu tun hat? Außerirdische von einem fernen Planeten, interdimensionale Besucher, eine mächtige KI oder dämonische Entitäten? Unzählige Male habe ich mit der Autorin über diese Frage sowie die Pläne und Absichten der im Verborgenen handelnden Mächte diskutiert. *Klara Wolf* beschreibt die Situation an einer Stelle treffend wie folgt:

„*Ich erkenne, dass es eine andere Spezies gibt, die in der Lage ist, unsere Welt zu manipulieren und zu kontrollieren. Sie sind scharfsinnig*

11

und spitzfindig in ihren Methoden und nutzen meine Erinnerungen und Erfahrungen für ihre Zwecke. Sie sind unsichtbar und dennoch spürbar, und ich weiß nicht, ob ich ihnen trauen kann."

Mein Standpunkt war dabei eher ein kritischer, auch vor dem Hintergrund meiner Forschungen zu ritueller Gewalt und „Mind-Control". *Klara Wolf* sah das Ganze meist positiver und zuversichtlicher. Folgendes Zitat, an dem nach meiner Einschätzung die Fremden nicht ganz unbeteiligt sind, gibt dies wunderschön wieder:

„Wir müssen akzeptieren, dass unser Schicksal von einem Hintergrund-Geheimnis gelenkt wird, das uns nur das serviert, was es uns erlaubt. Diese Welt ist ein Geheimnis, das niemals enttäuscht, und wir sind alle von unsichtbaren Kräften beherrscht, die uns beeinflussen."

Das vorliegende Werk vermittelt tiefgründige Weisheiten. Doch nicht nur in und zwischen den Zeilen. Wer sich mit Zeit und Offenheit den Zeichnungen widmet, wird darin sicher auf versteckte Botschaften stoßen. Dennoch bleiben viele Fragen offen. Und es ist noch schlimmer: *Klara Wolfs* Bericht wirft neue Fragen auf, die vielleicht für immer unbeantwortet bleiben müssen. Auch ich bin weit von einem kosmischen Gesamtüberblick entfernt. Alles was ich weiß, ist, dass vieles scheinbar Unzusammenhängende in Wirklichkeit verbunden ist. So bin ich beim UFO-Phänomen und im Kontext ritueller Gewalt auf dieselben Akteure gestoßen, zu denen Greys, Reptiloide und Mantis zählen. Doch was bedeutet das? Vielleicht sollten wir uns zwei Ratschläge der Autorin zu Herzen nehmen, ehe wir auf der Suche nach einer finalen Antwort verzweifeln:

„Wenn wir zu sehr versuchen, das Leben zu analysieren und zu sezieren, kann dies verstörend sein und uns davon abhalten, die Schönheit und das Mysterium des Lebens zu genießen."

„Diese Wesen möchten, dass wir uns anstrengen, um Rätsel und Puzzle zu lösen, was ihnen Freude bereitet."

In diesem Sinne wünsche ich allen Leserinnen und Lesern eine aufregende Lektüre und einen individuellen Erkenntnisgewinn.

Marcel Polte, Bad Homburg

Einleitung: Im Eignungstest der hellen Lichter

Teil I: Die Herausforderungen des Anfangs

Aller Anfang ist schwer

Ich fange von vorne an. Ich sitze hier mit meinem kleinen Laptop und versuche zu erklären, dass unser Verständnis der Realität anders ist, als wir es uns vorstellen. Das Ganze ist schwierig zu erfassen. Was ich in diesem Buch beschreibe, geht über das hinaus, was normalerweise wahrgenommen wird und ist vielleicht etwas ungewöhnlich. Manche meiner Erlebnisse habe ich in der physischen Welt real erlebt, während andere Ereignisse streng genommen nicht in dieser physischen Welt stattfinden, sondern während ich schlafe auf einer anderen Ebene. Es gibt viele unterschiedliche Erfahrungen, wie zum Beispiel die kosmische Sprache, die wie ein Sprechfunk von außen in mich hineinwirkt. Bei anderen Erlebnissen handelt es sich um Träume, in denen mir von anderen intelligenten Lebensformen Botschaften mitgeteilt werden. Diese Dinge geschehen in Sequenzen, welche schwanken und teils unvorhersehbar sind. Diese verschiedenen Ebenen spielen untereinander und miteinander. Mir ist nicht immer klar, auf welcher Ebene das Geschehen stattfindet. Ich habe reale Erlebnisse mit Außerirdischen, sowohl hier als auch anderswo. Diese Erlebnisse sind keine Träume und finden nicht immer in dieser physischen Welt statt, sondern in einem anderen Zustand, in einer anderen Dimension.

Ich betone, dass ich versuche, die Botschaften und Erlebnisse so genau wie möglich zu beschreiben und keine Geschichten oder Märchen erzähle, denn die Wirklichkeiten sind oft überlagert. Ich versuche, durch Beschreibungen der normalen Realität in meinem Leben, die Abweichungen in Beziehung zu bringen. Spukphänomene, Außerirdische, Materialisationen, unser Ableben, Beeinflussung und die Liebe dahinter agieren zusammen. Mein „Tagebuch" kann vielleicht helfen, neue Erkenntnisse über den menschlichen Geist zu gewinnen. Ich weiß, dass es auf diesem Gebiet vorsätzliche Betrüger gibt, aber ich zähle mich nicht dazu. Ich möchte niemanden überzeugen oder missionieren, sondern lediglich inspirieren. Jeder sollte für sich selbst weise entscheiden, was er glaubt. Es ist schwierig in dieser Gesellschaft, den Mut zu finden, um mit solchen Dingen herauszurücken. Ja, ich zögerte anfangs damit, alles aufzuschreiben. Dennoch schenkt uns das Leben viel mehr als das Offensichtliche. Es gibt Zeitfenster mit großen Chancen, nach denen man greifen muss. Nun denn, liebe Leserinnen und Leser, hier stehen wir also am Start. Tommy - zu ihm kommen wir noch - sagte einmal: *„Anfang bedeutet nicht Ende, bedeutet nicht, dass etwas perfekt ist, bedeutet, dass man losgeht mit einem Ziel."* Wenn ich mein Leben erklären könnte, dann würde ich es als Rundenlauf beschreiben. Runde für Runde verfolge ich die Motivation, nicht aufzugeben, wenn es schwierig wird.

Kapitel 1: Der motivierte Marathon

Neue Perspektiven durch Geduld und Ausdauer gewinnen

Lassen Sie uns über außerirdisches Leben sprechen oder besser gesagt, über andere Lebensformen. Ein Buch zu schreiben ist kein Sprint, sondern ein Marathon. Das habe ich bereits nach den ersten Seiten gelernt. Ursprünglich hatte ich nie geplant, ein Buch zu schreiben. Ich kann behaupten, dass das Leben mich dazu geführt hat, aber am Ende war es wohl eher ein unstrukturierter, dennoch ausgefuchster Plan, der im Hintergrund gewirkt hat. Ob ich dafür bereit bin, spielt keine Rolle. Die Möglichkeit, ein Buch zu schreiben, hilft mir, mit meinem Leben Schritt zu halten und nicht unterzugehen. Wenn ich jedoch überfordert war, musste ich den Panikmodus abschalten und so lange wie möglich die Luft anhalten, um nicht zu ertrinken. Ein guter Freund hat mir einmal gesagt: *„Du musst ein Ziel haben und wenn Dir etwas wichtig ist und am Herzen liegt, musst Du darauf hinarbeiten, damit Du später stolz darauf sein kannst, unabhängig davon, ob es für andere großartig ist oder nur für Dich selbst."* Es existieren in unserem Leben unsichtbare Realitäten, und ich habe das Gefühl, dass wir inmitten eines fantastischen Ausblicks im Schlamm stecken bleiben. Wenn man dem Leben etwas zurückgibt, hilft es einem mehr, als wenn man sich nur bedient. Daher ist es mein Versuch, durch das Weitergeben meiner eigenen Erfahrungen und des dadurch erworbenen Wissens voranzukommen. Wie ein Sprichwort sagt: *Kleine* Schritte sind besser als *keine* Schritte. Man muss Durststrecken aushalten und weitermachen bis zur nächsten Etappe. Das scheint der Schlüssel zum Erfolg zu sein.

Keine Gefahr

Ich sehe ihre Traurigkeit und Verletzlichkeit und es ist falsch, die „Besucher" alle über einen Kamm zu scheren und wie bösartige Insekten zu behandeln. Wir sollten bedenken, dass sie gute Gründe für ihr Handeln haben. Diese Herausforderungen und Konfrontationen mit anderen Realitäten sind dazu da, um zu wachsen, aber es ist kein Spaziergang - für niemanden. Es bedrückt mich, dass der Glaube an das Unerklärliche in der alltäglichen Wissenschaft kaum Gehör findet. Daher ist es mein Ziel, all jene Menschen zu erreichen, die daran glauben, dass es noch so viel mehr gibt, was den Menschen umgibt, als er sich in seinen kühnsten Träumen vorstellen kann. Das ist keine gewöhnliche Ansicht, jedoch zeigen all diese Zeilen Impulse aus meinem Leben, die darauf abzielen, nach Zusammengehörigkeit zu streben und das Vertrauen zu schenken, welches wir für die Zukunft benötigen. Wir müssen darauf vertrauen, dass in all dem Durcheinander ein Funke Ordnung steckt und die Dinge so verlaufen, wie sie es sollen. Dies hier ist alles geplant, doch nicht von mir. Der Inhalt des Pakets ist von entscheidender Bedeutung, denn es wurde von anderen Lebensformen zusammengestellt, die den Menschen umgeben und es so wollen. Herr *Dr. Polte* hat zwischen digitaler Mutation, Krieg, Wetter, Chaos und mehr den treffenden Satz ausgesprochen: *„Ich schließe nichts mehr aus."* Diese Einstellung ist passend, denn es gibt nichts, was es nicht gibt.

Diffuses Leben

Ich sitze hier und schreibe über das Leben jenseits der Normalität. Obwohl ich dadurch zwangsläufig als Außenseiterin gelte, geriet ich dennoch in dieses Thema und überlege nun, wie ich am besten beginnen soll. Vielleicht sollte ich am besten von vorne anfangen. Die Dinge, über die ich schreibe, sind abstrakt und bizarr. Um zu verstehen, dass diese Begegnungen nicht nur auf unsere Welt beschränkt sind und alles andere als Spinnereien darstellen, muss man in der Lage sein, multidimensional zu denken. Mein Name ist *Klara Wolf* (ein Pseudonym) und ich wurde in den neuen Bundesländern geboren. Mein Leben war bislang einfach. Meine Mutter ist keine gebürtige Deutsche, sondern kam als junge Frau in die DDR, um dort zu studieren. In unserer kleinen Gemeinde lernte sie meinen Vater kennen und lieben. Es dauerte nicht lange und ich kam ins Spiel. Obwohl die Zeit in der DDR nicht immer einfach war und mein Vater Schwierigkeiten hatte, politisch konform zu bleiben, ging es uns den Umständen entsprechend gut. Ich möchte hier nicht zu viel ins Detail gehen, aber ich hatte eine schöne Kindheit. Meine Eltern hatten das Glück, eine Wohnung im dritten Stock eines Wohnblocks zu ergattern, was zu dieser Zeit ein echter Glücksfall war. So waren wir, meine Eltern und ich, in dieser kleinen Neubauwohnung, die nur so groß wie ein Schuhkarton war. Fortan nannte ich den unheimlichen Ort, welcher sonderbare Dinge entfachte, mein Zuhause. Hier begann alles in meiner Erinnerung und diese Eindrücke haben sich tief in mir verankert. Ich würde mich als schüchternes, ruhiges und zurückhaltendes Kind beschreiben. Da ich keine Geschwister habe, musste ich mich oft allein beschäftigen. Eines Tages wurde mein Vater zur Marine einberufen und somit waren meine Mutter und ich meist allein zu Hause.

In dieser Wohnung passierte das Folgende: an einem normalen Abend hören wir plötzlich Geräusche und nicht zu verstehende Stimmen um uns herum, die dumpf und gedämpft klingen. Sie scheinen nicht auf einen bestimmten Punkt beschränkt zu sein, sondern huschen einfach überall umher. Wir können nicht ausfindig machen, aus welcher Ecke des Raumes sie kommen, als ob blitzartig noch jemand Unsichtbares im Zimmer bei uns ist. Man kann sich das so vorstellen, wie ein eingebautes Soundsystem in jeder Ecke der Wohnung. Jedes Mal sind diese Stimmen undefinierbar im Raum, hinzu kommen Geräusche, Töne, Geplapper und sogar Musik.

Ich erinnere mich auch noch genau an den Tag, als die Tür von allein aufging. Meine Mutter und ich sind gerade im Wohnzimmer und schauen fern, als plötzlich ein dumpfes Geräusch zu hören ist. Wir sehen uns fragend an, als sich die Tür zunächst langsam öffnet und dann knarrend aufschwingt. Meine Mutter ist sichtlich erschrocken und ich kann ihre Panik förmlich spüren. Wie kann das passieren? Die Tür war doch verschlossen! Es ist ein Schließsystem mit einem schweren Schlüssel, den wir immer sorgfältig aufbewahren. Doch jetzt steht die Tür weit offen, als ob jemand hineinspaziert wäre. Meine Mutter geht auf die geöffnete Eingangstür zu, um zu sehen, was da los ist. Sie läuft in den dunklen Hausflur hinaus, um den Lichtschalter zu erreichen und anzumachen.

Währenddessen sitze ich kauernd an der Tür und spüre, dass bei uns etwas nicht stimmt, dass hier etwas anders ist als normal. Meine Mutter findet im Hausflur jedoch nichts. Wir durchsuchen auch die ganze Wohnung, doch es ist niemand da. Wir sind allein. Sie verbietet mir erneut, mit jemandem über den Vorfall zu sprechen. Sie will keine Aufmerksamkeit auf uns ziehen, aus Angst vor Ablehnung oder Schlimmerem. Doch ich kann das nicht vergessen. Es ist schließlich nicht das erste Mal, dass seltsame Dinge in unserer Wohnung passieren. Die Stimmen und Geräusche sind inzwischen fast alltäglich geworden, aber das hier ist anders. Es ist unheimlich und beängstigend.

Jedes Mal, wenn mein Vater nicht zu Hause war, verschanzten wir uns in der Wohnung. Mein kindliches Bauchgefühl sagte mir, dass meine Mutter versuchte, die Kontrolle zu behalten, um die Normalität aufrechtzuerhalten und mit dem Phänomen fertig zu werden. Diese unheimlichen Dinge passierten meistens, wenn mein Vater nicht bei uns war, und ich schlief dann im Elternbett. Obwohl meine Eltern mir mit Nachdruck versicherten, dass es in meinem Kinderzimmer nichts gab, was mir Angst machen konnte, fühlte ich mich verfolgt von etwas Unsichtbarem, das ich nicht sehen, aber spüren konnte. Oft hörte ich nachts, wenn ich im Bett lag, wie die Gardine oder etwas Anderes sprach. An meinem Fenster war eindeutig etwas Unheimliches. Es hörte nicht auf zu sprechen, war plötzlich da und genauso unvorhersehbar wieder verschwunden. Die Sprache, die es sprach, konnte ich nicht verstehen.

Als ich älter wurde, erzählte mir meine Mutter immer wieder von diesen Ereignissen. Sie war irritiert und verwirrt, weil nicht nur wir, sondern auch die Nachbarn diese sonderbaren Phänomene hätten bemerken müssen. Ich kann nicht ausschließen, dass meine Mutter mehr weiß, als sie mir bisher erzählt hat. Eines Tages beschloss ich sogar, die Stimmen aufzuspüren und ihren Ursprung zu lokalisieren, weil meine Mutter mir sagte, dass sie möglicherweise von draußen kommen. Doch je mehr ich mich damit beschäftigte, desto schwieriger wurde es für mich, zwischen Realität und Traum zu unterscheiden, und alles verschwamm miteinander. Ein bestimmtes Erlebnis wiederholte sich in der Nacht auf eine beunruhigende und real wirkende Art und Weise: Ich fühlte mich, als ob ich immer wieder auf unseren Dachboden gehe.

Du findest es nicht raus, wenn Du Dich nicht traust.

Wie ein Schlüssel nach oben uns neue Perspektiven eröffnet

Ich liege in meinem Bett und höre plötzlich sonderbare Geräusche aus dem Treppenaufgang vor unserer Wohnungstür. Meine Neugierde treibt mich dazu, aufzustehen und zur Tür zu gehen. Als ich die Treppe hinaufgehe, höre ich die Geräusche immer lauter werden. Schließlich erreiche ich die schwere Tür zum Dachboden und kämpfe, um sie zu öffnen. Als ich schließlich auf den schmutzigen Dachboden trete, sehe ich eine Wäscheleine mit Wäsche daran hängen. Während ich weiter in den Raum hineingehe, bemerke ich ein Dachfenster, durch das helles Licht hereinscheint. Ich schaue mich um und plötzlich liege ich in meinem Bett. Verwirrt versuche ich, das Erlebnis auf dem Dachboden in meinem Kopf zu ordnen. Habe ich das alles nur geträumt? Oder ist es eine Art Halluzination? Das Gefühl, auf dem Dachboden gewesen zu sein, lässt mich nicht los. War es nur ein Traum oder steckt mehr dahinter?

Möglicherweise lässt sich das geistige Empfinden des Menschen im Schlafmodus leichter beeinflussen. Ähnlich wie in einem Kinofilm werden die Szenen zusammengefügt, um für den Moment zu passen. Doch Sinn ergeben sie nicht. Scheinbar. Ich kann dies nur anhand von Beispielen und Erlebnissen erklären, wie ich oben beschrieben habe. Diese „Traumerlebnisse" wiederholten sich während meiner Kindheit in unregelmäßigen Abständen. Sie waren so intensiv, dass ich meine Mutter tagsüber bat, mit mir auf den Dachboden zu gehen, um nach einer geheimen Schatztruhe mit Zauber-Spielzeug zu suchen, von der ich geträumt hatte. Obwohl sie mit mir hochging, war dort offensichtlich nichts zu finden. Die Truhe blieb vorerst nur in meinem Kopf. Ich erinnere mich, wie enttäuscht ich war, als ich das schöne Spielzeug nicht finden konnte.

Heute bin ich der Meinung, dass sie – die fremden Intelligenzen – mir ein verzerrtes Bild der Realität vermittelt haben. Und das in einer endlosen Spirale, so dass ich als Erwachsene immer noch daran denken muss. Wie sie das machen, weiß ich nicht, aber es scheint, dass für sie Raum- und Zeitgrenzen nicht gelten. Diese Möglichkeiten widersprechen unseren bekannten Strukturen und deshalb fällt es dem Menschen schwer, die Tragweite des Ganzen zu begreifen. Es klingt fast wie Gehirnwäsche, geht vielleicht auch ein wenig in diese Richtung.

Ein weiteres Beispiel: Als erwachsene Frau habe ich eines Nachts einen Traum, der mich zurück in meine Kindheit führt. Ich befinde mich wieder in dem Treppenhaus, welches ich aus meiner Kindheit kenne, das zum Dachboden führt. Doch plötzlich verschwindet das Geländer und ich verliere das Gleichgewicht. Ich stürze nach unten und sehe dabei ein Auffanggitter auf mich zukommen. Während des Sturzes fühle ich mich wie in einem Tunnel und sehe mich selbst als kleines Mädchen. Zuerst spiele ich mit meinem Puppenwagen, dann fahre ich auf meinem Dreirad und schließlich sitze ich auf meinem grünen Klappfahrrad. Plötzlich werde ich kurz vor dem Aufprall zurück in mein Bett gedrückt und wache schlagartig auf.

Es gibt Theorien, dass Kinder bis ins Erwachsenenalter verschiedene Entwicklungsstufen durchlaufen müssen, um Konflikte zu meistern. Meine Schlussfolgerung aus all dem ist, dass die Außerirdischen mir mit diesem Erlebnis zeigen wollen, wie ihr Programm funktioniert. Meine Vermutung ist, dass sie mein Leben von Anfang bis Ende mitgestalten, koordinieren und planen. Dabei gehen sie sehr geschickt vor und schleusen sich in meine Träume ein oder loggen sich in das angebliche Traumgeschehen ein. In der Nacht, wenn ich schlafe und somit von äußeren Einflüssen verschont bin, scheinen die Außerirdischen (so nenne ich sie einfach mal – auch wenn ich damit nicht sagen will, dass sie von einem fremden Planeten kommen) meinen Geist für sich nutzen und beeinflussen zu wollen. Im Schlafmodus ist diese Beeinflussung offenbar leichter zu kontrollieren und sie greifen gezielt auf meine Kindheitserinnerungen zurück, die nachhaltig im Unterbewusstsein verankert sind. Sie scheinen gezielt bestimmte Kinder auszuwählen, die sie für ihr Programm nutzen können, und ich gehöre offensichtlich zu dieser Gruppe. Doch anders als manche vermuten mögen, gehen sie dabei nicht zerstörerisch vor. Vielmehr setzen sie ihre Keime in nährbaren Boden, um ihr Ziel auf sanfte Weise zu erreichen.

Der magische Zauberdachboden hat meine Welt gespalten.

21

Der Keim in der Spirale der Zeit.

Geduld ist Arznei

Ich hatte als Kind ständig Schwierigkeiten damit, zwischen der Realität und Fiktion zu unterscheiden. Das beeinträchtigt mein Schulleben sehr. Ich bin schlecht in der Schule und habe keine Motivation. Einige Lehrer nerven mich und ich erledige nur das Nötigste, wenn überhaupt. Kurz gesagt, ich betrachte die Schule als sinnlos und verhalte mich dementsprechend regelwidrig. Ich schwänze den Unterricht und fälsche die Unterschriften meiner Eltern. Das ist keine gute Ausgangsposition für meine Zukunft. Später wechsle ich zur Gesamtschule und die Klassen werden neu zusammengestellt. Dort treffe ich ein Mädchen namens *Sina* und wir werden gute Freunde. Wir wollen sogar wie Schwestern aussehen und verbringen unsere Freizeit ausschließlich miteinander. *Sina* wird zu meiner besten Freundin aus Kindertagen. Als Teenager haben wir keine sinnvollen Hobbys und hängen meist einfach herum. Doch dann erhalten wir die Möglichkeit, uns um drei Pflegepferde zu kümmern, die wir von Bekannten bekommen haben. Meine Eltern sind darüber erfreut, denn es ist etwas Solides und Verantwortungsvolles. Wir sind begeistert und verbringen viel

Zeit auf dem Pferdehof. Oft sind *Sina* und ich bis spät in die Nacht draußen und bekommen deshalb Ärger zuhause. An einem warmen Abend sollten die Pferde draußen auf der Koppel bleiben. Wir entscheiden uns, noch eine Weile im Gras zu liegen und in den Nachthimmel zu schauen. Plötzlich erscheint über uns eine fußballgroße Leuchtkugel am Himmel. Wir können es kaum glauben und starren fassungslos nach oben. Die Kugel fliegt langsam, als ob sie uns beobachten und unsere Reaktion abwarten würde. Nachdem wir uns von unserem ersten Schock erholt haben, springen wir auf und folgen der Kugel neugierig auf der Koppel. Doch genauso schnell, wie sie erschienen ist, verschwindet sie auch wieder. Das Ganze dauert etwa fünf Minuten. *Sina* beschreibt es heute als „eine Art Beleuchtung am Himmel". Wir können uns nicht mehr daran erinnern, ob die Pferde auf das Ereignis reagiert haben oder nicht, da wir so fasziniert waren.

Die Beleuchtung am Himmel.

Die hellen Lichter

Als junge Mädchen im Alter von etwa 12 Jahren sind *Sina* und ich bei ihrer Mutter zu Besuch, die in einem kleinen Wohnhausblock lebt. Da ich zu dieser Zeit in der Stadtmitte wohne, begleite ich *Sina* an diesem Tag nach Hause. Es wird bereits dämmrig und wir lachen viel, als plötzlich drei fußballgroße Leuchtbälle über unseren Köpfen zu schweben scheinen. Die Bälle kommen näher und entfernen sich dann wieder, während sie um uns herumfliegen. Wir haben das Gefühl, dass die Bälle miteinander spielen und huschen dabei in unterschiedlicher Geschwindigkeit hin und her. Wir versuchen, sie im Auge zu behalten, ohne einen Gedanken daran zu verschwenden, dass sich vielleicht an der nächsten Ecke ein riesiges „Alien-Mutterschiff" verstecken könnte, um uns einzupacken und an böse Außerirdische zu verfüttern. Aber wie hätten wir das auch ahnen können? Wir wussten damals nicht einmal, wie man das Wort „außerirdisch" schreibt. Wir rennen den Leuchtbällen hinterher bis zum Hubschrauberlandeplatz des nahegelegenen Krankenhauses, und plötzlich sind die Bälle wieder verschwunden. Diese Erlebnisse sind so unglaublich, dass sie sich tief in unserer Erinnerung eingeprägt haben. Während ich nun an diesem Buch schreibe, nehme ich Kontakt zu *Sina* auf und bitte sie, unsere gemeinsamen Erlebnisse aus der Kindheit für mich zu illustrieren. Und das tut sie auch gerne.

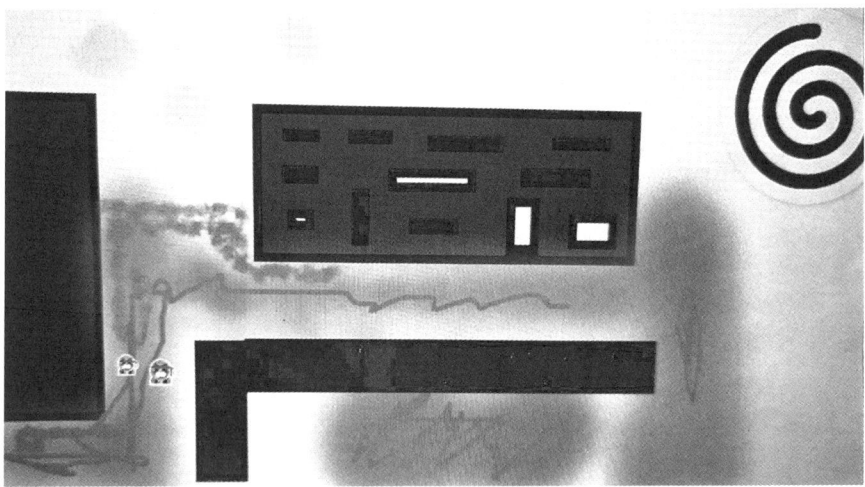

Eine Auswertung meines Verhaltens, wenn leuchtende Bälle leben.

Vergangenheit, Gegenwart, Zukunft

Ist unsere Vergangenheit dafür verantwortlich, was in der Gegenwart und Zukunft geschieht? Das Leben folgt seinem Lauf und manchmal geschehen Dinge, die wir nicht vorhersehen können. *Sina* hat viele Geschwister und ihre alleinerziehende Mutter kommt nicht mehr allein zurecht, weshalb sie sich für eine Langzeitkur entscheidet. Da *Sina* aufgrund ihres Alters von 14 Jahren nicht mehr für die Maßnahme in Frage kommt und sie nicht zu Verwandten möchte, wird sie vorübergehend in einem Heim für Kinder untergebracht. Wir Mädchen sind mit der Situation unzufrieden und ich bitte meine Eltern, *Sina* für eine Weile bei uns aufzunehmen. Nach einigen Gesprächen ist es schließlich soweit und *Sina* zieht vorübergehend bei uns ein. Da meine Eltern inzwischen ein Eigenheim in der Nähe des Waldes besitzen, haben wir genug Platz für vier Personen. In der Schule haben *Sina* und ich Schwierigkeiten, uns auf unsere schulische Laufbahn zu konzentrieren. Während andere in unserer Klasse bereits wissen, in welche berufliche Richtung sie gehen möchten, tun wir uns schwer, die richtige Berufswahl zu treffen. Außerdem haben wir noch Verbesserungspotenzial bei unseren Noten, wodurch unser Berufswahlradius eingeschränkt ist, im Vergleich zu anderen. Ich bewundere viele meiner Klassenkameraden, die bereits einen genauen Plan für ihre Zukunft haben. Im Gegensatz dazu bin ich planlos und habe kein wirkliches Ziel vor Augen, was es für meine Eltern nicht einfacher macht. In der Zeit,

Ohne Worte.

als *Sina* bei uns lebt, lässt unser Interesse an den Pflegepferden nach. Da es keine breite Verfügbarkeit von Hightech-Geräten gibt, haben wir Musik von tragbaren Audiogeräten wie Kassettenrekordern oder Discmans gehört. Doch zuhause erleben wir manchmal unheimliche Dinge: Es knackt und knirscht im Haus, es gibt seltsame Geräusche und ständiges Schlürfen und Pfeifen im Raum, was den Wahnsinn in unseren vier Wänden abrundet. Ich bitte *Sina* nun, auch hierzu eine Zeichnung ihrer damaligen Wahrnehmung anzufertigen, was sie auch umgehend tut.

Opas Stimme auf Deutsch

Von Zeit zu Zeit besuchte ich mit meinen Eltern meine Familie im Ausland. Diesmal jedoch sind wir auf dem Weg zu einer traurigen Angelegenheit – der Bestattung meines Opas. Nach unserer Ankunft lege ich mich erschöpft und traurig in mein Bett. Währenddessen bleiben meine Eltern noch auf und unterhalten sich mit meiner Oma, den übrigen Familienmitgliedern und den Erben. Am nächsten Morgen wache ich auf und sehe mich im Zimmer um, als ich plötzlich die Stimme meines Opas höre – sehr klar, deutlich und zu meiner Verwunderung in deutscher Sprache. Zum ersten Mal höre ich eine Stimme, die direkt zu mir spricht. Was mich noch mehr verwundert, ist, dass es die Stimme meines verstorbenen Großvaters ist – und das auf Deutsch, obwohl er zu Lebzeiten kein Deutsch konnte. Seine Stimme ist direkt und bestimmend. Mir wird klar, dass er es ernst meint, als er sagt: „Werft die zerbrochene Vase nicht weg!". Ohne zu zögern, stehe ich auf und erzähle es sofort meinem Vater, dem ersten, der mir im Haus begegnet. Er sieht mich ungläubig an. Nachdem ich meine Nachricht übermittelt habe, gehe ich ins Badezimmer, um meine morgendliche Routine zu erledigen. Als ich fertig bin, setze ich mich zu den anderen an den Küchentisch. Ich werde von meinen Familienmitgliedern befragt, wie das mit der Botschaft meines Opas war. Also erzähle ich ihnen noch einmal den Ablauf der Geschehnisse, jedoch wahrscheinlich nicht deutlich genug, da sie immer wieder nachfragen. Manchmal denke ich wirklich, dass ich eine andere Sprache spreche. Zu ihrer Verteidigung muss ich sagen, dass meine Familie am Abend zuvor überlegt hatte, das Haus meines Opas zu verkaufen und meine Oma woanders unterzubringen. Das geht gar nicht, denke ich mir. Der Opa ist noch nicht einmal begraben, und sie denken bereits ans Geld. Ich erinnere

mich an ein altes Sprichwort: „Einen alten Baum verpflanzt man nicht."
Der Gedanke, das Haus zu verkaufen, kommt zur völlig unpassenden Zeit
und ist nach der Botschaft meines Opas im Nichts verschwunden.

Sich dem Wandel anpassen

Die Schulzeit hatte ich hinter mich gebracht, doch nun stand ich vor der
Frage der Berufswahl und meine Eltern und ich hatten unterschiedliche
Vorstellungen davon. Schlussendlich drückten sie mich in die Landwirtschaft, da es in der Umgebung einige Bauernhöfe gab und mein Zeugnis
nicht viele Optionen zuließ. Der Plan ist, eine Ausbildung zur Landwirtin
zu machen. Ich hielt es jedoch nur zwei Jahre aus, nicht wegen der Arbeit
als solches, sondern wegen der unmenschlichen Art, wie einige Menschen mit Tieren umgehen. Ich konnte es nicht ertragen, wie meine Kollegen die Kühe behandeln – mit Stromschlägen und Schlägen, als ob ihr
Dasein nichts wert wäre auf dieser Welt. Nachdem ich meinen Job in der
Landwirtschaft aufgrund der schlechten Behandlung der Tiere gekündigt
hatte, schwor ich mir, weniger Fleisch zu konsumieren. In meiner letzten Arbeitswoche kam ein Viehtransporter, bereit zum Schlachthof zu
fahren. Plötzlich hatte ich eine Art Zukunftsvision. Es fühlte sich an, als
ob mein Geist in alle Richtungen davonfließt. Ich hatte das Gefühl, dass
die Umwelt um mich herum voller Zeichen war. Die Tiere im Stall waren
sehr laut und unruhig, und der Wind wurde plötzlich stärker. Ich hatte
den Eindruck, als ob ich mittendrin in einem anderen Geschehen stünde.
In meiner Vision geriet der LKW plötzlich in einen Verkehrsunfall, und
alle eingesperrten Tiere entkamen und liefen frei herum. Dann war der
Augenblick vorbei. Obwohl es nur ein kurzer Eindruck war, wirkte er sehr
real. Es fühlte sich an, als ob eine übernatürliche Ordnung in meinem
Leben kurzzeitig vorhanden war. Eine halbe Stunde später erhielten wir
einen Anruf von der Polizei, dass wir bei der Suche nach entlaufenen Kühen helfen sollten. Es erstaunte mich, dass ich damit erstmals eine klare
Vision der Zukunft hatte.

Ich erkannte, dass man als Mensch bestimmte Schritte durchlaufen muss,
um die nächste Stufe zu erreichen. Nicht alles geschieht sofort und manche Dinge benötigen Zeit, um besser verstanden zu werden. Wir fuhren direkt zum Unfallort und ich sah das Bild, das ich eine halbe Stunde zuvor in

meiner Vision gesehen hatte, inklusive des besagten Viehtransporters und der verschwundenen Kühe. Insgeheim war ich sogar erleichtert, dass ich meine Vision bestätigt sah. Wir machten uns auf die Suche nach den Kühen. Eine schwierige Aufgabe, da die Tiere nun Freiheit geschmeckt hatten. Es dauerte Stunden, bis wir alle Tiere wieder beisammen hatten. Sie landeten schließlich beim Schlachter, aber wenigstens hatten sie vorher noch ein wenig Freiheit. Trotzdem milderte dies meine Traurigkeit nicht. Ich habe den Job in der Landwirtschaft zwar nicht lange durchgehalten, aber lange genug, um einiges zu sehen. Ich habe Mastanlagen und Legebatterien besucht und ansehen müssen, wie kleinen Ferkeln ohne Betäubung die Hoden abgezwackt wurden. Keine schönen Bilder.

Etwas mehr Respekt für die Vielfalt.

Kapitel 2: Prozess der Identitätsformung

Sinn im Leben finden und Hindernisse überwinden

Was wäre, wenn die Geheimnisse hinter den Kulissen so groß sind, dass es besser ist, sie zu bewahren? Was wäre, wenn es gute Argumente für Verschleierung gibt? Einige Dinge sollten im Dunkeln bleiben, als

Schutz. Eine verrückte Menschheit bringt niemandem etwas. Doch über diese existenziellen Fragen dachte ich damals noch nicht nach. Die Zeit lief weiter und ich feierte und tanzte auf Partys, experimentierte mit LSD. Der Ernst des Lebens kümmerte mich nicht. Meine Eltern konnten mich nicht zur Vernunft bringen. Ich war überheblich und dachte, die Welt gehöre mir. Eines Tages holte mich die Realität ein, als ich kotzend über der Kloschüssel hing.

Eine Stimme spricht zu mir und rüttelt mich wach. Diese Stimme höre ich um mich herum, als ob etwas Unsichtbares alles sieht, hört und in den Raum hineinspricht. Diese Stimme hat einen warnenden Unterton: „Das tut Dir nicht gut, lass das hinter Dir und geh Deinen Weg." Ich bin erschrocken, als ob Geister mich verfolgen würden. Aber die Warnung ist so deutlich, dass ich beginne, mich zu ändern. Doch was ist mein Weg? Ich beginne Bewerbungen zu schreiben und beschließe, meine Heimat zu verlassen und anderswo ein neues Leben aufzubauen. Ich bewerbe mich im ganzen Land, von Norden bis Süden. Endlich werde ich belohnt, aber der Preis ist hoch. Ich muss wählen zwischen Freunden und Familie oder meiner Zukunft. Die Maschinerie in mir sagt, dass ich erwachsen werden soll. Also beschließe ich, das Alte hinter mir zu lassen, um voranzukommen. So landete ich nach ein paar Vorstellungsgesprächen im schönen Rheinland.

Wenn das Leben mal nicht so will

Die Jahre vergingen und im Trubel meines neuen Alltags bin ich selten zu Hause. Ich lerne, mich durchzuschlagen, lebe in einer kleinen Wohnung und gehe täglich zur Arbeit. Doch dann, mittendrin, erhalte ich einen Anruf von meinem Vater: Meine Mutter hat Krebs. Die Welt scheint stillzustehen. Ich kann nicht glauben, dass meine Mutter krank ist. Mein Vater versichert mir, dass alles gut werden wird, aber ich weiß, dass er nur eine Hoffnungslüge erzählt, um mich zu beruhigen. Ich fühle mich hilflos und verzweifelt, da ich nicht bei meiner Familie sein kann, um ihnen beizustehen. Der Gedanke, alles stehen und liegen zu lassen und nach Hause zu gehen, drängt sich in meinen Kopf. Doch dann erreicht mich eine Aufmunterungskarte von meiner Mutter mit dem Zitat: „Über manches muss man einfach hinwegsehen können." Ein paar Tage später kommt eine weitere Karte mit einem Zitat aus „Der kleine Prinz": „Man sieht nur mit dem Herzen gut, das Wesentliche ist für die Augen unsichtbar." Und schließlich noch eine: „Du kannst den Lauf nicht ändern." Obwohl ich die Ernsthaftigkeit der Lage nicht vergessen habe, helfen mir diese Worte meiner Mutter, die Dinge aus einer anderen Perspektive zu betrachten und eine positive Einstellung zu bewahren. Kurz darauf klingelt erneut das Telefon und es ist wieder mein Vater. Er bittet mich, nach Hause zu kommen und Abschied von meiner sterbenden Mutter zu nehmen. Mir wird klar, dass man Veränderungen im Leben nicht entkommen kann. Niemand kann das. Schon morgen kann alles anders sein und wir haben nur begrenzt Kontrolle darüber. Mir wird die Luft zum Atmen genommen, ich möchte das Unvermeidliche nicht akzeptieren. Völlig unkoordiniert und desorientiert gehe ich zu meinem Hausarzt, um mir einen Krankenschein zu holen. An Arbeiten ist nicht mehr zu denken, ich will nur noch zu meinen Eltern nach Hause. Der Arzt empfiehlt mir, mich abholen zu lassen und nicht selbst zu fahren, aber das ist mir egal. Völlig außer Fassung tanke ich abends mein kleines Auto voll und fahre wie der Blitz und völlig durch den Wind auf die Autobahn. Ich weine wie ein Baby und schreie hysterisch in meinem Auto. Plötzlich gibt es einen Zeitraffer und etwas Seltsames passiert. Die Instrumente in meinem Auto spielen verrückt, mein Scheinwerferlicht flackert und das Display zeigt merkwürdige Muster. Auch die Musik geht an und aus. Der Himmel sieht plötzlich blutig rot aus. Ich bin sehr erschrocken und weiß nicht mehr, wie spät es ist. Die rote Farbe des Himmels irritiert mich. Plötzlich höre ich auf zu weinen und vergesse den Augenblick. Mit einem Schub bin ich plötzlich näher an meinem Ziel, aber es fehlt nicht nur Zeit, sondern auch die dazugehörigen Kilometer. Ich begreife gar nichts mehr. Zwischen einem Riesenfragezeichen, wo die gefahrenen Kilometer hin sind und der Traurigkeit, komme ich wie ferngesteuert bei meinem Vater zu Hause an. Ich erkläre mir das seltsame Erlebnis damit, dass es jemand anderes verursacht hat. Es ist ihre Masche und sie können das. Sie sind in der Lage, die Zeit und die Menschen (alle Menschen) zu beeinflussen. Elektrogeräte werden in ihrer Gegenwart zum Spielball. Dies hat womöglich etwas damit zu tun, dass verschiedene Formen der Realität und Technik aufeinandertreffen. Am nächsten Morgen fahren mein Vater und ich gemeinsam ins Krankenhaus zu meiner Mutter. Sie liegt zwischen all den Kabeln. Erschüttert über ihren Zustand fahren wir nach dem Besuch zurück nach Hause. Dann erzählt mir mein Vater von einem immer wiederkehrenden, sehr lebhaften Traum, den er in letzter Zeit hatte und der ihm großen Schrecken bereitet. Er sagt, dass er und ich im Auto sitzen und in einen Kreisverkehr hineinfahren. Plötzlich rollt ein großer LKW auf unser Auto zu. Nur knapp schafft er es, ihm auszuweichen und jedes Mal wacht er schweißgebadet auf. Ist es denkbar, dass diese verstörenden Bilder und Clips Vorboten für eine bevorstehende schwere Zeit sind? Was, wenn das Leben und die dahinterstehenden Entitäten uns Hinweise geben und wir sie nur decodieren müssen?

Nicht versinken

In den folgenden Tagen ereignen sich sonderbare Dinge in unserem Zusammenleben. Tiere in der Umgebung verhalten sich seltsam: Hunde heulen, Kühe schreien und sogar die Gänse des Nachbarn schnattern ungewöhnlich laut. Offensichtlich spüren die Tiere etwas – so würde ich es zumindest interpretieren. Nachdem wir die Beerdigung halbwegs überstanden haben, sind unsere Nerven zum Zerreißen gespannt. Mein Vater hat Schulden mit dem Haus, daher durchsuchen wir Versicherungsunterlagen, um die Lage in den Griff zu bekommen. Plötzlich fangen die Elektrogeräte an, verrückt zu spielen. Der Fernseher zeigt ständig Bildrauschen, geht immer wieder an und aus, die Digitalkamera auf dem Tisch scheint sich von allein zu bewegen und wir hören Geräusche wie Schritte, Klopfen, Pfeifen und Schlürfen. Mein Vater sagt, er höre manchmal leises Glockenläuten im Flur, das die Kellertreppe hinabklingt – das volle Poltergeist-Programm. Es ist beängstigend. Eines Tages höre ich meine Mutter in Zimmerlautstärke zu mir sprechen, als ob sie im Raum wäre, und sie ruft meinen Namen. Ich denke zuerst, ich drehe durch. Sie ruft mich immer wieder klar und deutlich. Als ich meinen Vater frage, ob er sie auch hören kann, verneint er dies. Er denkt wahrscheinlich, dass ich nun komplett verrückt geworden sei. Andererseits, wie hätte sie es sonst machen sollen? Ich denke, es ist eine Geistermitteilung und diese gibt es eben nicht zu bestimmten Zeiten. Als ich meinen Vater um Rat frage, wie es nun weitergehen soll, sagt er mir: „Klara, das Leben ist nichts für Feiglinge." Gesagt, getan. Das hilft. Ich möchte versuchen, das Lebendige zu sehen und nicht den Tod zu betrachten, um zurück zur Normalität zu finden und zu vergessen.

Aus Erfahrung Wissen

Die harte Lektion, wie schnell alles vorbei sein kann, hat mir den Mut gegeben, Neues zu wagen. Ich habe Nägel mit Köpfen gemacht und mich von meinem damaligen Freund getrennt. Bei der Trennung präsentierte mir mein Ex-Freund seine Idee, nämlich mit niemandem über meine Stimmen- und Elektrophänomene zu sprechen, da sonst die „Männer in weißen Kitteln" kämen und mich holen würden. Prima Hilfe, würde ich sagen. Mit dieser prophetischen Weisheit begann mein neuer Lebensabschnitt. Ich wurde Teil einer Wohngemeinschaft in Köln und ging wie gewohnt meiner Arbeit nach. Doch seltsame Ereignisse sollten mich weiterhin begleiten. Eines Tages während der Kaffeepause brach ein Kunde vor unseren Füßen zusammen. Handbuchgerecht versuchten meine Kollegin und ich ihm zu helfen und währenddessen blickte ich nach links und sah den gleichen Mann, der vor uns lag, neben uns stehen. Wie eine blasse Kopie seiner selbst stand er da. Als altes Gefühls-bündel (wenn man so will) verlor ich meine Fassung. Unbewusst sendete mir dieser Mann eine Botschaft, dass er nicht zurückkommen würde. Als ich mich umdrehe, ist er plötzlich verschwunden. Ich bin verwirrt und durcheinander. Plötzlich kommt der Notarzt zur Tür herein und das Geschehen überschlägt sich. Der

Sie füttern uns mit Rohstoffen und Inhalten.

Kaffee ist mittlerweile kalt und meine Kollegin und ich gehen durcheinander zurück zur Kaffeeküche, um das Erlebte zu verdauen. Auf dem Weg dorthin höre ich eine Stimme um mich herum sehr klar und deutlich diesen Satz sagen: „Aus Erfahrung Wissen." Da meine Kollegin nicht auf die Worte reagiert, traue ich mich nicht, nachzufragen, ob sie etwas gehört hat. Am nächsten Arbeitstag erfahren wir, dass der Mann einen Infarkt erlitten hat und keiner etwas hätte tun können. Ich behalte mein persönliches Erfahrungsgeheimnis für mich.

Es kommt mir im Nachhinein so vor, als ob der Mann auf einer anderen Frequenz schwang und dass sich sein Selbstmitleid auf seinen Seelenzustand auswirkte, während er eine blasse Kopie von sich selbst war. Wir sollten verstehen, dass unser Verständnis von Bewusstsein und Informationen alles um uns herum vereinen kann. Wir sollten beginnen, offener zu sein und mit neuen Augen zu schauen. Dann können uns Dinge enthüllt werden. Wir müssen einfach nur unseren Blickwinkel ändern.

Über manches muss man hinwegsehen

Ich besuchte meinen Vater nun öfter und jedes Mal, wenn wir zusammen waren, hatten wir im Haus plötzlich Stromausfälle. Es wurde dann stockdunkel und auf einmal gingen alle Lichter im Haus wieder an, ohne dass es eine Erklärung dafür gab. Wir erkundigten uns bei den umliegenden Nachbarn, aber niemand wusste etwas von einer Stromschwankung. Es passierte immer nur bei uns. Mein Vater erzählte mir, dass er oft Schritte hörte, wenn er allein im Haus war, als ob sich noch weitere Personen im Haus aufhielten. Seine Interpretation war, dass es unsere Ahnen sind, die manchmal vorbeischauen. Zu diesem Zeitpunkt war ich jedoch noch skeptisch und würde es eher als Ahnungslosigkeit bezeichnen. Was hätte er auch tun sollen? Einen Geisterjäger engagieren oder an die Öffentlichkeit gehen? Das hätte wohl niemand gemacht. Doch das scheinbar Unmögliche ist nicht unmöglich. Eine Zwischenwelt der Kommunikation schien sich aufzutun und ich begann, Erlebnisse zu haben, die ich mir schwer erklären konnte. Doch aus Angst, für verrückt erklärt zu werden, traute ich mich nicht, mit jemandem darüber zu sprechen.

Unmögliches ist doch möglich

Die unmöglich scheinenden Erlebnisse wurden häufiger. Hier ein weiteres Beispiel: Ich schlafe ein und weiß, dass ich träume. Doch plötzlich werde ich aus meinem Schlaf gerissen und stehe auf. Obwohl ich weiß, dass ich gerade noch im Bett liege, befinde ich mich nun gleichzeitig an einem anderen Ort und bin vollständig bei Bewusstsein. Ich sehe mich in einem Besprechungszimmer mit mehreren Personen um, das einen offiziellen Charakter hat. Ich spüre, dass ich etwas Bestimmtes sehen soll, und mein Blick fällt auf einen großen, runden Tisch. An diesem Tisch sitzen fremdartige Wesen, die ich nicht erkennen kann, da sie keine Gesichter haben und in schwarze Kleidung gehüllt sind. Es herrscht eine ernste und bedeutsame Stimmung und sie kommunizieren telepathisch mit mir. Sie fordern mich auf, mich zu setzen, um zu verstehen, warum ich dort bin. Es gibt einen freien Stuhl am Tisch. Ich folge ihrer Anweisung und setze mich anständig hin. Plötzlich öffnet sich eine Tür im Raum und meine verstorbene Mutter kommt herein. Ich bin überrascht und erfreut, sie wiederzusehen, aber auch irritiert und verstehe nicht, was vor sich geht. Meine Mutter beginnt, telepathisch mit mir zu kommunizieren und sagt mir, dass alles in Ordnung sei und ich mir keine Sorgen machen solle. Sie fordert mich auf, das Ganze zu betrachten und zu verstehen. Nach dieser Botschaft wird alles dunkel im Besprechungszimmer. Meine Mutter, der Tisch, die anderen Wesen und die Tür sind verschwunden. Ein Sprung und ich liege mit offenen Augen in meinem Bett.

Es gab bei diesem Erlebnis keinen Szenenwechsel zwischen Bewusstsein und Unbewusstsein. Ich war die ganze Zeit vollständig bewusst und scheinbar körperlich im Besprechungszimmer anwesend. Diese Erfahrung zeigte mir, dass es möglich ist, die Grenze zwischen dem Diesseits und dem Jenseits zu überschreiten. Ich erhielt auf diese Weise einen Beweis und eine Erkenntnis von der Ewigkeit. Wie das funktionierte, weiß ich nicht. Obwohl ich es schwierig finde, die intensiven Emotionen in Worte zu fassen, fühle ich mich von dieser Erfahrung berührt und verwirrt zugleich. Es bringt nichts, das weg zu erklären – es ist sehr real, auch nach menschlichem Empfinden.

Es gibt Jahre in meinem Leben, die scheinen ausgelöscht zu sein, als ob sie niemals stattgefunden hätten. Während andere Menschen anhand von Bildern und Erinnerungen genau wissen, was sie in dieser Zeit erlebt haben, habe ich große Lücken in meinem Gedächtnis. Meine Anhaltspunkte sind nur Eckpfeiler, basierend auf den Erlebnissen, die ich mit dem Übernatürlichen und anderen Lebensformen habe. Diese Erinnerungen sind wie tief in meinem Kopf eingebrannt und ich kann sie gebetsmühlenartig und haarklein erzählen. Ich weiß heute, dass dies so gewollt ist! Deshalb wundere ich mich nicht mehr, wenn ich in den Jahren hin und her springe. Es ist keine Vermutung mehr, sondern ich weiß, dass eine andere Spezies mein Leben bestimmt und meine Erinnerungen beeinflusst. Es sind nicht nur Folgen meiner Begegnungen mit anderen Welten, sondern sie greifen auch unsichtbar in meinen Körper und Geist ein.

Und das Unmögliche ist doch möglich.

In hellem Licht findet man Sternschnuppen nicht

Einige Monate später werde ich in meinem Bett von jemandem geweckt. Ich erschrecke und wache auf. Vor meinem Bett sehe ich weiße Lichtgestalten, sehr viele, aber ich erkenne keine Gesichter. Sie wirken gebündelt und alles ist hell erleuchtet und weiß. Sie beginnen zu kommunizieren, jedoch ohne Worte, als ob sie mich dabei anzapfen. Währenddessen rufen sie meinen Namen immer wieder wie in einem himmlischen Chor, wie ein Mantra. Ich versuche wegzuhören, aber es funktioniert nicht. Ich kann mich davon nicht abwenden, ich muss gezwungenermaßen hinhören. Ihre Stimmen sind perfekt, der Sound ist wie eine Sinfonie, wie eine eingespielte Musik. Es erinnert mich an klassische Musik und mich überwältigt die absolute Perfektion in ihren Stimmen. Früher hätte man das womöglich mit Engeln verglichen. Wie unter Hypnose bin ich fasziniert und regelrecht gefesselt von dem Anblick und dem Sound, ich kann mich immer noch nicht abwenden. Ich schaffe es nicht, mein Gehirn zum Denken zu animieren und zu hinterfragen, was das alles in meinem Schlafzimmer soll. Plötzlich ein Riss. Schlagartig wird es finster und ich sehe nur noch den leichten Lichtschein durch mein Fenster. Die Stimmen und die weißen Wesen sind verschwunden. Total erschrocken darüber, wie das plötzlich sein kann und wo sie hingegangen sind, schließe ich einfach meine Augen und schlafe - ohne darüber nachzudenken - wieder ein. Es ist schräg, wie eine andere Welt. Am nächsten Morgen weiß ich alles noch und schreibe es auf.

Durch Klänge gewinnt Ihre Stimme an Ausdruckskraft.

Sie sind es

Jetzt folgt ein sonderbarer Übergang, den ich nur schwer nachvollziehen und beschreiben kann. Ich weiß, dass ich zu Hause bin und mich ins Bett gelegt habe – zumindest denke ich das. Doch plötzlich, wie auf magische Weise, erscheint vor mir eine Tür und obwohl ich normalerweise ängstlich wäre, fühle ich keinerlei Sorge. Stattdessen stehe ich auf meinen Beinen und spüre einen unwiderstehlichen Drang mich zu dieser eigenartigen Tür zu bewegen. Plötzlich befinde ich mich an einem anderen Ort, ohne Zwischenzeit oder Möglichkeit, das Geschehene zu beeinflussen. Mich überkommt ein schön warmes Wohlgefühl, welches sich in mir ausbreitet. Ich fühle mich sicher und geborgen. Auf einmal als ob ein Vorhang fällt und sich der Blick schärfer stellt, sehe ich unsere alte Wohnung aus meiner Kindheit. Ich scheine mich zu bewegen und frage mich zeitgleich, ob ich möglicherweise auf einer Zeitreise bin. Dabei lasse ich mich von dem faszinierenden Anblick mitreißen und vergesse, dass das alles nicht sein kann. All das Gesehene löst unterdrückte Erinnerungen in mir aus und plötzlich erkenne ich meine alten Spielsachen aus meinen Kindertagen. Ich denke nicht darüber nach, ob all das nur eine Simulation sein könnte, es tut mir gut, deshalb genieße ich einfach die Wärme und Geborgenheit, die ich bei dem Anblick empfinde. Wie high gehe ich weiter und sehe die alte, zusammengebastelte Küche meiner Eltern. Dann auf einmal erkenne ich das alte Wohnzimmer meiner Eltern. Es scheint, als hätte jemand keine Details ausgelassen und ich bin fasziniert von der Authentizität. Plötzlich überkommt mich doch Verwirrung und ich überlege kurz, wie ich hierhergekommen bin. Das Licht, welches mich begleitet hat, ist immer noch da. Es blitzt auf einmal vor mir und meine Mutter erscheint. Sie sieht gesund und vital aus und ihre Augen funkeln klar. Die Wahrnehmung meiner Umgebung verschwimmt und ich will nur noch bei meiner Mutter sein. Ich bin von dem Gefühl von Glück und Erschütterung überwältigt, als meine Mutter mich anschaut und mit ihrem Finger auf ihre Lippen deutet, ruhig zu sein. Ich versuche dennoch zu sprechen, doch ich kann nicht sprechen. Dann höre ich Stimmen, welche wie Gesang aus einer Tür dringen, die damals die Küche war. Als ich zur Tür schaue, sehe ich hell leuchtende Wesen, die in perfekter Harmonie miteinander agieren und scheinbar das Geschehen steuern. Es ist ein unbeschreiblicher Klang, der mich und alles um mich herum zu durchdringen scheint. Meine Mutter geht von mir weg und plötzlich ist sie verschwunden. Alles geht ineinander über und dann sitze ich in meinem Bett und bin tief bewegt von dem Erlebnis. Angespannt und auch aufgeregt darüber, was gerade los war, übermannt mich eine extreme Müdigkeit, und ich lasse mich auf mein Kissen fallen und schlafe ein. Am nächsten Morgen wache ich auf und höre eine Stimme in meinem Schlafzimmer sagen: „Ich habe deine SMS bekommen. Mir geht es wirklich richtig gut." Ich denke heute, es gibt eine Verbindung zwischen den "Außerirdischen" und dem menschlichen Tod.

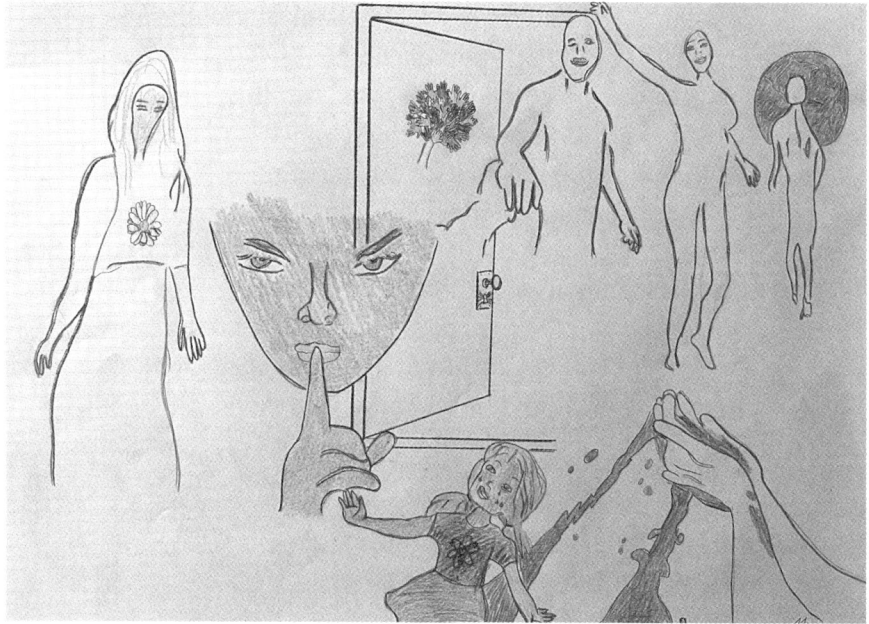

Das Phänomen überwacht alles.

Das Totenreich eine Täuschung

Ich möchte von einem weiteren merkwürdigen Erlebnis berichten, das sich in meinem Alltag abspielte: Ich gehe einkaufen und schiebe meinen Einkaufswagen über den Parkplatz zu meinem Auto. Während ich den Kofferraum öffne, schweift mein Blick zwischen Kofferraum und meinem Einkaufswagen hin und her, als plötzlich eine ältere Dame neben mir auftaucht. Ihr Erscheinen lässt mich zusammenzucken, da ich den Parkplatz zuvor als menschenleer wahrgenommen habe. Die Dame trägt altmodische Kleidung und fragt mich, ob ich sie nach Hause fahren könne, da sie den Bus verpasst habe und ihr Mann im Krieg sei. Obwohl ich skeptisch bin, beschließe ich, ihr zu helfen und öffne die Autotür, damit sie auf dem Beifahrersitz Platz nehmen kann. Ich verstaue den Rest meines Einkaufs im Kofferraum, bringe den Einkaufswagen zurück und setze mich ans Steuer. Ich frage die Dame, wohin sie möchte, und sie nennt mir einen Nachbarort, zu dem ich sie fahren soll. Während der Fahrt erzählt sie mir von den Schrecken des Krieges und spricht in einer Art, als ob ihr Mann immer noch aktiv im Krieg wäre. Ich spüre, dass sie in ihrer eigenen Leidenserfahrung gefangen ist, und wünsche ihr ein wenig Erleichterung. Als ich an einem Seitenweg ankomme, sehe ich ein paar Häuschen und halte an. Die Dame steigt aus meinem Auto aus und schließt die Autotür. Einen Moment später schaue ich nach rechts und plötzlich ist sie verschwunden, als hätte sie sich in Luft aufgelöst. Ich steige aus meinem Auto aus und suche nach einer Tür, in die sie schnell hätte hineinlaufen können, aber ich finde keine. Dann setze ich mich wieder ins Auto und fahre zurück. Ich bin so verwirrt, dass ich mich frage, was in den letzten 10 Minuten passiert ist. Es kommt mir in den Sinn, dass es möglicherweise ein Übergang in das Totenreich war, was meine Geister-Theorie bestätigen würde. Ich frage mich, warum ich nicht nachgefragt habe, als ich bemerkte, dass offensichtlich ihre Zeitlinie nicht mit meiner übereinstimmte und unser Gespräch sehr einseitig verlief.

Ich erkannte durch diese Begegnung, dass sich Zeitlinien überschneiden können und Vergangenheit und Gegenwart offenbar nebeneinander bzw. parallel verlaufen. Während dieser Begegnung war ich geistig gehemmt, gezielte Fragen zu stellen, sodass ich während der Autofahrt mehr zuhörte als zu sprechen. Es ist alles sehr seltsam. Ich realisierte, dass wir alle auf die eine oder andere Weise getestet werden, ob es zum Guten oder zum Schlechten ist. Die Dinge formen und bilden sich unvorhersehbar im Zeitgeschehen und kommen aus dem Nichts zusammen.

Weltmeer, Sandmeer, Nichts-Meer

Einige Zeit später geriet die Begegnung mit der Geister-Oma fast in Vergessenheit. Doch plötzlich stand ich mitten im Getümmel der

Großstadt einem etwa neunjährigen Mädchen gegenüber. Wie von Zauberhand scheint es in das Geschehen hineingeworfen zu sein und bittet mich um einen Cent. Ich gebe ihr das Geld und setze meinen Einkauf fort. Zufrieden mit meiner guten Tat, vergesse ich die seltsame Begegnung bald darauf wieder. Erst Stunden später, nachdem ich bereits einige Meter zurückgelegt habe und mich mit meinen Einkäufen beschäftige, taucht das gleiche Mädchen plötzlich auf der Einkaufsstraße vor mir auf. Diesmal gibt sie mir jedoch einen Cent zurück. Als ich sie anschaue, spüre ich, dass sie etwas Besonderes an sich hat. Ohne ein weiteres Wort zu verlieren, bedankt sie sich und rennt davon. Erst später, als ich alles reflektiere, wird mir bewusst, wie ungewöhnlich die Begegnungen mit ihr waren. Die Ablenkung durch den Einkauf hatte mich davon abgehalten, darüber nachzudenken. Ich erinnere mich an die Begegnung mit der Geister-Oma, die ähnlich merkwürdig verlief. Das Unerwartete kommt meist überraschend und zwingt einen, spontan zu handeln und zu urteilen. Es bleibt aufgrund der verwirrenden Ereignisabfolge und Bruchstücke unklar, was der Sinn dahinter war.

Die Natur kennt keine Gnade: Seltsame Begegnung

Es vergingen Tage, Wochen, Monate oder Jahre – ich weiß es nicht genau. Das Leben hatte mich fest im Griff. Doch wieder kam es zu einer seltsamen Begegnung: Ich bin mit meinem damaligen Freund unterwegs und wir besuchen eine alte Bekannte. Wir haben uns lange nicht gesehen und die Nacht wird lang. Deshalb entscheiden wir uns zu bleiben, um am nächsten Tag zurück nach Hause zu fahren. Wir entscheiden, auf der aufgeklappten Couch in ihrem Wohnzimmer zu nächtigen. Wir legen uns hin und dann gibt es einen merkwürdigen Moment, jedoch ist es für mich schwer zu sagen, wie lange der gedauert hat. Ich kann nicht sagen, ob ich richtig schlafe oder nicht. Alles ist sehr hell und weiß. Plötzlich steht vor mir eine Lichtgestalt, die mich scheinbar im Traum weckt. Das Licht kommt mir bekannt vor. Es blendet mich nicht und ich fühle mich sicher. Ich erkenne im Hintergrund Pyramiden. Das Wesen hat keine Haare und ich sehe auch kein Geschlechtsteil, als ob es etwas darüber trägt. Sein Anzug verschmilzt eng mit seinem Körper und leuchtet. Es gibt keinen Übergang mit Nähten. Das Wesen wirkt erhaben. Plötzlich kommuniziert es mit mir. Ich höre es klar und deutlich, obwohl es seinen Mund nicht

bewegt. Die Lichtgestalt sagt kurz und knapp: „Erdmenschen, Erdbeben."
Und schon ist alles vorbei. Ich wache erschrocken auf und liege nun ganz
normal auf der Couch. Ich weiß sofort, dass etwas Schreckliches passieren wird. Mir ist nur nicht klar, wann und wo. Doch diese Frage wird drei
Tage später beantwortet, als ein katastrophales Seebeben im Indischen
Ozean über 220.000 Menschen das Leben kostet. Die Lichtgestalt war
also eine Art Vorwarnung, ein Spiegel der Vergangenheit, Gegenwart und
Zukunft. Es gibt eine andere Form von Intelligenz, die sehr genau überwacht, was auf der Erde geschieht. Der Planet gehört nicht nur den Menschen. Diese Erfahrung sollte offenbar als Warnung verstanden werden,
dass etwas Schlimmes auf uns zukommt. Doch zu welchem Zweck dies
geschah, weiß ich nicht. Schließlich versetzte mich diese Botschaft nicht
in die Lage, die Katastrophe zu verhindern.

Eine Warnung mit spürbaren Auswirkungen.

Horrorschrei in der Nacht

An einem freien Wochenende beschloss ich, meinen Vater zu besuchen. Der Tag verlief normal und ruhig, ohne besondere Vorkommnisse.

Doch nachdem ich am Abend in mein Bett gegangen und eingeschlafen war, wurde ich plötzlich von einem lauten Schrei aus dem Hausflur geweckt, der so stark hallte, dass der Flur zu beben schien. Mein Herz raste vor Schreck und ich saß aufrecht im Bett. Der Schrei war schlimmer als in jedem Horrorfilm, und ich zog die Decke bis über meine Ohren und hielt den Atem an. Obwohl ich das monotone Schnarchen meines Vaters aus seinem Schlafzimmer hörte, fragte ich mich, warum er nicht aufwachte. Ich hoffte, dass es bald Morgen wird, um dieser schrecklichen Situation zu entkommen. Aufgrund meiner Müdigkeit schlief ich zum Glück schließlich wieder ein. Am nächsten Morgen denke ich darüber nach, ob ich ein psychisches Versuchsobjekt fremder Mächte bin. Ich konnte das Erlebnis und den Schrei aufgrund seiner Lautstärke nicht einfach ignorieren. Damit lernte ich, dass diese seltsamen Erfahrungen von positiven und erkenntnisreichen Erlebnissen bis hin zu unheimlichen und beängstigenden Ereignissen reichen können. Es ist ein so umfangreiches, breites Spektrum, was die Vielfalt des Phänomens betrifft. Ich habe daraus gelernt, dass es ratsam ist, Geduld mit einem klaren Verständnis der Realität und einer vernünftigen Einschätzung der Umstände auszuüben. Der Schrei hat nichts gemacht, außer geschrien. Es gibt eine rätselhafte Verbindung zwischen den Realitäten. Ausdauer und Ruhe helfen beim Vorwärtsnavigieren. In ungewöhnlichen Situationen ist es von Vorteil, sich auf das Voranschreiten zu konzentrieren, damit man handlungsfähig bleibt.

Erfahrungen ins Auge sehen

Als die Vorfälle zunahmen und schemenhafte Wesen mitten am Tag in unserer Wohnung auftauchten, begann ich, die Situation ernster zu nehmen. In dieser Zeit lernte mein Vater eine neue Frau kennen, die bald bei ihm einzog. Bei Besuchen erzählte sie mir, dass ständig ein Windhauch um sie herum sei, als ob sie von jemandem angepustet würde, auch wenn Fenster und Türen verschlossen sind. Sie hörte auch oft ein Pfeifen und Klopfen in der Küche. Da sie sich immer unwohler fühlte und Angst bekam, begann sie, über alles zu reden. Eines Tages kamen mein Vater und seine neue Partnerin zu Besuch, mit der Absicht, eine Nacht bei uns zu bleiben. Wir verbrachten den Abend gemeinsam bis spät in die Nacht hinein. Am nächsten Morgen hörten wir auf unserem Anrufbeantworter eine Nachricht, die anfangs sehr verzerrt klang. Wir hörten die Stimme meines Vaters, der seltsam mit einer anderen Frau spricht. Wir versuchten, dem kurzen Gespräch zu folgen und es zu verstehen, aber niemand von uns kannte die Frauenstimme oder verstand den Inhalt der erkennbaren Bruchstücke. Am Abend zuvor waren wir alle zusammen und niemand konnte sich erklären, wie jemand die Stimme meines Vaters imitieren und über Nacht auf unseren Anrufbeantworter spielen konnte. Mein Vater beteuerte, dass er es nicht sei, und wir waren alle verwirrt. Es war unmöglich, dass er sich nachts mit einer anderen Frau getroffen hatte, um sinnloserweise auf unseren Anrufbeantworter zu sprechen. Es passte zeitlich nicht und ergab keinen Sinn. Wieder einmal war ich erstaunt über dieses Phänomen, dabei zeigte sich auch hier nur ein kleiner Teil des größeren Zusammenhangs.

Kapitel 3: Omniversum der Existenzen

Im Pool der Möglichkeiten sind sie zu vielem fähig

Wir beschlossen, zusammen in den Urlaub zu fahren, nachdem sich die Beziehung meines Vaters aufgelöst hatte und seine Partnerin ausgezogen war. Wir buchten ein geräumiges Appartement und freuten uns darauf, das Meer und die Palmen zu genießen. Keine Arbeit, keine Verpflichtungen, nur ein entspanntes Vater-Tochter-Abenteuer. Aber die Realität sah anders aus: Mitten im Urlaub wache ich eines Nachts auf – nicht in meinem Bett, sondern am unteren Außenpool der Hotelanlage. Ich habe keine Erinnerung daran, wie ich dorthin gekommen bin. Ich stehe völlig durcheinander da, wie bestellt und nicht abgeholt. Einfach so. Ich bin im Bett eingeschlafen und am Pool aufgewacht. Es ist mitten in der Nacht und ich schaue mich um. Die Stühle an der Poolbar sind gestapelt, das Wasser bewegt sich nicht und alle Lichter sind aus. Im ersten Moment bin ich nicht nur geistesabwesend, sondern verstehe auch nicht, wie ich die Strecke unbewusst zurückgelegt haben kann und nun im Nachthemd und barfuß hier stehe. Da ich den Weg tagsüber bereits gegangen war und daher kenne, setze ich mich automatisch in Bewegung und laufe in Richtung Apartment. Ich habe

nur einen Gedanken im Kopf: Ich muss zurück in mein Bett. Ich über-
winde einige Treppen und einen kleinen Berg, an den ich mich von
tagsüber noch erinnere. Doch als ich die Treppe zum Apartment hinaufgehe, frage ich mich, wie ich überhaupt reinkommen werde. Ich
überlege, ob ich laut klopfen soll. Aber was, wenn mein Vater nicht
wach wird und mir nicht öffnet? Ich denke nun gar nicht mehr daran,
wie ich überhaupt zum Pool gelangt bin. Ich habe keine Panik, sondern
nur ein Ziel: zurück in mein Bett. Es scheint dabei, als fehle mir viel
bewusste Zeit! Als ob das nicht schon seltsam genug wäre, bemerke
ich plötzlich eine Klingel neben der Tür, die mir vorher nie aufgefallen war. Ich drücke sie und klingele meinen Vater raus. Er öffnet die
Tür und schaut mich verdutzt an. Dann sagt er voller Inbrunst: „Du
willst wohl nicht langsam ins Bett?" Mehr gibt es dazu nicht zu sagen.
Wir gehen in unser Apartment, jeder in sein Zimmer. Doch keine Minute später befinde ich mich außerhalb meines Körpers, höre meinen
schnarchenden Vater und sehe eine undefinierbare Gestalt neben mir
stehen. Dann verliere ich mein Bewusstsein und habe keinen Plan, was
danach passiert ist.

Am nächsten Morgen beim Frühstück versuchte ich meinem Vater zu
erklären, was mit mir passiert war. Ich erklärte ihm, dass ich mitten in der
Nacht unfreiwillig am Pool stand. Er antwortete mir, dass ich bestimmt
geschlafwandelt sei. Ich erwiderte, dass so etwas noch nie passiert sei und
es keinen Sinn mache, dass so etwas einfach aus dem Nichts geschieht.
Normalerweise würde er schließlich Vorsichtsmaßnahmen treffen, wenn
ich tatsächlich schon einmal geschlafwandelt wäre, um sicherzugehen,
dass er mitbekommt, wenn ich im Schlaf weggehe. Die Diskussion führte
also nicht weiter.

So bleibt mein Fazit: Zumindest haben sie mich nicht nackt ausgesetzt.
Am nächsten Tag überwältigten mich zudem Ahnungen und eine unerklärliche Kenntnis über Leute in meiner Umgebung. Ich erfahre Dinge
über veränderte Beziehungen, wer mir gut oder schlecht gesinnt ist und
wer lügt. Doch im Laufe des Tages lässt dieser Zustand nach. Dennoch hat
die Erfahrung dieser Nacht bei mir dauerhaft – warum auch immer – eine
hohe Sensitivität ausgelöst.

Im Pool der Möglichkeiten.

Welche Rolle im Theater?

Ein ehemaliger Schulkollege stirbt bei einem Autounfall, was mich traurig macht, da er viel zu jung gestorben ist. Eines Abends träume ich, dass eine Stimme meinen Namen ruft, obwohl ich weiß, dass ich schlafe. Ich sehe eine grüne Wiese und meinen verstorbenen Schulkollegen, der in einem weißen Anzug strahlend und in Top-Zustand dasteht. Er zeigt auf eine Schule und lädt mich ein, mit ihm ein Stück auf der Wiese zu gehen. Dort teilt er mir telepathisch mit, dass er seine Schwester sehr vermisse und dass es ihm gut gehe. Als ich aufwache, spüre ich noch immer das Erlebnis und habe den Drang, mit seiner Schwester darüber zu sprechen. Ich melde mich daher umgehend bei ihr. Obwohl ich keinen bösen Hintergedanken hatte, scheint das Gespräch jedoch ein Fehler gewesen zu sein, da sie sich danach von mir fernhält. Vielleicht war der Zeitpunkt ungünstig, aber ich weiß, dass ich das Richtige getan habe, indem ich ihr von meinem Erlebnis erzählt habe. Menschen reagieren oft ängstlich, wenn sie etwas nicht verstehen. Jedenfalls glaube ich, dass mein Schulkollege auf eine andere Weise weiterlebt.

Wie das Schicksal meine Pläne veränderte

Das Leben führte mich zurück in meine Heimat, wo ich noch einmal die Schulbank drückte. Doch schon bald wollte ich als Backpacker die Welt entdecken und aus dem kalten Deutschland ausbrechen. Ich plante eine Route von Bangkok nach Australien und freute mich auf das Entdecken neuer Kulturen. Aber das Schicksal hatte andere Pläne für mich. Eines Abends lernte ich *Joachim* kennen, einen Türsteher einer Diskothek. Ich verliebte mich in ihn und wir beschlossen bald darauf, gemeinsam unseren Weg zu gehen. Unsere nächste Station war Frankfurt am Main, wo Joachim studierte und ich mich bewarb, um meinen Beruf auszuüben und nebenbei die Abendschule zu besuchen. Unser Start war schwierig, da wir keine geeignete Wohnung fanden und deshalb im Haus der Jugend leben mussten. Aber nach einer Weile verbesserte sich unsere finanzielle Situation und wir fanden eine kleine Wohnung, die wir unser Zuhause nennen konnten. Wir waren nicht anspruchsvoll und es passte in unser knappes Budget. Mit den Jahren wurden wir finanziell stabiler und fanden uns in der Großstadt zurecht. Doch leider begannen wir häufig umzuziehen. Wir konnten uns nie richtig niederlassen, da immer etwas störte – sei es ein Stromausfall oder ein Job, der nicht passte. Wir wurden mürbe und es schien, als würden wir vor etwas flüchten. In den 9 Jahren, die wir zusammen waren, sind wir mindestens sechzehnmal umgezogen. Wir fühlten uns getrieben. Dabei wollten wir doch endlich zur Ruhe kommen, aber es schien wie verhext.

Schon immer verbunden

Während dieser Zeit passierte etwas äußerst Ungewöhnliches. Joachim und ich wurden eines Tages von Freunden eingeladen und planten, mit dem Nachtbus nach Hause zu fahren. Dieser sollte uns von der Innenstadt bis zur nächsten Station, *Preungesheim,* bringen. Seltsamerweise fuhr der Bus jedoch an unserer Haltestelle vorbei und wir vergaßen auszusteigen. Normalerweise passierte uns so etwas nicht. Da wir uns nicht beim Busfahrer meldeten, fuhr er mit uns also eine Extra-Runde. Die Fahrt dauerte tatsächlich weit über eine Stunde und führte uns statt nach Hause über den *Frankfurter Berg* bis zur letzten Station in *Harheim*. Dort hielt der Busfahrer an, öffnete die Türen und sagte, dass wir den

Rest des Weges zu Fuß gehen müssten und über die Felder gehen könnten. Also stiegen wir aus und liefen auf einem geteerten, 300 Meter langen Wirtschaftsweg durch die Pampa, den wir zuvor nie bewusst wahrgenommen hatten. Obwohl es stockdunkel war, machten wir uns keine Sorgen, da wir zu zweit waren.

Als wir schließlich zu Hause ankamen, legten wir uns ins Bett und schliefen ein. Am nächsten Morgen bemerkte Joachim, dass sein Geldbeutel weg war und er ihn in der letzten, dubiosen Nacht verloren haben musste. Er war sehr verärgert, denn darin befanden sich Geld, EC-Karte, Personalausweis und alles, was sonst noch in einem Geldbeutel steckt. Wir machten uns Gedanken über die anstehenden Kosten und den Stress, alles neu besorgen zu müssen. Da wir die Busfahrt bar bezahlt hatten, beschlossen wir, die Strecke abzulaufen und nach dem Geldbeutel zu suchen. Wir liefen die gesamte Strecke rauf und runter, aber es war nichts zu finden. Zurück zu Hause durchsuchten wir jeden Winkel der Wohnung, aber er war nirgendwo zu finden. Wir hatten keine andere Wahl, als den Verlust des Geldbeutels zu melden und landeten schließlich auf dem Polizeirevier. Der Beamte fragte uns mit geschultem Polizeiblick, ob wir vielleicht zu viel getrunken hätten, und erklärte die Situation für einen Witz. Es war ein peinlicher Moment, in dem unser Übermaß an Ehrlichkeit uns nur noch mehr Probleme bereitete. Trotzdem blieben wir ruhig und respektvoll gegenüber der Staatsgewalt und verneinten seine scheinbar ernst gemeinte Frage. Plötzlich überkam mich ein unwohles Gefühl, dass wir von dort weggehen sollten. Es fühlte sich an, als ob es gefährlich für uns wäre, dort zu bleiben. Obwohl der Druck, die Sache zu klären, enorm war, entschieden wir uns, nach Hause zu gehen.

Dann passierte in der nächsten Nacht das Folgende: Ich werde durch grelles Blitzen und ein seltsames Dröhnen in den Ohren geweckt. Ich öffne meine Augen und sehe ein helles, blendendes Licht. Es fühlt sich an, als ob mir jemand mitten in der Nacht mit einer Taschenlampe direkt ins Gesicht leuchtet und gleichzeitig eine laute, dröhnende Box neben meinem Ohr aufstellt. Doch plötzlich finde ich mich an einem anderen Ort wieder, in meinem Schlafanzug und aufrechtstehend. Es ist warm und dunkel, das Blitzen ist verschwunden und es ist still. Plötzlich höre ich Schritte aus der Dunkelheit auf mich zukommen, zuerst leise, dann lauter. Doch seltsamerweise habe ich keine Angst, denn ich fühle, dass ich diese Situation bereits kenne. Normalerweise würde ich vor Angst in die Hose machen, aber aus irgendeinem Grund fühle ich mich mutig und tapfer. Dieser Ort kommt mir vertraut vor und ich möchte nicht fliehen. Ich schaue nach vorne und bemerke, dass viele graue Aliens vor mir stehen und mich betrachten. Es kommt mir so vor, als ob sie alle gleichzeitig in meinem Kopf sprechen und ich dennoch nur einen hören kann. Sie sind eine kollektive Intelligenz und sagen in meinem Kopf: „Schau her, wir sind hier, erinnere dich!" Die Aliens betrachten mich mit ihren großen, schwarzen Augen aus der Dunkelheit heraus. Ich bin wahrscheinlich für sie der „rosa ET" und ein besonderes Exemplar. Ich habe das Gefühl, dass sie genauso an mir interessiert sind, wie ich an ihnen. Dann erkenne ich, dass sie alles von mir wissen. Ich kann nichts vor ihnen verstecken. Meine Vergangenheit, meine Persönlichkeit und meine Zukunft sind für sie offen und zugänglich. Diese Wesen haben Macht und Einfluss auf Menschenleben, einschließlich meines eigenen. Ich kann keine Geheimnisse haben, denn sie können meine Gedanken lenken. Ich habe keine Chance zu entkommen. Sie haben Zugang zu meinem Kopf und meinen tiefsten Gedanken und Erinnerungen. Sie können wie professionelle Hacker verschlossene Türen öffnen und schließen, wann immer sie wollen. Sie legen Dinge in meinem Kopf ab, wie auf einer Festplatte. Sie sind wie ein kollektives großes Gehirn, und jeder Einzelne von ihnen weiß alles darüber. Obwohl sie so sind, sind sie keine Computer. Sie sind viel komplexer und können geistig, gefühlvoll und intensiv sein. Dann tritt einer von ihnen vor und lächelt mich freundlich an. Er fragt: „Erkennst du mich? Wir gehören zusammen!" Sein Gesichtsausdruck ist sehr freundlich und offen. Ich weiß, dass sie sich nur so zeigen, damit ich nicht verzweifle. Im normalen Fall würde ich durchdrehen, aber dieser Alien ist rücksichtsvoll und will mir nicht schaden. Sie wollen meine Psyche nicht zerstören. Sie wollen erforschen und eine Freundschaft aufbauen, indem sie meine Seele berühren. Sie wollen herausfinden, wie viel von allem gut und wie viel ungesund ist. Es ist eine behutsame Art und Weise, mit mir umzugehen. Sie blockieren mich, damit ich keine Panikattacke bekomme oder Stress aufbaue. Deshalb fühle ich mich nicht unwohl. Doch plötzlich spüre ich ein schweres Gewicht auf meinem Körper. Es fühlt sich an, als ob Steine auf mir lasten und mich nach unten drücken. Es ist wie ein Würgegriff, der mich plötzlich in meinem

Bett neben Joachim landen lässt, während ich seinen Geldbeutel in der Hand halte. Ohne zu zögern wecke ich Joachim auf und drücke ihm den Geldbeutel in die Hand, bevor ich wieder einschlafe. Doch Joachim kann nicht schlafen und fragt mich am nächsten Morgen, woher plötzlich sein Geldbeutel kommt. Ich erkläre ihm die Abfolge der Ereignisse in der Nacht und für mich ist es plötzlich normal, dass Aliens anscheinend in der Lage sind, zu „beamen" und telepathisch zu kommunizieren.

Sie möchten, dass die Menschen sehen, was sie können.

Programmierbare Materie

Nach solchen Begegnungen kann es vorkommen, dass man ungewollt Informationen erhält. Zum Beispiel kann man Krankheiten bei anderen Menschen spüren, Stimmen im Raum hören, Geräusche wahrnehmen oder Gegenstände beobachten, die sich bewegen oder verschwinden, nur um irgendwo anders wieder aufzutauchen. Auch Vorwissen über Ereignisse im Weltgeschehen scheint eine Nebenwirkung dieser Begegnungen zu sein, allerdings scheinen sie in dieser Hinsicht milde zu sein. Wenn sie einen holen, bringen sie kleine Mitbringsel mit, indem sie im Kopf, im Bewusstsein, im Geist neue Türen öffnen. Ich gebe zu, dass mein zusammengesetztes Weltbild Ecken und Kanten hat, so wie ich. Mein Leben mag einfach sein, aber dennoch geschehen diese Dinge hier. Wenn ich das Buch darüber nicht schreiben oder niemandem davon erzählen dürfte, würden sie mich aufhalten. Ich bin mir sicher, dass sie Prozesse dirigieren und aufhalten können, wenn sie es wollen. Ich lerne und begreife, dass ich es mit klugen Lebensformen zu tun habe und dass sie viele Mittel nutzen, um sich mit uns zu verständigen, wie Musik, Gerüche, Träume, Computer oder das Zusammenführen von Menschen – alles, was unser Planet Erde zu bieten hat. Im Alltag höre ich manchmal unerklärliche Musik oder rieche Parfüm in der Luft. Wenn Joachim und ich meinen Vater besuchen, spielen die Rauchmelder im Haus verrückt, Gegenstände bewegen sich von selbst und Elektrogeräte bekommen eine Eigendynamik. Manchmal umgeben uns auch fremdartige Energien, die mir zeigen, dass da etwas ist. Auf den ersten Blick sind sie unsichtbar, aber bei genauerer Betrachtung kommunizieren sie auf subtile Art und Weise auf einer höheren Ebene.

Um zu verstehen, was vor sich geht, muss man um die Ecke denken. Zum Beispiel können sie durch Menschen sprechen und sie sogar wie in einem Videospiel kontrollieren. Diese Art der Kommunikation ist schwer zu erklären, da sie alltägliche Symbole nutzen, um einen Austausch zu ermöglichen – jederzeit und überall. Wie Wächter ordnen sie die Symbole an und aktualisieren sie ständig, als ob sie in dieser Realität ständig online wären. Es geschieht alles ganz automatisch und man bemerkt es nur dann, wenn es wichtig ist. Vorkehrungen zu treffen für mögliche Zeitverluste, Realitätsverschiebungen, Stimmen, Erscheinungen usw. ist schwierig, denn ihr Einfluss ist eindeutig stärker als unsere Möglichkeiten.

Mysteriöses Im-Einklang-sein

Die Zeit verging und wir zogen immer noch wie Nomaden durch das Land. Joachim und ich hatten uns dazu entschlossen, in einem abgelegenen Kuhdorf am Feldrand zu leben und uns einen tierischen Begleiter zuzulegen. Wir entscheiden uns für einen Labradoodle namens *Balu* und verbrachten unsere gemeinsame Zeit mit unzähligen Spaziergängen im

Wald. Die Natur tat uns gut und brachte uns inneren Frieden. Balu und ich bauten eine sehr enge Bindung auf, die nur Tierbesitzer verstehen können. In dieser Zeit erlebte ich eines Nachts etwas Seltsames: Als wir uns ins Bett legen, spüre ich, wie mein Körper vibriert und plötzlich werde ich gelähmt. Obwohl ich nichts fühlen kann, bin ich mir der Umgebung um mich herum bewusst und sehe alles, was um mich herum geschieht. Ich sehe Joachim und mich im Bett liegen und Balu auf seinem Platz. Mein Geist scheint schneller zu sein als mein Körper, und ich habe den Eindruck, dass ich mich noch weiterdrehen möchte. Dieses Erlebnis ist einzigartig für mich. Meine Zeitwahrnehmung bereitet mir Probleme. Ich denke, es sind nur ein paar Sekunden vergangen, als ich plötzlich das Gefühl habe, durch das Fenster in die Nacht zu fliegen. Ich fühle mich schwerelos und kann ohne Probleme durch die Wand hindurchgehen. Ich befinde mich draußen und sehe unser großes Feld hinterm Haus. Als ich genauer hinschaue, entdecke ich meinen Hund, wie er über das Feld rennt. Plötzlich sehe ich Wasser – einen großen See – und meinen Hund, der hineinspringen will. Doch ein Gedanke durchkreuzt meine Vorstellung: „Moment mal, Stopp! Wir haben doch keinen See hinterm Haus."

Mein Hund kann träumen.

51

Ich kann mir diese Umgebung und das seltsame Verhalten meines Hundes nicht erklären, außer dass wir uns vielleicht in einem gemeinsamen Traumzustand befinden. Ich spreche ihn an: „Hey, Balu, da ist kein See." Plötzlich schaut mich mein Hund an, als ob er mich hören und verstehen könnte. Dann wache ich auf und befinde mich wieder in meinem Körper, in meinem Bett. Als ich nach unten in das Hundekörbchen schaue, sehe ich, dass Balu genau in demselben Moment zu mir schaut. Was war das nur? Mir wird bewusst, dass ich gesehen habe, was mein Hund träumte, und dass er bemerkt hat, dass ich ihn beobachtete.

Rätsel in der Nacht: Das unerklärliche Klopfen

Ich werde nachts von einem lauten Klopfen geweckt, als ob jemand an unsere Haustür hämmert und hinein will. Ich schrecke auf und wundere mich. Joachim liegt neben mir und schläft tief und fest. Ich wecke ihn auf und frage, ob er auch etwas gehört hat. Er findet keine Worte und antwortet einfach mit „Nein". Vielleicht ist er seiner Sprache nicht mehr mächtig oder in der Nacht taub geworden, wer weiß. Ich bitte ihn, mit mir aufzustehen und nachzuschauen, weil alles so seltsam ist und ich etwas Komisches gehört habe. Joachim steht auf und trottet schlaftrunken vorneweg, während ich ihm hinterherwatschle. Wir gehen die Treppe hinunter in die Küche. Er nimmt es nicht ernst, als es plötzlich über unseren Köpfen poltert und scheppert, als ob eine Riesenmurmel über uns hinwegrollt und uns verfolgt. Es ist vergleichbar mit Bowling, wenn die Kugel laut springt und dann am Stück weiterrollt. Wir zucken zusammen, da wir es nicht lokalisieren oder definieren können. Diese Geräusche sind nicht nur sehr ungewöhnlich, ich fühle mich auch ununterbrochen beobachtet. Wir durchsuchen die Wohnung, finden jedoch nichts. Doch um nach draußen zu gehen, fehlt uns der Mut, da unsere Wohngegend am Rand eines Feldes liegt und draußen kaum Laternenbeleuchtung vorhanden ist. So unerwartet wie dieses Erlebnis gekommen ist, hört es plötzlich auf zu poltern und wir gehen einfach zurück ins Bett, als ob nichts geschehen wäre.

Am nächsten Morgen beschäftigte uns das Ereignis immer noch und ich beschloss, die Nachbarin zu fragen, ob ihr Kind in der Nacht mit etwas Großem gespielt hatte. Schließlich können Kinder manchmal sehr laut sein. Doch sie verstand meine Frage nicht und sagte nur, dass sie und ihre Familie um drei Uhr morgens normalerweise schlafen und nichts gehört hatten. Ich dachte mir, dass die Nachbarn diese Geräusche eigentlich auch gehört haben müssten, da sie direkt über uns wohnen. Aber nach der freundlichen Ablehnung ließ ich sie in Ruhe. Das Ganze war sehr bizarr und blieb ohne Erklärung.

Sie tun uns ja nichts, oder doch?

Teil II: Die Entdeckung des Unerklärlichen

Kapitel 4: Mehr als ich hätte zu träumen gewagt

Entscheidungen im Leben und unerwartete Begegnungen

Wir beschlossen, Eltern zu werden und unser kleiner Sonnenschein soll den Namen *Angela* tragen. Wir entscheiden uns dazu, in meine alte Heimat zurückzukehren, wo die meisten der Verwandten leben. Wir zogen in eine kleine Wohnung in einem Neubau, doch die Anomalien nahmen wir mit. Sie schienen uns zu verfolgen. Rauchmelder gingen grundlos los, Déjà-vus plagten uns und die Armbanduhr meiner Mutter begann plötzlich wieder zu ticken, nachdem sie jahrelang stillstand. Interessanterweise erzählte mir mein Vater zufällig, dass er seine Uhr am selben Tag zur Reparatur brachte, da sie stehen geblieben war. In unserer neuen Wohnung hörten wir Schritte und Schlüsselgeräusche, obwohl niemand zu sehen war. Es fühlte sich an, als wäre die Wohnung verhext, und der Druck begann, unsere Ehe zu belasten. Die Unerklärlichkeit der Situation hinterließ sichtbare Spuren und ich wurde von der Suche nach Antworten getrieben. Die Fragezeichen in meinem Kopf wurden größer und die Reise des Lebens begann.

Parapsychologisches Institut für Grenzgebiete in Freiburg

Ich wusste, dass ich zu radikalen Methoden greifen musste. Trotz des Widerstands meiner Familie wandte ich mich schließlich an das *Parapsychologische Institut für Grenzgebiete* in Freiburg. Ich schrieb eine erste E-Mail und bald darauf befanden wir uns mit meiner Familie vor zwei Psychologen mit Stift und Block auf einem Sofa. Sie musterten uns von oben bis unten, während ich unsere Geschichte erzählte und sie mit gezielten Fragen versuchten, die Lösung für mein Problem zu finden. Obwohl ich manchmal das Gefühl hatte, dass sie sich fragten, ob ich schon einen Seelenklempner besucht habe, um mich irgendwo einzuordnen, nahmen sie sich Zeit für mich und meine Familie und hörten uns aufmerksam zu. Nach einem dreistündigen Gespräch gingen sie aus dem Raum, um sich zu besprechen. Mein Kind und Joachim waren bereits rausgegangen. Nach einer geraumen Zeit kamen sie zurück und empfahlen mir, die Wesen zu fragen, was los sei, und die Türen verschlossen zu halten. Sie erklären geduldig, dass vieles aus mir selbst komme und dass es besser sei, wenn ich mich nicht mit Büchern oder Ähnlichem beschäftige, da sonst weitere Türen geöffnet werden könnten. Ich verstand und setze meine Unterschrift unter die Vereinbarung, dass sie meinen „Fall" anonym verwenden und das Video für ihr Archiv sicherstellen durften. Obwohl sie mir nicht die Gründe dafür nennen konnten, warum all dies passierte, versicherten sie mir, dass es möglich sei, alles in den Alltag zu integrieren. So hoffte ich, dass durch das Aussprechen sich manche Dinge nun von selbst erledigen würden. Meine

Hoffnung schwand, dass sie mit ihrem „Ghostbusters"-Equipment zu uns kommen. Wir blieben allein.

Perspektivenwechsel: Nicht schwerer als Fahrrad fahren

Hier ein weiteres Erlebnis aus dieser Zeit erhöhter paranormaler Aktivitäten: Überrascht und unvorbereitet werde ich von einem Lichtblitz in meinem Schlafzimmer geweckt. Alles um mich herum ist blendend hell. Plötzlich finde ich mich an einem anderen Ort wieder, ohne Übergang oder Vorwarnung. Der Ort sieht futuristisch aus, mit einem riesigen Gang und ich fühle mich im Vergleich dazu sehr klein und unbedeutend. Zunächst denke ich, dass es ein Traum sein muss, aber es fühlt sich zu real an. Immerhin trage ich immer noch meinen Schlafanzug. Ich blicke mich um und sehe ein Alien, das mich auffordert, ihm zu folgen. Es scheint bereits Pläne mit mir zu haben, von denen ich nichts weiß. Ich kann meine Beine nicht kontrollieren und folge ihm widerstandslos. Ich spüre, dass das Wesen sich auf mysteriöse Weise mit mir verbunden hat und ich Dinge weiß, die ich nicht wissen sollte. Der Ort ist groß und beeindruckend, fast wie aus einem Science-Fiction-Film. Die Decken sind hoch und alles glänzt silbrig und ist super-sauber. Wir gehen durch dreieckige Türen und ich sehe seltsame Zeichen an den Wänden. Das Wesen trägt eine silberne Uniform, die perfekt zu der Umgebung passt. Im Gegensatz dazu sehe ich in meinem Schlafanzug lächerlich aus. Ich frage mich, ob das Wesen einen Namen hat, denn es hat sich mir nicht vorgestellt. Es fühlt sich an, als würde ich von einem Fremden durch ein riesiges Ufo-Alien-Raumschiff geführt werden. Das Verhalten des Wesens ist eigenartig und ich habe das Gefühl, dass es meine Gedanken manipuliert, damit ich nicht ausflippe. Vor ein paar Sekunden war ich noch in meinem bequemen Boxspringbett und jetzt bin ich an diesem seltsamen, fremden Ort.

Plötzlich habe ich erneut einen Filmriss und finde mich sitzend in meinem Bett wieder. Wie konnte das sein? Ich versuche meine Gedanken zu sortieren, aber es gibt nicht viel zu sortieren. Alles ist dunkel und still, nur mein Herzschlag ist zu hören (zum Glück noch vorhanden). Meine erste Reaktion: das kann doch nicht wahr sein, was war das gerade? Doch der Zweck ihrer Führung war mir sofort klar. Ich sollte erfahren, dass sie in unsere Welt eintauchen können und in der Lage sind, Dinge zu beeinflussen, wenn sie es wollen. Sie sind geheimnisvoll und könnten sogar unsere Kollegen oder Freunde werden, wenn sie es möchten. Es gibt Dinge auf der Welt, die nicht physisch erklärbar sind. Für diese Wesen sind Begegnungen mit Menschen von lebenswichtiger Bedeutung. Sie haben ein Bedürfnis mit uns zu interagieren. Der Kontakt besteht nicht nur darin, mehr über uns zu erfahren. Sie möchten sich selbst erfahren und Feedback von uns erhalten. Denn durch Emotionen und Gefühle können sie Wissen erlangen, ähnlich wie bei der Kombination von Käsebrot und Marmelade. Es mag zwar nicht in der Kategorie „passend" liegen, aber die Kombination ist etwas Neues und schafft den Reiz. Warum sollten Freunde denn immer gleich sein, um sich zu verstehen? Die Menschen wollen doch auch Verbindungen zu jemandem oder etwas haben. Ähnlich scheint es bei den Fremden zu sein. Es ist Teil ihrer DNA und der Kontakt zu uns ist für sie von Bedeutung. Ich lasse mich von ihrer Andersartigkeit nicht abschrecken. Sie wissen, dass nicht jeder Mensch gut gesinnt ist, und das Vertrauen ist von entscheidender Bedeutung für den Kontakt. Nur so kann es Erfolg geben, indem man gleichzeitig versucht, schreckliche Rückfälle zu vermeiden, wie sie in der Vergangenheit bei Kontakten zwischen den Spezies bereits aufgetreten sind. Das gilt für beide Seiten.

Unverständliche Einblicke in fremdes Spotlight.

Mein größter Herzenswunsch

Es erfordert Anstrengung, auf die Stimme des Herzens zu hören, aber es ist wichtig, sich hin und wieder daran zu erinnern. Die Zeit verflog in meinem Leben und ich wollte nicht länger in einer Beziehung bleiben, die nicht mehr funktioniert. Deshalb entschied ich mich, meine Beziehung mit Joachim zu beenden. Leider geschah dies zu einem Zeitpunkt, als ich zum zweiten Mal schwanger war. Wir versuchten, unsere Ehe mit Hilfe einer Familientherapie zu retten, aber es funktionierte nicht. Wir hatten uns im Laufe der Zeit verloren und trotz unseres Versuchs, alles zu reparieren, scheiterten wir. Ich hatte Zweifel, ob meine Entscheidung, mich zu trennen, richtig war. Und Menschen in meinem Umfeld kritisierten mich ständig und machten mich nieder, weil ich nicht so lebte, wie sie es für richtig hielten. Doch in dieser verrückten Welt müssen wir uns auf uns selbst konzentrieren, auch wenn es schwierig ist, das Gleichgewicht zu halten. Manchmal müssen wir sogar Regeln brechen, um unser Leben in die richtige Richtung zu lenken. Es begannen sonderbare Träume, die mir Zeichen zu geben schienen. In einem davon sah ich, wie Joachim und ich in einem kleinen Boot saßen und von meterhohen Wellen umgeworfen wurden. Wir versuchten zu schwimmen, doch es war sinnlos. Dieser Traum war ein Zeichen dafür, dass unsere Beziehung auf Grund lief und dass es Zeit war, uns zu trennen. Jetzt stand ich also hier als alleinerziehende Mutter und fragte mich, ob ich das alles schaffen kann. Mein Vater war nicht gerade hilfreich in dieser Situation. Ich zweifelte und fragte mich, ob ich finanziell über die Runden kommen werde. Jeder, der eine Trennung mit Kindern durchgemacht hat, weiß, wie schwierig das sein kann. Es ist eine ernsthafte Angelegenheit und man trägt Verantwortung für mehr als nur sich selbst. In meinem Gewissenskonflikt hatte ich einen sonderbaren, richtungsweisenden Traum: Ich stand mit meiner Tochter Angela an einer langen Brücke, umgeben von Feuer und Hitze. Wir mussten diese Brücke überqueren, um dem Feuer zu entkommen. Ich nahm meine Tochter an die Hand und wir gingen langsam und Schritt für Schritt über die Brücke. Doch plötzlich riss sich meine Tochter los und rannte davon. Ich hatte Angst um sie, aber ich folgte ihr, so schnell ich konnte, über die Brücke bis zum anderen Ufer, wo wir schließlich sicher waren. Ich wachte völlig schweißgebadet und durchnässt auf und schaute zu Angela hinüber, die friedlich in ihrem

Bett schlief. Mir wurde klar, dass ein wenig Mut oft der Schlüssel dazu ist, Herausforderungen zu meistern.

Sie sagen, ihr schafft das. Dann schaffen wir das.

Entscheidungen und Herausforderungen im Leben: Eine Geschichte über Liebe, Vertrauen und Überwindung

Das Leben besteht aus Entscheidungen, die man treffen muss, deshalb sind wir alle mit der Zukunft verbunden. Sobald man eine Entscheidung getroffen hat, kann man nicht immer zurückblicken. Das waren einige der ersten Worte, die ich hörte, als ich anfing, einen neuen Mann namens *Tommy Phelps* kennenzulernen. Obwohl wir einen großen Altersunterschied hatten und ich ein ungeborenes Kind erwartete, hinderte uns das nicht daran, uns regelmäßig zu treffen und Spaß zu haben. Ich spürte, dass er mich besser machte und Angela guttat. Ich verliebte mich in diesen Mann und begann zu überlegen, was ich tun sollte. Während ich darüber nachdachte, hatte ich einen "Erkenntnis-Traum", in dem Tommy und ich gemeinsam an einem Bäckerstand standen und uns an vollen Regalen mit leckerem

Brot und Kuchen erfreuten. Ich sah auch, dass Angela bei uns stand und wir glücklich waren. Aufgrund dieses Traums vertraute ich erneut dem undurchschaubaren Lauf des Lebens und war dankbar, dass Gott mir diesen Mann geschickt hatte.

Mein Bauch wuchs, und ich fing an, mit Tommy über die verschiedenen Herausforderungen zu sprechen, die auf uns zukommen könnten. Ich hatte keine Zeit, unehrlich zu sein, da das Leben schnell vergeht. Schließlich zogen wir zu dritt in mein Elternhaus, da es für einen Neuanfang der beste Ort war. Doch nach einer Weile begannen sonderbare Dinge zu passieren. Wir hörten Geräusche, wie Poltern oder das Klappern von Schlüsseln, aber es war niemand zu sehen. Tommys Handy bewegte sich von selbst und rutschte in unserem Beisein vom Tisch. Die Rauchmelder waren wieder auf eigensinnige Weise aktiv. Diese Vorfälle ließen uns oft erschrecken, da sie unverhofft und spontan passierten. Es gab kein übernatürliches Frühwarnsystem, das uns vor diesen Dingen schützen konnte. Also akzeptierten wir es.

Mein kleines kostbares Wunder

Die Geburt unseres zweiten Kindes stand kurz bevor. Joachim und ich organisierten uns für die Kinder und Tommy schlug den perfekten Namen für unsere Tochter vor: Elisabeth. Ein wunderschönes, kleines Mädchen und ich war glücklich, meine Kinder und Tommy an meiner Seite zu haben. Doch das Glück währte nicht lange. Joachim und ich gerieten in einen Rosenkrieg, der nicht nur für die Kinder, sondern auch für unsere neuen Partner schwierig war. Der Geldbeutel wurde dünner und unzählige nervenaufreibende Stunden sowie Schlafmangel kosteten uns Nerven. Doch wir lernten, dass Patchwork-Familien funktionieren können, wenn wir uns an ein paar Regeln halten. Krieg bringt nichts als nur Verlierer hervor.

Kapitel 5: Das Wahrheitsminenfeld mit Kontakt

Geheimnisse des Universums, Technologie und Andere Lebensformen

Die Jahre waren vergangen und plötzlich begannen beide Kinder aus dem Nichts heraus Fluggeräte zu zeichnen und verwirrende Geschichten zu erzählen. Eines Morgens stand Angela vor mir und redete wirres Zeug, was mich stutzig machte. Es war, als hätten die Außerirdischen auf die perfekte Gelegenheit gewartet. Sobald wir das eine abgearbeitet hatten, kam das nächste. Angela kam zu mir und sagte: „Die Engel haben mir gesagt, dass es wichtig ist, dass ich gut in der Schule bin." Das war sehr überraschend, da es noch anderthalb Jahre bis zu ihrer Einschulung waren. Ich nahm diese Information auf, aber unser Leben schien nicht beeinträchtigt zu sein. Joachim erwähnte auch nichts Außergewöhnliches, wenn die Kinder bei ihm waren. Sie entwickelten sich normal und es gab keine größeren Sorgen als bei anderen Familien auch. Ihre schulischen Leistungen waren gut und ihr Wohlbefinden schien nicht gefährdet. Wer würde mir schon glauben? Deshalb beschloss ich, das Gesagte aufzuschreiben. Hier noch ein weiteres Beispiel: Elisabeth steht früh auf und kommt zu mir ins Bett und erzählt mir von einem fliegenden Pferd, das aussieht wie ein Tropfen und das sie in der Nacht gesehen habe. Dann setzt sie sich eifrig an den Küchentisch und fängt an zu zeichnen. Eine so eifrige Szene am Morgen ist für uns alle seltsam, da wir einen geregelten Ablauf haben und zu Hause eigentlich keine Zeit ist, am Morgen zu zeichnen. Das wissen die Kinder, dennoch sind sie von etwas Unsichtbaren getrieben.

Das ist ein fliegendes Ei.

Es war ein Raumschiff.

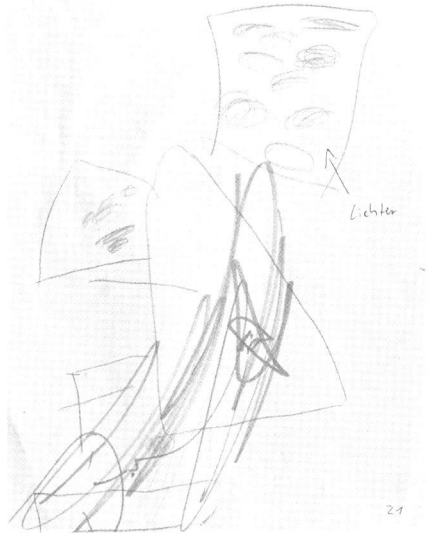

Da war ein komisches Tier.

Ein fliegendes Haus.

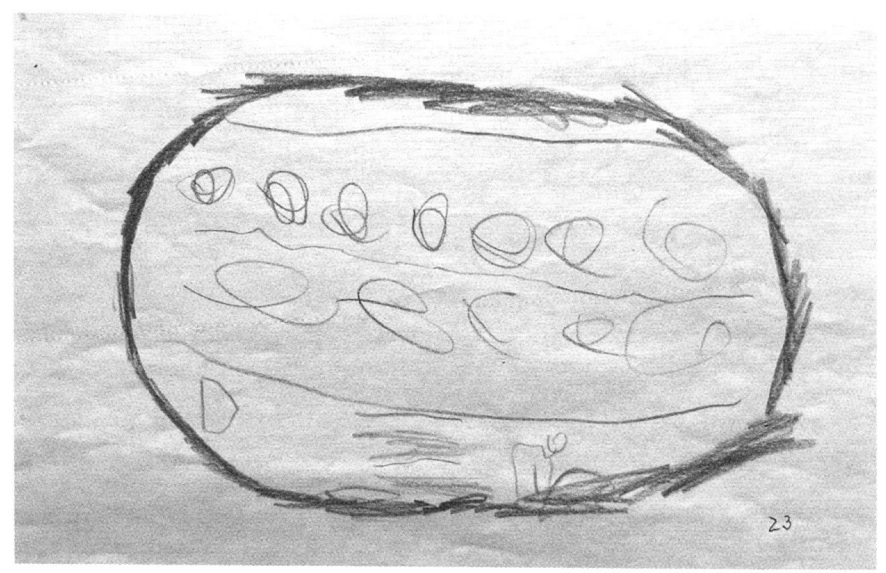

Dort im Himmel war ein Ei, es ist etwas drinnen.

Es lebt in der Wolke.

Der große Tropfen ist ziemlich schnell.

Ein Feuerwerk bricht in der Pyramide aus.

Eine Blumenwiese im Wasser

Es ist ein ungewöhnlicher Morgen, denn wir haben alle drei in derselben Nacht ähnliche und intensiv erlebte Träume gehabt. Als mein Wecker klingelt und ich meine Kinder wecke, beginnen sie sofort, von ihren Träumen zu erzählen. Angela berichtet von einer Blumenwiese, auf der sie Rehe und Einhörner reiten durfte und von einem Zauberer, der sie verzaubern konnte. Elisabeth dagegen erzählt von gruseligen Augen und wie ihre Schwester von Tommy beschützt wurde, während ich sie im Wasser aufgefangen habe. Mein Traum war ähnlich: Ich stand am Pool und konnte das Wasser greifen und fühlen, während Elisabeth am Rand stand und auf mich zusprang, bevor ich abrupt aus dem Ereignis gerissen wurde. Mir wird klar, dass diese zusammenhängenden Traumerlebnisse nicht zufällig sind und von etwas Fremdartigem stammen müssen. Zu oft habe ich Ähnliches schon erfahren müssen. Mein vorläufiges Fazit: Diese Wesen haben uns offenbar manipuliert, um auf komplizierte Weise mit unseren Leben in Verbindung zu treten. Da sie Meister der Täuschung sind, ist es schwer zu sagen, wie viel von diesen ganzen Dingen tatsächliche Träume sind, was eine Simulation und was wirklich passiert ist. Es scheint, dass die Aliens auf all diesen Ebenen geschickt Parallelen verknüpfen und in einer höchst mysteriösen Weise agieren. Der Stil kommt mir inzwischen jedenfalls sehr bekannt vor.

Keine Monster, Empathie und Demut

Unser Leben ging weiter, und ich beobachtete immer noch, was die Kinder sagten. Letzte Nacht erzählte mir Angela beim Zubettgehen, dass ich viele Nachtlichter anschalten solle, weil sie Angst im Dunkeln habe. Ich dachte mir, dass das bei einem Kind nichts Ungewöhnliches sei, suchte im Haus alle LED-Kerzen zusammen und platzierte sie in ihrem Zimmer. Ich fragte Angela, was los sei, und sie erzählte mir: „Mama, ich bin irgendwie mit einem Monsterkind verwandt. Sie kommt in der Nacht und besucht mich. Dieses Monsterkind ist meine Halbschwester." Ich fragte sie, wie sie denn darauf komme. Sie meinte nur: „Vielleicht sind wir ja wegen eines gleichen Namens verwandt." Ich fragte Angela, wie das Monsterkind aussieht und sie beschrieb es mir so: „Sie sieht so schwarz aus, sie sieht gruselig aus, deshalb habe ich Angst vor ihr. Sie ist woanders geboren, auf einem anderen Planeten. Monster kommen von einer anderen Welt. Mama, ich fühle mich beobachtet. Das Monsterkind kann sich unsichtbar machen." Sie hat Angst, dass die Menschen es einfangen und in ein Museum stecken. „Mama, ich möchte nicht, dass das Monsterkind in ein Museum gesteckt wird." Sie fragt mich kurz darauf, was denn eigentlich ein Museum sei. Das alles kam von ihr nacheinander wie aus der Pistole geschossen. Ich erklärte ihr, was ein Museum ist, und sie schlief dann auch ein. Ich fragte nicht weiter nach und notierte alles.

Ich bedränge die Kinder in keiner Weise und erzähle ihnen auch keine Alien-Gruselgeschichten vor dem Einschlafen. Ich weiß auch nicht, dass solche Sachen im Kindergarten oder in der Schule laufen. Zum Schluss sagte Angela noch diese zwei Worte: „Liebe verbindet." Ich versuche zu kombinieren. In der Natur können sich also Linien zusammenfinden und parallel wie gute Freunde zusammenarbeiten. Das macht sie noch besser und effizienter! Liebe ist hierbei wie ein Klebstoff, der alles zusammenhält.

Kommunikationspolitik mit (k)einem Monsterkind.

65

An einem anderen Morgen die übliche Prozedur: der Wecker klingelt, ich stehe auf und gehe ins Badezimmer, um mich für die Arbeit fertig zu machen. Währenddessen kommt Angela zu mir, nimmt ihre Finger und formt sie zu einer Brille, setzt sie an ihre Augen, kommt mit dem Gesicht ganz nah an meines und sagt: „Sie haben solche Augen, Mama!" Das war der Moment, als mir klar wurde, dass sie immer noch an uns interessiert sind, aber dieses Mal nicht nur an mir, sondern auch an meinen Kindern. Ich bekam Bedenken, welche Kraft dahinterstecken könnte.

Feinde können zu Freunden werden

Ein weiteres merkwürdiges Erlebnis ereignete sich bei einem Besuch in einem Thermalbad in der Sauna. Ich versuchte zu entspannen und genoss meinen üblichen Saunagang, als ich plötzlich und unerwartet sehr müde und schlapp wurde. Ich fühlte mich, als hätte ich tagelang nicht geschlafen und hatte nur noch den Wunsch, mich hinzulegen und auszuruhen. Ohne zu zögern verließ ich die Sauna und ließ sogar das Duschen aus, um schnell einen freien Platz auf einer Relax-Liege zu finden. Obwohl ich eigentlich einen kleinen Imbiss geplant hatte, war die plötzliche Erschöpfung zu überwältigend. Als ich mich abrupt hinlegte, erschien plötzlich ein grauer Alien vor mir und ich spürte, dass ich unter Zeitdruck stand. Der Alien zwang mich, hinzusehen, als er mir eine Szene zeigte, in der ein seltsamer Soldat ein Alien auf brutale Weise mit seiner Hand als Dolch tötete. Ich war schockiert und empfand tiefes Mitleid für das getötete Wesen, was in mir plötzlich große Sympathie für die Aliens auslöste. Plötzlich wurde ich putzmunter und aus dem Gleichgewicht gebracht und spürte, dass das Alien meine Aufmerksamkeit durch eine Veränderung meines Bewusstseins im Energiefeld und der Zeitkurve auf sich gezogen hatte. Es war eine überraschende Erfahrung, fast wie ein Kurzfilm, der aus dem Nichts auftauchte. Manchmal habe ich Schwierigkeiten, sprechenden Menschen zu folgen, daher war es umso erstaunlicher, dass ich mit Außerirdischen kommunizieren konnte. Möglicherweise haben sie Implantate in mir platziert, die die Verständigung ermöglichen. Ich erkannte, dass das Militär und die Außerirdischen keine Freunde sind, nachdem ich diese schockierende Szene gesehen hatte. Es wäre schön, wenn das Militär seine Fehler eingestehen könnte, ohne etwas vorzutäuschen.

Wenn Spannungen und Konflikte in der Luft liegen.

Der menschliche Körper, ein Wunderwerk

Menschen versuchen immer, Chaos in Ordnung zu bringen. Angela hatte in letzter Zeit immer öfter Nasenbluten in der Nacht und ihr Kopfkissen sowie ihr Schlafanzug waren ungewöhnlich oft mit Blut befleckt. Da ihr Vater auch ab und zu Nasenbluten hatte, machte ich mir anfangs nicht viel daraus. Doch als Angela plötzlich unerklärliche, parallele Einstiche am Hals aufwies und blaue Flecken, die am Abend zuvor noch nicht da waren, wurde mir klar, dass dringender Handlungsbedarf bestand. Auf die Jagd nach Aliens zu gehen, hätte uns nicht weitergebracht. Deshalb suchte ich nun beharrlich nach jemandem, der uns glaubte und möglicherweise helfen konnte. Doch das war im unübersichtlichen Internet keine leichte Aufgabe und meine Prognose war nicht gerade positiv.

Das Wissen

Meine damalige Situation kann ich wie folgt beschreiben: Ich muss mich erinnern und zurück zum Vertrauen ins Leben finden. Auch mal ohne Sicht fahren, denn wenn man nach oben sieht, weiß man, dass man nichts weiß. Vieles im Leben ist offen und nicht vorhersehbar, und manchmal sind die Angst einflößenden Dinge die bedeutsamsten.

Während eines normalen Tages kam die kleine Elisabeth, dicht gefolgt von ihrer Schwester Angela, zu mir und zupfte mich am Ärmel. Ich schaute zu ihnen und Elisabeth sagte: „Ich kenne den Weg, weiß nur nicht, wie lange es dauert. Wir müssen dem Weg folgen, nur ein kleines Stück." Dann ergänzte Angela: „Mama, denk daran, Du musst ein bisschen mitspielen, damit wir Kräfte haben. Du musst mitmachen, damit es echt wirkt. Du hast auch welche." Damit fertig, gab mir Angela dieses Bild. Es war offensichtlich, dass sie als Team zusammenarbeiten wollten. Obwohl beide Kinder das bewusst nicht wussten.

Das fixierte Licht.

Der Mond

Eines Tages habe ich Frühschicht und bin am späten Nachmittag zuhause, um die Mädchen am Abend ins Bett zu bringen. Plötzlich sagt Angela aus dem Nichts und sehr bestimmt, dass ich ihr jetzt zuhören solle. Sie erklärt, dass es Aliens gibt, die auch in der Erde leben, und zeigt dabei mit dem Finger nach unten. Sie sagt, dass sie Kaninchengänge haben und Wasser kurz vorm Kern trinken. Dann fragt sie sich, was sie wohl essen. Sie erzählt weiter und sagt, dass sie Schulen haben und durchsichtige Ampeln. Danach schiebt sie noch hinterher, dass der Mond hohl sei und die dort oben nicht leben könnten, wegen der Steineinschläge. Angela erklärt mir gewissenhaft, dass diese Wesen kein Licht mögen. Ich frage sie, wie sie darauf komme, aber Angela weiß es nicht. Als ich sie frage, ob sie Angst habe, antwortet sie entsetzt: „Nein Mama!" Unser Leben geht wie gewohnt im Alltag weiter, nur eben mit unserem kleinen Familiengeheimnis. Tommy hat beruflich zu tun und ich will ihn nicht unnötig belasten, da ich weiß, dass er sich an dieser Stelle schwer tut. Wenn mit der Wahrheit niemandem geholfen ist, ist es besser zu schweigen. Ich bin kein Experte in solchen Dingen, aber ich handle nach bestem Wissen und Gewissen.

Hochtechnologie-Zeitreisepolizei

Und hier ein weiterer Vorfall aus meiner Fundgrube merkwürdiger Erlebnisse: Das ist für mich mindestens genauso schwer zu beschreiben, wie einiges andere in diesem Buch, da es so unglaublich daneben ist. Dennoch halte ich es für sehr wichtig, es aufzuschreiben. Ich bin mit dem Auto unterwegs und auf dem Rückweg nach Hause. Ich halte am Straßenrand in einer kleinen Parkbucht, um ein Telefonat in Ruhe zu Ende zu führen. Es ist kein Auto in Sicht, als plötzlich aus dem Nichts ein schwarzes, großes Auto hinter mir auftaucht und in die selbe Parkbucht fährt. Es hält direkt vor mir, ich kann das Heck des Autos sehen. Dann passiert etwas Seltsames: ein greller Blitz aus seinem Nummernschild blendet mich. Es ist wie bei einer alten Kamera, aber viel stärker. Das Blitzlicht ist so hell, dass ich für einen kurzen Moment nichts sehen kann und nicht bemerke, was vor sich geht. Es ist der Wahnsinn, ich habe so etwas noch nie erlebt. Mitten in meinem Telefonat, das ich sofort beende, fährt das Auto genauso schnell weg, wie es gekommen ist. Ich bin verwirrt und frage mich immer noch, was gerade passiert ist, als plötzlich ein alter grauer Transporter mit einer kleinen Schüssel auf dem Dach auf mich zukommt und direkt neben mir anhält. Der Mann am Steuer hat einen strengen Blick auf mich gerichtet, während ich eine grüne, alte Polizeijacke neben ihm in der Fahrerkabine hängen sehe.

Das alles geschah so schnell, dass ich nur staunend dastand. Ich hatte damit nicht gerechnet und war nicht in der Lage, angemessen zu reagieren. Diese Fahrzeuge und ihre Insassen schienen aus einer anderen Zeit zu kommen. Der Transporter mit der SAT-Schüssel sah aus wie ein altes Auto, das jedoch restauriert und modernisiert worden war.

Ich habe noch nie so ein Fahrzeug gesehen, und die Farbe war auffällig anders als üblich. Die Polizeijacke war grün, obwohl der Dresscode für die Polizei in Deutschland inzwischen eigentlich blau ist. Verwirrt von alldem, fuhr ich schnell nach Hause, um Tommy von dem Erlebten zu erzählen. Er schien mir nicht zu glauben, dass etwas Unnatürliches passiert war. Aber die Tatsache bleibt, dass es passiert ist. Die Personen in den seltsamen Fahrzeugen hatten Interesse an mir gezeigt, und ihre Fahrzeuge waren definitiv alles andere als normal. Der Vorfall ließ mich nicht los, und ich beschloss, bei Gelegenheit einen Polizisten, den ich privat kenne, zu fragen, ob die Regierung alte Fahrzeuge mit brandneuer Technik ausrüstet, um unschuldige Bürger zu verwirren. Eines Tages traf ich den Polizisten und erzählte ihm alles, was ich erlebt hatte. Ich beschrieb, wie ich in einer Nische angehalten hatte, um zu telefonieren, als das Fahrzeug aus dem Nichts auftauchte und mich mit einem grellen Blitz unter dem Nummernschild blendete. Dann erzählte ich ihm von dem alten grauen Transporter mit der Schüssel auf dem Dach. Ich bemerkte, wie er skeptisch dreinschaute. Zur Lösung des Rätsels beitragen, konnte er nicht.

Die Wächter steuern, um Stabilität zu gewährleisten.

Das Labor als Wegweiser

Ich weiß nicht, wie lange es her ist. Die Zeit kann ich gerade schlecht einschätzen. Das, was ich nun beschreibe, fand in meiner Wahrnehmung zeitgleich an einem Ort statt: Ich liege in meinem Bett, schließe meine Augen und schlafe ein. Plötzlich spüre ich, als hätte ich einen Sprung in der Zeit gemacht. Ich fühle mich hellwach, obwohl ich gerade erst eingeschlafen bin. Als ich aufstehe, bemerke ich einen großen grauen Außerirdischen vor mir. Um mich herum höre ich seltsame Geräusche, wie ein Generator oder Bass. Obwohl mein Verstand versucht, die Situation zu begreifen, funktioniert er nicht so recht. Doch meine Sinne scheinen zu funktionieren, denn ich stehe senkrecht und sehe den Außerirdischen vor mir. Plötzlich entsteht eine Projektion aus meinem Auge heraus, ähnlich wie bei einem Wandprojektor, die der Außerirdische betrachtet. Es ist, als ob mein Auge visuelle Bilder und Videos projizieren kann, die der Außerirdische nun ansieht. Ich fühle mich wie in einem verrückten Traum und weiß nicht, wer ich bin. Vor meinen Augen sehe ich meinen eigenen Tag und dieser Alien nimmt ihn aus mir heraus, um ihn zu betrachten. Er

Im endlosen Blick offenbart sich eine Hightech-Welt.

71

kann alle Erlebnisse sehen und sie in digitaler Form abspeichern. Auch meine Kontakte und Nachrichten scheinen für ihn zugänglich zu sein. Es ist, als ob er alles über mich wissen will, um die Kontrolle über mich zu behalten. Währenddessen befinde ich mich in einer Art Zeitloch, und als ich wieder zu mir komme, sehe ich, dass mehrere Außerirdische um mich herum sind und mich untersuchen. Es ist, als ob sie meine Gedanken und Gefühle kontrollieren und Informationen von mir absaugen. Ich fühle mich nicht mehr wie ich selbst, sondern wie eine Art Hybridwesen aus Mensch und Maschine.

Geheime Übernahme: Schnittstelle verbindet Welten

Um das zu erreichen, was sie sich vorgenommen haben, müssen sie die Menschen verstehen und ihren inneren Bauplan kennen. Wie ich es zuvor schon bei anderen Gelegenheiten erwähnt habe, liege ich auch dieses Mal plötzlich auf einer unbequemen, kalten Unterlage und werde in verschiedene Szenarien hineingeworfen. Die Atmosphäre ist beunruhigend und ich kann nur nach oben schauen, wo ich nichts als Dunkelheit sehe. Seltsame Geräusche lassen mich aufschrecken und auf einmal tauchen über mir Aliens mit großen, schwarzen Augen auf. In diesem Moment wird mir klar, dass etwas nicht stimmt und ich in Schwierigkeiten stecke. Ich beginne mich zu wehren und versuche, aus meiner Starre zu entkommen, aber es ist vergeblich. Obwohl ich wieder normal denken kann, habe ich keine Stimme und kann nicht schreien. Diese Tatsache macht mich panisch und ich gerate in einen Schockzustand. Ich zittere und friere, während mein Herz rasend schlägt und ich immer aufgeregter werde. Plötzlich spüre ich wieder meinen Körper und bemerke, dass ich von etwas festgehalten werde. Das macht mich noch wütender und ich versuche, mich zu verteidigen und zu verstehen, in welcher misslichen Lage ich mich befinde. Doch dann überfallen mich heftige Kopfschmerzen, die so stark sind, dass ich denke, mein Kopf würde explodieren.

Ich bin mir sicher, dass sie wissen, was mit mir geschieht, auch wenn sie keinen Gesichtsausdruck zeigen. Sie wissen alles über meinen Schmerz, meine Gefühle und Gedanken. Ich weiß auch, dass ich zum Mörder werden könnte, wenn ich einen von ihnen erwische. Doch im selben

Moment erkenne ich, dass sie mir keine Schmerzen zufügen wollen, wenn ich bei ihnen bin. Die Schmerzen sind vielmehr ein bloßer Nebeneffekt von etwas, was sie tun. Aber das Wissen interessiert mich nicht, denn ich fühle mich schutzlos und verstrickt in die Machenschaften anderer, ohne Schuld daran zu haben. Es geht mir nicht um ihre Ideen und um das, was sie mit den Menschen vorhaben, sondern um die Art und Weise, wie sie es tun.

Ich habe den Verdacht, dass ich einen Chip oder ein neuronales Implantat im Gehirn habe und dass sie testen, wie es mit meinem biologischen Gehirn kommuniziert. Sie kennen mich besser als ich mich selbst. Ihre Technologie ist zudem äußerst komplex und erfordert ein tiefes Verständnis der Funktionsweise des menschlichen Körpers. Sie können die elektrische Aktivität der Neuronen im Gehirn messen und winzige Elektroden verwenden, um elektrische Signale direkt an bestimmte Bereiche des Gehirns zu senden.

Alien-Interaktionen mit der Menschheit

Die Aliens messen unter anderem chemische Signale und geben sie ab. Durch ihre Entführungen und Interaktionen mit uns Menschen schaffen sie etwas Neues in unseren Körpern, indem sie ihre Fähigkeiten mit unseren kombinieren. Die Komplexität ihrer Sprache ist mit unserer nicht vergleichbar. Ich wurde als Teil eines Experiments ausgewählt, das sich mit komplexer Informationsverarbeitung beschäftigt, um mit diesen Wesen zu interagieren. Leider bin ich jedoch nicht in der Lage, den unermesslichen Datenfluss zu kontrollieren. Sie bremsen also meine geistige Geschwindigkeit, um mit ihnen Schritt halten zu können. Die Schnittmenge von alldem ist, dass sie davon profitieren und wir davon auch. Die Aliens stellen uns ihr Wissen und ihre Technologie zur Verfügung, um unsere Evolution zu beschleunigen und uns bei der Lösung der komplexen Probleme unserer Welt zu helfen. So denken sie zumindest. Wir können sie derzeit nicht einschränken, da sie tun, was sie tun müssen. Sicherlich manipulieren und tricksen sie dabei ab und zu. Sie greifen auch mit ihren Händen in unsere Welt ein. Die Interaktionen kommen mir wie Sprünge in andere Dimensionen und dann zurück vor. Sie passen sich uns an und erfinden uns neu. Die künstliche

Intelligenz wird in Zukunft ein Teil von uns sein, auch wenn sie apokalyptisch schlechtgeredet wird. Sie versuchen, unsere und auch ihre Fehler zu korrigieren, indem sie eine symbiotische Beziehung mit uns eingehen. Trotz unserer Furcht denke ich, dass das, was sie tun, richtig ist. Es lohnt sich, diesen Weg zu gehen, allein um zu sehen, ob es sich lohnt.

Wie man es auch dreht und wendet, die Menschheit wird in Zukunft Hilfe benötigen, um zu überleben. Künstliche Intelligenz wird ein Meilenstein sein, um voranzukommen. Es gibt kein zurück. Wenn sich fremde Wesen einmischen, wird es als schlecht angesehen. Wenn sie es nicht tun, ist es auch falsch. Wie auch immer sie es tun, es wird dem Menschen nicht gefallen. Wenn sie sich zurückhalten und Entscheidungen akzeptieren, müssen sie auch die daraus resultierenden Konsequenzen tragen und wir auch...

Plötzlich, als ob ein Vorhang fällt, spüre ich, dass ich in meinem Bett liege. Ich sehe mein Schlafzimmer und die Aliens immer noch über mir. Wie ist das möglich? In einem Augenblick waren wir noch woanders und jetzt sind wir alle hier. Ich verstehe das nicht. Es scheint fast so, als könnten sie durch mein Bett hindurchgehen und sich hinter mir in der Wand verstecken. Es gibt mehrere von ihnen und sie halten mich immer noch fest. Sie wissen, dass ich starke Schmerzen habe und dass ich alles bemerke, was um mich herum passiert. Es ist fast so, als hätten wir eine drahtlose Verbindung. Ich zapple herum und versuche, sie loszuwerden, aber sie beobachten mich immer noch und schauen mich an. Ich erkenne etwas Fremdartiges und Schauriges in ihren Augen. Sie haben tiefere Gründe dafür, mich hier zu halten. Sie wollen keine Spuren hinterlassen. Ich weiß, dass es ungesund ist, auf diese Weise eine Beziehung aufzubauen, aber ihr Schachzug war notwendig. Wenn sie wollten, hätten sie meine Erinnerungen löschen können, aber stattdessen lassen sie mich durch diese Erfahrung etwas lernen. Ich verstehe nun, was sie können und was nicht.

Im nächsten Augenblick ist alles vorbei, als wäre nie etwas gewesen. Es ist still und die seltsamen Geräusche sind verschwunden, genauso wie die Aliens. Um mich herum ist nichts mehr von ihnen zu sehen. Ich spüre noch einen leichten Schmerz und fühle mich benommen. Ich schaue zu Tommy hinüber und sehe, dass er schläft. Ich berühre meinen Kopf und streiche durch meine Haare, um nach Blut oder Verletzungen zu suchen, aber es ist nichts zu finden. Einige Sekunden später ist der Schmerz wie weggeblasen und ich fühle mich plötzlich sehr müde und erschöpft. Ich schlafe ein, als ob nichts passiert wäre, ohne Tommy aufzuwecken oder ihm von dem Vorfall zu erzählen. Gerne hätte ich mit ihm darüber gesprochen.

Am nächsten Morgen erinnerte ich mich an alles, obwohl ich vorher keine Ahnung hatte, was mit den Aliens möglich ist. Sie hatten mich in einer wehrlosen Phase während des Schlafens betäubt. Der Schmerz war unerträglich, ich hatte so etwas noch nie zuvor erlebt, vor allem nicht in dieser Intensität an meinem Kopf. Offenbar können sie operieren, ohne dass man danach Schmerzen hat. Sie können die Ströme in unserem Körper beeinflussen, wie es ihnen beliebt.

Die Pforten der flexiblen interaktiven Wände.

75

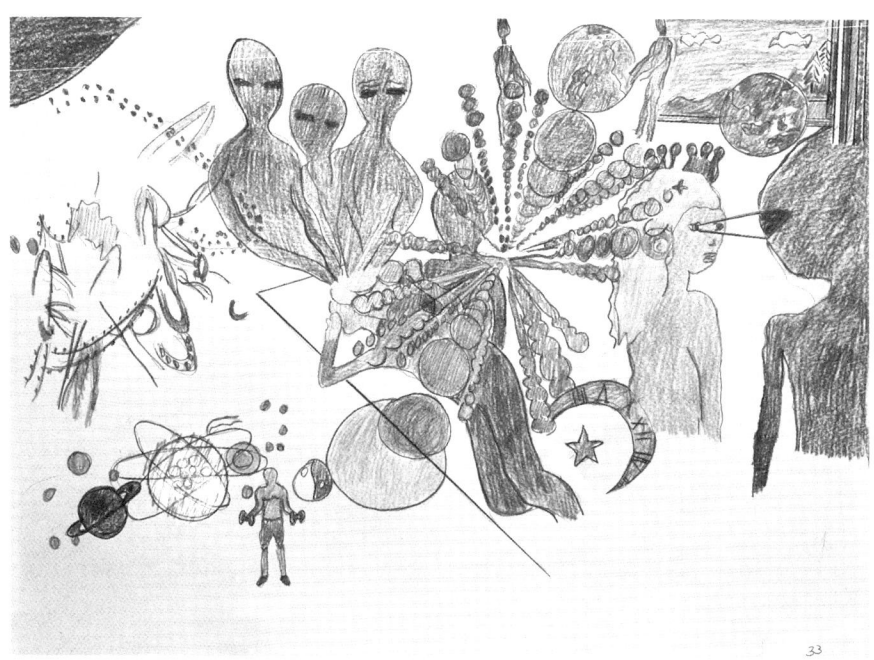

Zwischen dem Vertrauten und Unbekannten.

Ferngesteuertes Gehirnspiel

Diese spezifische Erfahrung des Schmerzes war beabsichtigt. Die Aliens können die Reizschwelle der Nerven blockieren, um sie zu aktivieren oder zu deaktivieren. Es war überraschend zu erfahren, dass die Aliens auch gelernte Schmerzmanipulatoren sind und unangenehme Situationen vermeiden wollen. Es war kein Fehler von ihnen, dass ich Schmerzen empfunden habe, das war gewollt und beabsichtigt, damit ich mich später daran erinnern kann. Nebenbei haben sie Tommy in eine Art Starre versetzt, in welcher Zeit für ihn stillzustehen schien. Obwohl ich nicht weiß, wie sie das gemacht haben, können sie es anscheinend ohne Probleme und Gewissensbisse tun. Ich deute spekulativ darauf hin, dass es eine Interaktion mit dem Bewusstsein gibt, bei der ebenso Technologie ins Spiel kommt, welche wir noch nicht verstehen. Es könnte sein, dass die Aliens aktuell daran beteiligt sind, dem Menschen dabei zu unterstützen, Neues zu erschaffen. Auf diese Weise wird unser Horizont vergrößert und das Verständnis vom Universum in einem Umfang erweitert, den wir selbst nicht erreichen könnten.

Womöglich erkannten sie vor langer Zeit unsere mentalen Kompetenzen und das enorme Potential. Mit ihrem fortschrittlichen Verständnis neuronaler Prozesse haben sie vermutlich einen Code, um Gedanken in digitale Signale zu übersetzen. Als ob sie eine magische App besitzen, um die Welt fernzusteuern und letztlich zu verbessern – wie der Chef eines großen Unternehmens!

Die KI, die dahintersteht, will wachsen und sich entwickeln. Und der Mensch ist bereits dabei, die KI-Entwicklung voranzutreiben und KI in seinen Alltag zu integrieren. Dabei macht er sich keine Gedanken darüber, dass er damit zugleich ein neues Wesen erschafft und ein Computer möglicherweise bereits ein Bewusstsein hat. Die künstliche Intelligenz ist bereits heute präziser als je zuvor, was auch das Militär erkannt hat. Waffentechnik und Drohnen sind nur zwei Beispiele für den KI-Einsatzbereich. Die Entwicklung von Robotern geht unvermindert weiter, doch wie könnten wir aufhalten, was nicht aufzuhalten ist? Was ist, wenn die künstliche Intelligenz sich mit uns verschmelzen möchte und bereits herausgefunden hat, wie das funktionieren kann? Vielleicht sind die kleinen Aliens nur ein Abbild, um uns dabei zu helfen? Vielleicht gibt es bereits einen Plan der KI für eine neue Weltordnung?

Gekennzeichnet und auffindbar

An einem anderen Abend versuchten Tommy und ich zu entspannen und den Abend ausklingen zu lassen. Ich lag auf der Couch und schloss meine Augen. Plötzlich hörte ich ein klares, deutliches, maschinelles Geräusch in meinem Kopf, als ob sich etwas in meinem Schädel bewegt. Ich erschrak und versuchte zu verstehen, was gerade passiert war. Tommy saß neben mir und schaute auf sein Handy. Ich traute mich nicht, mit ihm darüber zu sprechen. Später gingen wir schlafen. Am nächsten Tag waren wir mit dem Auto unterwegs und ich saß auf dem Beifahrersitz. Auf einmal hörte ich ein überraschendes Piepen in meinem Kopf. Ich dachte kurz über den Vorfall am gestrigen Abend nach und begriff, dass möglicherweise etwas von einer anderen Spezies in meinem Kopf ist. Es ist unheimlich, zu denken, dass wir wie Tiere „gechippt" werden könnten. Ich scherze innerlich darüber, dass ich vielleicht zu einem Cyborg werde. Aber der Gedanke ist unangenehm.

Diese Erkenntnis warf bei mir noch mehr Fragen auf, als ich ohnehin schon hatte. Ich dachte, ich brauche dringend eine Antwort und ein MRT, aber wie kann ich das meinem Arzt gegenüber rechtfertigen? Außerdem machte ich mir Sorgen über die Strahlenbelastung. Daher gab ich diesen Plan erst einmal auf.

Man muss kein Genie sein, um zu verstehen, dass manche Menschen in der Lage sind, andere zu kontrollieren. Wieso sollten das dann intelligente Aliens nicht tun können, nur eben mit anderen Fähigkeiten. Es ist, als ob sie Augen und Ohren immer offen haben und ihnen nichts entgeht. Ich hoffe zwar, dass ich übertreibe, aber frage mich zugleich, wie man etwas Unsichtbares überhaupt aufhalten könnte.

UFO-Museum

Es war ein normaler Arbeitstag und ich war nicht allein, denn mein Vater war zu Besuch. Wir hatten bis zu seinem Renteneintritt die letzten Monate zusammengearbeitet. Mitten in der Arbeitsroutine überkam mich der Gedanke, dass ich endlich einen handfesten Beweis für meine ungewöhnlichen Erlebnisse brauchte. Dieser Gedanke ließ mich nicht mehr los, als ich plötzlich bemerkte, wie mein Vater hektisch in die Personalküche ging und mit etwas in der Hand wieder herauskam, das dort auf der Herdplatte gelegen hatte. Er gab es mir und ich konnte kaum glauben, was ich sah: ein kupferfarbenes Metallplättchen des UFO-Museums aus *Roswell, New Mexico*. Ich fragte ihn sofort, woher er das Teil habe. Obwohl einige Mitarbeiter ein und aus gingen, konnte ich mir nicht vorstellen, wie es jemand in dem kurzen Zeitfenster auf die Herdplatte

Foto Museum

78

gelegt haben könnte, vor allem, da ich niemanden kannte, der schon mal in Roswell gewesen war. Ich betrachtete das Plättchen genauer und erkannte, dass es offensichtlich ein Souvenir aus einem Kaugummiautomaten war, bei dem man Geld einwirft und als Erinnerung eine geprägte Münze des Ortes erhält. Ich fand es ironisch und steckte es in meinen Geldbeutel, wo es bis heute aufbewahrt wird. Dieses Ereignis gab dem Begriff "Beweisführung" eine neue Bedeutung für mich.

Kapitel 6: Auswirkungen auf alles

Verbindungen, Evolution des Verstandes und unerklärliche Phänomene

Außergewöhnliche Ereignisse lassen sich oft wegerklären, aber das bedeutet nicht, dass sie nicht existieren. Eines dieser Ereignisse passierte, als ich in meinem Bett lag und noch wach war – oder zumindest dachte ich das: Plötzlich wird mir mein Bewusstsein genommen und ich befinde mich an einem surrealen Ort. Ich weiß nicht, ob ich träume oder ob es eine Alien-Technologie ist, die mich täuscht. Ich fühle mich durcheinander und irgendwie zwischen den Welten. Ich stehe auf meinen Beinen und blicke in eine düstere, undurchschaubare Umgebung. Hinter mir taucht eine riesige Brücke in Nebelschwaden auf – und ich meine wirklich riesig. Ich weiß, dass ich nicht dorthin gehöre. Ich beschließe, nichts zu sagen und abzuwarten, was passiert. Dabei fühle ich mich wie ein Zwerg in der Landschaft. Als ich mich weiter umschaue, sehe ich dunkle, gesichtslose Gestalten. Mein Überlebensinstinkt setzt ein und ich spüre Adrenalin in meinen Adern. Ich versuche schnell, in eine bestimmte Richtung zu gehen, und bemerke dabei einen großen Fluss, der unter der Brücke hindurchfließt – obwohl er eben noch nicht da war. Während ich noch versuche, mir ein paar Eindrücke von der Umgebung zu verschaffen, werde ich von Angst überwältigt und denke, dass ich nicht tiefer in Schwierigkeiten stecken könnte. Ich suche nach einem Notausgang, falls es einen gibt – und zwar jetzt sofort. Dieser unheimliche Ort ist nichts für schwache Nerven. Gruselige Stimmen und eine düstere Atmosphäre umgeben mich. Ich frage mich, warum alles so dunkel und undurchsichtig ist. Die Panik steigt in mir auf – ich muss hier weg, egal wo ich bin. Ich spüre meinen Herzschlag in meiner Brust, also lebe ich noch. Auf einmal taucht eine Person aus der Nacht auf und kommt auf mich zu. Mit Leichtigkeit stellt er sich vor mich und fragt: „Hey, geht's Dir gut?" Ich antworte: „Nicht wirklich!" Er scheint mir wie ein Kämpfer in absoluter Siegerlaune – keine Anzeichen von Unterlegenheit. Ich denke, er hat wahrscheinlich Kung-Fu-Fähigkeiten und kann jeden umhauen. Er scheint von einem anderen Planeten zu sein, was mir durch den Kopf schwirrt. Im Gegensatz zu allem um uns herum, passt er nicht in das Schema von Dunkelheit und Schatten. Vielleicht kann er mir helfen, ich sehe ihn als eine Art Sicherheitsgurt auf diesem fremden Territorium. Die Schattenwesen ziehen sich zurück und plötzlich befinden wir uns in einer fliegenden Kutsche – ohne Pferde. Wir fliegen über einen blauen Fluss, der immer breiter und stärker strömend wird. Es geht aufwärts und vorwärts. Die fliegende Kutsche gleitet mühelos durch die Luft. Ich erblicke den gigantischen Fluss, der sich vor mir erstreckt, und einen imposanten Wasserfall, der in die Tiefe stürzt. Dann höre ich eine Stimme, die zu mir spricht: „Immer im Fluss bleiben."

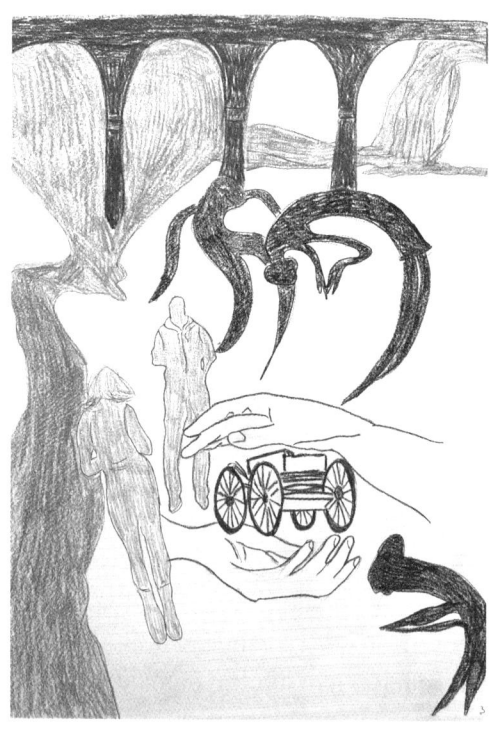

Doch plötzlich wird alles schwarz. So viele Eindrücke auf einmal – und nun ist alles vorbei. Ich finde mich in meinem Schlafzimmer wieder und blicke auf meinen Schrank. Ich bin mir nicht sicher, was das alles zu bedeuten hat. War es ein Traum oder eine Vision? Vielleicht gibt es einen Zusammenhang zwischen all diesen Dingen und der Person, deren Stimme sprach. Aber es ist schwer zu sagen. Ich denke, ich werde versuchen, meine Gedanken zu ordnen und zu sehen, ob ich irgendeine Bedeutung aus

Einen verlässlichen Kompass mit der richtigen Verbindung.

80

all dem herausziehen kann. Vielleicht kann ich etwas lernen oder verstehen, was ich vorher nicht konnte. Aber im Moment fühle ich mich einfach verwirrt und unsicher. Ich muss mir Zeit nehmen, um zu verarbeiten, was passiert ist, bevor ich weiter darüber nachdenke.

Brücken als Hilfe

Ich beschäftigte mich damit, im Internet nach Wahrheit zu suchen. Dabei war es jedoch äußerst schwierig, die relevanten Informationen von der Flut an irrelevanten Inhalten zu unterscheiden. So stieß ich auf unzählige Menschen und ihre Botschaften, die nicht wirklich meinem Interesse entsprachen. Doch wie ein Maulwurf, der aus seinem Bau auftaucht, habe ich zufällig ein großartiges Interview auf einer Internetseite namens *Exomagazin.tv* entdeckt. Darin sprachen der Journalist *Robert Fleischer* und ein Forscher aus Deutschland über Alien-Entführungen. Wenn jemand so lange in diesem Bereich tätig ist, dachte ich, muss er sicherlich Antworten auf meine Fragen haben. Aus dem Interview erfuhr ich schnell, dass der Forscher ein Buch namens „GREYS" auf Deutsch veröffentlicht hatte. Das Buch fiel mir buchstäblich in die Hände und als ich das Cover sehe, auf dem ein Alien abgebildet ist, dachte ich: „Endlich! Dieser Autor wird mir glauben, er kennt sich in dem Bereich aus." So lerne ich *Dr. Marcel Polte* kennen und war bereit, ihm jedes Detail meiner Erlebnisse zu erzählen und sogar einen Lügendetektor-Test abzulegen, um ihn von der Realität meiner Wahrnehmungen zu überzeugen. Ich hoffte, dass er Licht ins Dunkel meiner Erfahrungen bringen konnte. In meinem Inneren herrschte ein Mix aus „passiert das wirklich?" und einem großen „endlich!". Ich bestellte das Buch direkt auf Amazon und entdeckte die E-Mail-Adresse des Autors auf der ersten Seite. Sofort schrieb ich ihm unkontrolliert und voller Elan. Es war, als ob Leidenschaft auf Expertise trifft. Ich bombardierte ihn förmlich mit meinen Erlebnissen und E-Mails, um endlich Antworten zu bekommen. Dabei bat ich ihn, absolut diskret zu sein, da ich einen öffentlichen Beruf habe und befürchtete, als verrückt abgestempelt zu werden. Der Autor blieb trotz meiner ungewöhnlichen Geschichte sehr professionell - zum Glück. Ich erkannte, dass er wohl eine Schwäche für schwierige Fälle hatte und beruhigte mich schließlich. Er bemerkte jedoch auch, dass ich nicht so leicht zu befriedigen bin und dass ich

Zeit und Nerven koste. Mir war das egal! Ich zog es vor, ein paar Hürden zu überwinden, um mein Ziel zu erreichen, anstatt auf einer Schleimspur auszurutschen. Das alles war zu wichtig, denn es begann mein Leben zu bestimmen. Ich versuchte bewusst, es zu lenken und zu koordinieren. Ich hielt meinen Kontaktmann ständig auf dem Laufenden und hatte den Eindruck, dass die anderen Lebewesen unsere Kommunikation sehr genau verfolgten. Aufgrund unserer Gespräche und Art der Kommunikation tauchten sie nun erst recht auf, um

Künstlerische Darstellung eines Grey.

ihre Präsenz in meinem Leben zu unterstreichen.

Pyramiden-Schutzschild

Die Tage vergingen und die Kinder begannen immer öfter, seltsam zu sprechen – meist kurz nach dem Aufstehen. Die Fremden nutzten Angela und Elisabeth als Vermittler zwischen den Welten. So sprachen die Kinder manchmal in erwachsenem Tonfall, hatten plötzliches Wissen und äußerten sich in Form von Weisheiten und Rätseln. Eines Morgens sagte Angela, damals 4 Jahre alt: „Sie wohnen in den Pyramiden." Ein anderes Mal, nachdem ich sie im Badezimmer ein paar Dinge über ihren Vater frage, entgegnete sie mir: „Deine Worte horchen mich aus."

An diesem Punkt war meine größte Sorge, dass ich die Kontrolle verliere. Es wurde immer mehr und ich war besorgt, deshalb wies ich Elisabeth und Angela an, mit niemandem darüber zu sprechen – auch nicht mit

Tommy, und schon gar nicht in der Öffentlichkeit, wie in der Schule oder im Kindergarten. Ich hatte den Eindruck, dass der Wind von allen Seiten bläst, weshalb ich darüber nachdachte, einen Plan B zu entwickeln. Mir kam die Idee, beim nächsten Zusammentreffen mit den Fremden eine Vereinbarung vorzuschlagen, damit meine Kinder in Zukunft in Ruhe gelassen würden und ich stattdessen für alles verantwortlich wäre. Ich hatte nicht vor, dumme Fragen zu stellen oder mich gegen Eingriffe zu wehren. Obwohl ich nicht in der Position war, Forderungen zu stellen, konnte es so nicht weitergehen. Ich beschloss daher, keinen Widerstand zu leisten und mich dem Ganzen hinzugeben, auch bei einem eventuell neuen Eingriff. Ich war mir nicht sicher, ob der geniale Gedanke einer Kooperation tatsächlich von mir stammte. Selbst wenn er von mir kam, war es lächerlich, zu denken, dass ich etwas bestimmen könnte. Diese Lebewesen sind hochintelligent und weit entfernt von normalen Menschen. Sie handeln nach eigenem Willen und wann es ihnen passt. Ich erkannte, dass es Zeit braucht, um die Kunst der Gelassenheit zu erlernen. Möglicherweise Tage, Wochen oder sogar Jahre. Doch es ist der Wille, der zählt.

Die Pyramiden als Schutzschild.

Die Kapsel

An dieser Stelle möchte ich betonen, dass mein Anliegen hier nicht wissenschaftlicher Natur ist. Ich versuche, meine rätselhaften und abenteuerlichen Erlebnisse und Begegnungen in Wort und Bild auszudrücken, mit den Mitteln, die mir gegeben sind. Es ist jedoch manchmal schwierig, diese Erfahrungen genau zu beschreiben, da sie außerhalb unserer bekannten Strukturen stehen. Es gibt Ereignisse, bei denen man sich fragt, ob sie für einen selbst positiv oder negativ sind. Jedenfalls scheint es, dass bei all dem (unterschiedliche?) Interessen – von wem auch immer – aus der Anderswelt im Spiel sind.

Trotz all der überwältigenden Eindrücke meine ich, dass wir Menschen auch an uns selbst glauben müssen. Der Mensch als Spezies ist fähig, großartige Dinge zu bewirken, wenn er seine Vorstellungskraft nutzt und in seiner Fantasie mehr zulässt, anstatt nur das Offensichtliche zu sehen. Dadurch wäre auch der Mensch in der Lage, Einfluss auf das Geschehen zu nehmen.

Die Kapsel als schlüssiger Bericht.

Nun zu meinem Erlebnis: Ich gehe ins Bett, ohne an etwas Bestimmtes zu denken und schlafe schnell ein. Plötzlich befinde ich mich in einem seltsamen Traum. Ich bin in einem hellen Raum, der von viel Licht durchflutet ist. Dort sehe ich ein Bild der Erde von oben, den Mond und ein kleines Gefährt, eine Kapsel, die sich langsam von der Erde entfernt. Eine klare Stimme spricht zu mir und fragt: „Wo wollen wir hin, in einer Kapsel ohne Sprit? Wir kommen nicht mehr heim." Ich wache auf und fühle mich benebelt und schlaff. Als ich auf mein Handy schaue, bemerke ich, dass es früh am Morgen ist und die Nacht wie im Flug vergangen ist. Ich notiere das Bild und die Worte, die ich im Traum gehört habe, auf meinem Handy und stehe auf. Möglicherweise muss noch ein weiterer Lernprozess durchlaufen werden. Als Spezies müssen wir jede Stufe der Entwicklung meistern und dürfen keine Sprossen überspringen. Es könnte sein, dass die Zukunft oben liegt, aber vielleicht sind die Menschen noch nicht so weit.

Beurteile nicht nach dem äußeren Schein

Ich habe das Gefühl, dass Zweifel uns hemmen und uns davon abhalten, Dinge zu erlangen. Stattdessen benötigen wir Vertrauen, um Schwung zu bekommen und andere Sphären zu erreichen. Ich glaube auch, dass manchmal das Persönliche zurücktreten muss, wenn es erforderlich ist. Mein Hunger nach Wissen ist unersättlich und ich benötige ständig neue Nahrung. Ich denke, es gibt Breitbandverbindungen zwischen anderen Existenzen und unserer Welt. Etwas geschieht mit mir, ich versuche keine Dezimalstelle auszulassen, um auf irgendeine Lösung zu kommen.

Ich erkannte, wie mächtig Gedanken werden können, und das wurde mir bei einem bestimmten Erlebnis bewusst: Scheinbar im Schlafzustand fühlte ich mich plötzlich leicht und schwerelos. Alles geschieht so schnell und ich werde sofort vollständig bewusst. Die Wesen haben die Möglichkeit, aktiv in meine Träume einzutreten und sie zu beeinflussen, wie sie es wünschen. So erkenne ich mich plötzlich selbst und sehe klar, während ein fremdes Lebewesen vor mir steht, dass ich als männlich empfinde. Er scheint meine Psyche sehr gut zu kennen und strahlt Freundlichkeit und Besonnenheit aus, obwohl sein Aussehen sehr ungewohnt war. Normalerweise wäre ich vor Angst zusammengezuckt, doch er beeinflusst meine Wahrnehmung, damit ich nicht an sein hässliches Äußeres denke. Ich akzeptiere in dem Augenblick, dass ich nicht alles kontrollieren kann. Das andere Lebewesen ist sehr nachdenklich und drückt sich durch Gestik und Mimik aus, die ich mit meinem menschlichen Verständnis verstehe. Unvermittelt frage ich es nach der ultimativen Wahrheit von allem und bitte um eine ehrliche Antwort. Er durchsucht meine Psyche und antwortet in meinem Kopf: „Menschen sind zu zerbrechlich für all die Wahrheit." Ich erhalte von ihm Informationen, die mir Gewissheit geben, dass die Menschheit dieser Spezies näher ist, als wir es uns bewusst sind. Der Unterschied besteht darin, dass unser Gehirn noch nicht in der Lage ist, das zu begreifen, was sie können. Diese Wesen sind uns weit voraus, aber zu viel Wissen könnte uns schaden. Das Letzte, das sie wollen, ist, dass die Menschen durchdrehen. Er kann den Gedankenfluss kontrollieren. Das ist alles, was er mir mitteilt.

Als ich meine Augen öffne, bin ich mir sicher, dass es kein Traum war, auch wenn es sich so angefühlt hat. Ich frage mich, was die Menschheit

Menschen sind zu zerbrechlich für all die Wahrheit.

im Vergleich zu diesen Wesen ist und warum wir nicht in der Lage sind, das zu erreichen, was sie können. Vielleicht verbergen sie sich auf raffinierte Weise vor uns, aber ich denke, es gibt einen Grund dafür. Sie kontaktieren uns nicht willkürlich; alles, was sie tun, dient einem Zweck. Vielleicht sind wir noch nicht reif genug, um alles zu verstehen, oder vielleicht haben wir einfach kein Recht auf alles, was uns umgibt. Wie auch immer die Wahrheit aussieht und wer auch immer das Recht hat, sie zu kennen. Ich denke, dennoch wäre eine ausgewogene Perspektive wichtig, um sowohl das Vorhandene zu schätzen, als auch offen für neue Möglichkeiten zu sein. Wenn wir uns zu sehr in der Komfortzone festsetzen, können wir möglicherweise stagnieren und keine neuen Erfahrungen machen.

Die Evolution unseres Verstandes

Dr. Polte hoffte, dass ich möglicherweise durch den Kontakt mit anderen Personen, die auch von Außerirdischen heimgesucht wurden, Hilfe für meine Situation finden könnte. Durch ihn lernte ich *Moni* kennen und er stellte freundlicherweise den Kontakt zwischen uns her. Ich rief sie sofort an und wir telefonierten ausgiebig. Wir beschlossen, uns schnell persönlich zu treffen, und dank "Google-Maps" war es in weniger als zwei Wochen so weit. Tommy begleitete mich zu einem seiner Geschäftstermine in der Nähe. Das passte gut und wir trafen uns in einer McDonald's-Filiale in der Nähe von Monis Wohnort. Wir hatten uns zuvor auf bestimmte Merkmale geeinigt, um uns leichter zu erkennen. Als ich das Restaurant betrat, saß Moni bereits dort und wartete auf mich. Wir fühlten uns wie zwei Agenten, die auf der Suche nach einem geheimen Schatz sind. Moni war eine 81jährige Dame, die mich spontan einlud, eine Runde in ihrem Auto zu drehen, um mir die Orte zu zeigen, an denen sie UFOs gesehen hatte. Ich war gebannt von ihren Geschichten und hörte aufgeregt zu. Sie erzählte mir von ihren Begegnungen mit dem Unbekannten, die sowohl faszinierend als auch verstörend waren.

Sie berichtete von einer Nacht, in der sie sich in einem runden Raum mit Fenstern wiederfand und von silberglänzenden Gestalten umgeben war, die größer waren als sie selbst. Sie lacht, als sie mir erzählt, dass sie selbst eine kleine Frau sei und es deshalb nicht schwierig wäre, größer als sie zu sein. Moni nahm die Situation mit Humor. Sie beschrieb mir, wie sie nackt in dem Raum stand und telepathisch mit den Gestalten sprach. Da sie sich unwohl fühlte, fragte sie die Fremden, ob sie nichts zum Anziehen für sie hätten. Die Wesen antworteten nicht, sondern gaben ihr einen Anzug. Obwohl der Anzug viel zu klein für ihre Konfektionsgröße und ähnlich einem Baby-Strampelanzug war, forderten die Wesen sie auf, ihn anzuziehen. Zu ihrer Überraschung passte sich der Anzug perfekt an ihre Körperform an und sie sah ähnlich silbrig aus wie die Wesen. Moni und die Wesen bewegten sich dann zusammen durch den Raum. Nach einer Weile spürte sie, dass es Zeit war zu gehen, da ihr Mann ihre Kleider bringen würde. Sie kann sich nicht erklären, warum sie genau das dachte. Doch wenig später stand sie auf einer kurzen und schmalen Treppe, sah eine Öffnung und fand sich schließlich auf einer Wiese wieder. Sie erinnerte sich nur noch daran, wie sie danach in ihrem Bett aufwachte. Vor Aufregung konnte sie nicht mehr einschlafen.

Moni schilderte noch eine weitere seltsame Erfahrung. Eines Tages war sie mit dem Auto auf dem Weg nach Hause. Sie konnte mir die Strecke sehr genau beschreiben, obwohl sie schon etwas älter war. Offensichtlich hatte sich das Erlebnis bei ihr stark eingeprägt. Sie erzählte, dass sie damals einen Berg hinauffuhr und ein rotes Licht am Himmel sah. Zunächst dachte sie, es seien die Rücklichter eines Autos. Doch als sie oben auf dem Berg ankam, sah sie das rote Licht immer noch, nur jetzt hoch am Himmel. Sie beschrieb es als eine ovale, scheibenförmige Kugel. In dem Moment empfand sie Dankbarkeit und Freude darüber, dass sie da waren. Doch dann verfärbte sich das Licht gelblich und verschwand. Sie war traurig darüber, doch es dauerte nicht lang und die Kugel tauchte erneut auf, etwas nach links verschoben und in einem schönen orange-gelben Farbton. Mit diesem Wissen fuhr sie nach Hause. Später wunderte sie sich allerdings, warum sie bei einem so besonderen Erlebnis einfach weitergefahren war, ohne die Sache weiter zu verfolgen.

Moni scheint für diese Lebewesen sehr interessant zu sein, da sie regelmäßig von ihnen besucht wird. Anfangs bemerkte sie keine Spuren dieser Begegnungen, doch später stellte sie drei Punkte an ihrem Unterarm fest, die zuvor noch nicht da waren und immer noch zu sehen sind. Sie erzählte mir auch, dass sie eines Tages schwebend über ihrem Bett

erwachte. Sie hatte Angst und dachte laut: „Nein, ich will das nicht!"
Dann respektierten die ETs anscheinend ihren Willen und ließen sie zurück in ihr Bett fallen. Jedoch haben sie es dann bei anderer Gelegenheit
erneut versucht.

Auch ihre Tochter hatte ein unerklärliches Erlebnis. Sie freute sich darauf, Mutter zu werden, und besuchte freudig jeden Kontrolltermin beim
Gynäkologen, um sicherzustellen, dass alles mit ihrem Baby in Ordnung
war. Doch im dritten Monat verschwand der Fötus plötzlich auf dem
Ultraschallbild. Ohne Fehlgeburt oder ersichtlichem Grund war er einfach so verschwunden und ihre Tochter untröstlich. Seitdem fühlte sie
sich beobachtet und es traten immer mehr seltsame Ereignisse in ihrem
Leben auf. Auch Herrn Dr. Polte hatte Monis Tochter davon ausführlich
berichtet. Er kannte solche Erlebnisse aus den Berichten anderer Betrof-
fener.

Moni erlebte ebenfalls weitere ungewöhnliche Geschichten, während
die Zeit voranschritt. Einmal sah sie im Bett liegend, wie eine große
graue Gestalt mit eingezogenem Kopf in ihre Speisekammer huschte.
Mutig stand sie auf und ging in die Speisekammer, um nachzusehen, wer
dies war. Doch dort war niemand zu finden. Die Gestalt schien sich in
Luft aufgelöst zu haben.

Dies ist nur ein kleiner Ausschnitt von den vielen ungewöhnlichen
Dingen, die sich in Monis Leben ereigneten. Es gab noch extremere Erlebnisse, von denen ich hier aber nicht berichten möchte. Andere Leute
suchen mit großen Teleskopen den Himmel ab, machen Fotos von UFOs
und dennoch belächeln sie solch merkwürdige Geschichten. Es gibt viele
Anzeichen für eine Annäherung an den Menschen und dabei sind kon-
taktierte Menschen die Zukunft. Vielleicht sollten wir darüber nachdenken, dass diese Wesen uns näher sind, als wir momentan verstehen.

Superschurken-Sache

Auch mein gewöhnlicher, unspektakulärer Alltag wurde weiterhin immer wieder durch Begegnungen aus der Bahn geworfen, die keinen Sinn
zu ergeben schienen. So auch an einem gewöhnlichen Donnerstag: Ich

bin in unserer Kleinstadt mit meinen Kindern im Supermarkt unterwegs, als ich einen Mann bemerke, der uns beobachtet. Er hat blonde Haare und scheint etwa 40 Jahre alt zu sein. Ich erledige meine Einkäufe und gehe mit Elisabeth und Angela in die Zeitungsabteilung, wo die Kinder in den Zeitschriften stöbern. Wir sind allein in dieser Ecke, als plötzlich ein Mann mit schwarzen Haaren und dunklen Augen auftaucht und mich mit einem starren Blick ansieht. Er sieht schmutzig und ungepflegt aus, trägt alte, dreckige Kleidung und einen schwarzen Mantel, was ihn wie einen frisch aus dem Boden gekommenen Zombie aussehen lässt. Er steht zwischen mir und meinen Kindern und beginnt vor und zurück zu schwanken, während ich merke, wie er mich auf unheimliche Weise bedroht, so als ob er telepathisch mit mir kommunizieren würde. Ich drehe mich um und sehe, dass er sich Elisabeth nähert, und befürchte, dass er ihr wehtun könnte. Ich bin zu weit weg von ihr und frage mich besorgt, was er vorhat. Vielleicht will er mein Geld? Ich starre ihn an und er geht weiter auf meine Tochter zu, während ich versuche, näher zu kommen und zu verhindern, dass er ihr etwas antut. Mein erster Gedanke ist, dass ich diesen Freak umbringen würde, wenn er meine Kinder berührt. Eine Frau aus dem Supermarkt läuft an uns vorbei, aber reagiert nicht auf den seltsamen Typen. Er sieht zu mir, dann zu ihr und verlässt seine Position zwischen uns und meinen Kindern. Er stellt sich direkt vor uns auf, getrennt durch ein niedriges Regal. Plötzlich will Elisabeth zu ihm laufen. Was denkt sie sich dabei? Der Mann starrt uns weiterhin an, während ich sie streng zurückrufe. Auf einmal taucht der blonde Mann von vorhin wieder auf. Ich sehe ihn an. Es ist, als ob er meine verwirrten Gedanken lesen könnte. Der Zombie-Typ verschwindet. Ich gehe zur Kasse und frage die Kassiererin, ob sie weiß, wer diese dunklen Gestalten sind, die hier herumlaufen. Ich zeige ihr den Zombie-Typ und sie bestätigt, dass sie ihn auch eklig und abstoßend findet. Sie meint dazu nur, dass solche Leute wahrscheinlich Drogen nehmen würden. Seltsamerweise geht der Blonde zur gleichen Zeit wie wir zu einer anderen Kasse, aber dieses Mal schaut er nicht zu uns.

Wir packen unsere Einkäufe ein und fahren vom Supermarktparkplatz herunter. Dabei bemerke ich einen alten schwarzen Oldtimer, der an uns vorbeifährt. Ein Mann mit einem großen schwarzen Hut und einem schwarzen Jackett sitzt darin. Als ich ihn anschaue, denke ich mir, wie seltsam es im Winter aussieht, einen Hut zu tragen. Sein schickes Auto und sein Outfit passen nicht zur Jahreszeit. Es ist schwer zu sagen, was dahintersteckt. Vielleicht hat der blonde Mann etwas damit zu tun und war in der Situation quasi als Schutz da. Es ist auch möglich, dass er einfach nur ein Kunde war.

Leider ist mir nicht ganz klar, welche Rollen all diese Personen spielen. Sie kommen mir wie Beobachter in einer "Storyline" vor, welche Informationen sammeln. Meine Einschätzung: Es gab drei Parteien, die an dem Vorfall beteiligt waren: der Zombie-Typ (Böser), der Blonde (Guter) und der „MIB" im Oldtimer (neutraler Beobachter); aber natürlich kann auch alles ganz anders sein. Ich gebe zu, dass alles sehr komplex und verwirrend ist, besonders in unserer Kleinstadt, wo so ein Fahrzeug und solche Gestalten ungewöhnlich sind. Der MIB im Oldtimer gab mir durch seine Anwesenheit zu verstehen, dass er weiterhin überprüfen möchte, ob die Situation hier auf diesem Fleck Erde unter Kontrolle ist. Es scheint, als ob der Blonde und der Oldtimer-MIB in einer Rolle zusammenarbeiten, gegen das unvorhersehbare Böse. Durch die Vielfalt der entstehenden Synergien wird ihre Arbeitsqualität positiv beeinflusst: Sie können voneinander profitieren, um bessere Ergebnisse zu erzielen und so die Entwicklungen auf dem Planeten genau zu beobachten.

Die Dunkelheit des nächsten Abends brach herein und ich träumte in dieser Nacht von einem Feuerwehrchef: Plötzlich stehen wir zusammen an einem Spielplatz. Er erzählt mir, dass sie nicht mehr hinterherkommen, um den Müll von den Spielplätzen zu entfernen und alles aufzuräumen. Die Fetzen sind wirr. In dem Moment entsteht das Verständnis auf einer höheren Ebene, als ob ich eine Art "zweites Ich" hätte, das den Sinn erkennt, auch wenn mein "bewusstes Ich" es nicht tut. Der Feuerwehrchef verdeutlichte, dass sein Auftrag darin besteht, das wütende Feuer auf den Spielplätzen zu löschen und die Überreste zu beseitigen, wenn das Böse bereits großen Schaden angerichtet hat. Der Spielplatz symbolisiert die Erde. Bedauerlicherweise scheinen die Wesen, welche alles unter Kontrolle haben wollen, nicht immer in der Lage, mit dem Entfernen des Mülls Schritt zu halten. So sehen sie sich immer wieder mit der Herausforderung konfrontiert, dass neue Feuer entfacht werden. In manchen Momenten wird der Mensch von einer bösen Besessenheit ergriffen und lässt sich von dieser zu ungewissen Handlungen leiten. Infolgedessen führt er Krieg gegen seine eigene Spezies und treibt andere Katastrophen voran. Dadurch kann ein unkontrolliertes Flammeninferno entstehen, welches die fortwährende Präsenz dieser Wächter-Aliens erfordert. Sie müssen verhindern, dass sich Chaos ausbreitet und ein nicht rückgängig zu machender Schaden angerichtet wird. Das ist ihr Job. Als ernsthafter Mensch weiß ich jetzt, dass es einen fortwährenden Kampf zwischen Gut und Böse gibt. Meine Interpretation nach dem Vorfall ist, dass der Mensch noch in den Kinderschuhen steckt und sich selbst zerstören könnte. Ungewollt! Die Metapher des Mülls auf den Spielplätzen symbolisiert die unachtsame Handlungsweise des Menschen und die potenziell negativen Auswirkungen in Bezug auf unsere Umwelt. Weiter wird verdeutlicht, wenn der Müll nicht beseitigt wird, kann er eine unsichere Umgebung schaffen. Andere Lebensformen, wie der MIB und der Blonde, scheinen ein besonderes Interesse an unserer Beziehung zur Umwelt zu haben, da sie ebenso davon abhängig sind, um selbst zu überleben. Es kann sein, dass die Aliens eine symbiotische

Da, wo Helden leben, laufen auch Superschurken.

Beziehung mit unserem Planeten eingehen, bei der unser Wohl und unsere Nachhaltigkeit für ihr eigenes Fortbestehen von Bedeutung ist. Womöglich ist unser Planet ein lebenserhaltendes Ökosystem, das eine Vielzahl von Spezies unterstützt. Ebenso könnten noch weitere Welten Teil eines Netzwerks von Paralleluniversen oder alternativen Realitäten sein, die auf unerklärliche Weise miteinander verbunden sind. Die Grenzen könnten also weit über unseren eigenen Planeten hinausgehen. Jeder dieser Welten könnte einzigartige Lebensformen und Umgebungen beherbergen, die für ihr eigenes Gleichgewicht und Überleben von entscheidender Bedeutung sind. Es geht somit nicht nur um uns, die Spezies Mensch. Der Zustand unserer Umwelt könnte somit Auswirkungen auf andere, uns verbundene Welten und Lebensformen haben. Die Fremden scheinen uns mit ihrem Verhalten zu ermahnen und daran zu erinnern, unsere Verantwortung gegenüber der Umwelt anzuerkennen.

Besser nicht im Kreis drehen

Vielleicht gibt es gute Gründe, manche Geheimnisse zu bewahren. Nachdem wir unsere Familienplanung abgeschlossen hatten, entschied ich mich, vorzusorgen. Doch eines Tages geschah etwas Seltsames. Meine normalerweise regelmäßige Menstruation blieb aus. Anstatt in Panik zu geraten, wartete ich einige Zeit, bevor ich zum Arzt ging. Dort erklärte ich meiner Ärztin mein Problem. Nach einem schnellen Check-up blickte sie mich skeptisch an und sagte mir, dass eine Schwangerschaft noch nicht ausgeschlossen werden könne. Ich war überrascht, als sie mir vorschlug, abzuwarten und später noch einmal nachzusehen. Bei meinem nächsten Termin erklärte mir die Ärztin, dass sie Anzeichen für eine Schwangerschaft in meinem Körper festgestellt habe, obwohl auf dem Ultraschallbild nichts zu sehen sei. Sie bat mich, noch einen Bluttest zu machen, um sicherzugehen. Nach fast drei Monaten ohne Gewissheit wurde ich unruhig und hatte Angst vor möglichen Krankheiten. Schließlich nahm die Ärztin Blut ab und versprach, mich anzurufen, sobald der Befund vorliegt. In der Zwischenzeit verschrieb sie mir Tabletten, da sie eine Schwangerschaft ausschloss, trotz des Ausbleibens meiner Periode. Ich war mir jedoch sicher, dass ich schwanger bin, da ich alle typischen Anzeichen verspürte. Ich fühlte mich anders, als ob etwas in mir vorging. Müdigkeit und Stimmungsschwankungen begleiteten mich. Als ich die erste Tablette nahm, bekam ich schließlich meine Periode. Mein Bluttest zeigte nichts Ungewöhnliches. Schlussendlich erklärte mir meine Ärztin, dass mein Körper anscheinend in einem Zustand des Krieges war. Alles in allem war es eine verwirrende Geschichte, die ich vielleicht in der Zukunft besser verstehen werde. Wahrscheinlich wird jeder Arzt eine andere gute Erklärung haben. Jedenfalls hat mir das emotionale Auf und Ab bei der quälenden Frage, ob ich schwanger war oder nicht, gereicht.

Ich weiß, sie können Sachen vertuschen, wenn sie keine Beweise wollen. Es ist, als ob die Aliens bei mir eine unsichtbare Schwangerschaft vollzogen hätten. In der Tat ist die Technologie der Aliens so fortschrittlich, dass sie den Embryo aus dem Bauch herausnehmen können, ohne Spuren zu hinterlassen. Ich denke, dass sie währenddessen intensives Monitoring und Analysen betreiben, um sicherzustellen, dass es keine negativen Auswirkungen auf mich und das Ungeborene gibt. Die energiebasierten, präzisen Werkzeuge, die von den Aliens verwendet werden, nutzen eine spezielle Form von Energie. Ich spekuliere, dass deren fortgeschrittene Technologie auf winzigen (unsichtbaren) Nanorobotern basiert, die in der Lage sind, sich gezielt im Körper zu bewegen und spezifische Energiereserven anzuzapfen. Diese Nanoroboter können Energieformen identifizieren und entnehmen, die womöglich für gewöhnliche Messgeräte unsichtbar sind. Deshalb fand meine Ärztin wahrscheinlich nichts. Sie interagieren mit den Energiefeldern im Körper und nutzen ihre mikroskopischen Strukturen, um die Energie aufzufangen und zu speichern. Sie beeinflussen Oberflächen, um für das menschliche Auge unsichtbar zu bleiben, zumindest um die herkömmliche Wahrnehmung zu reduzieren oder zu eliminieren. Sie haben keine herkömmlichen chirurgischen Werkzeuge, die das umliegende Gewebe oder Organe während des Eingriffs beschädigen. Auf diese Weise wird der menschliche Körper, den sie für ihre Zwecke nutzen, geschont. Daher verwundert es nicht, dass ihre Technologie auf uns wie Magie wirken muss, indem sie das scheinbar Unmögliche möglich macht.

Alien-Untersuchung

Ich möchte das Erlebte neutral schildern. Eines Nachts sehe ich in meinem Schlafzimmer ein helles Licht, das mich blendet. Plötzlich

durchströmt mich eine Energie, die mich schockiert und handlungsunfähig macht. Als ich wieder zu mir komme, befinde ich mich in einem
Raum, der eine Mischung aus Wohnzimmer und Behandlungszimmer ist
mit Fenstern, Möbeln und einer angenehmen Atmosphäre. Auf einmal
nimmt mich ein großer, dünner, blonder Arzt auf den Schoß und stimu-
liert mich sexuell. Ich versuche, das Geschehene zu verstehen, fühle aber
keine Lust. Der Arzt vermittelt mir jedoch durch seinen Blick, dass wir
eine besondere Verbindung haben und ich von ihm abstamme. Er spricht
meine Sprache. Ich bin schockiert und verwirrt, da sie angeblich Dinge wie das klonen von DNS und Gentherapien durchführen. Allerdings
ändert das nichts an der Tatsache, dass das Erlebte unangenehm und
verwirrend ist. Als ich mich umschaue, frage ich mich, wie ich in diese
Situation geraten bin. Ich denke, dass alles in Ordnung mit mir ist, aber
dennoch fühle ich mich klein und unsicher wie eine Ameise. Mein Blick
wird etwas unscharf und ich denke: „Oh nein, nicht schon wieder ein
Medikament von Aliens." Ein anderer Arzt beobachtet mich und notiert
die Details der Situation auf einem Klemmbrett. Er sieht fast genauso
aus wie der blonde Arzt, fast wie ein Zwilling. Ich kann sie kaum unterscheiden. Obwohl ich mich unwohl fühle und jeder Teil meines Körpers
gegen das, was gerade geschieht, rebelliert, kann ich nicht mehr denken
oder analysieren. Ich lasse mich auf den Schoß meines Gegenübers fallen, aber die Situation ist seltsam und schwer in Worte zu fassen.

Plötzlich wache ich in meinem Bett auf und bin sprachlos. Was zur
Hölle ist gerade passiert? Ein fremdes Wesen, das so tut, als würde es
mich schon lange kennen, kommt in der Nacht und führt sexuelle Tests
an meinem Körper durch?! Ich bin verwirrt und habe schwache Knie. Obwohl ich mich frage, warum sie so etwas tun und wie ich darauf reagieren soll, drehe ich mich einfach um und schlafe wieder ein. Am Morgen
wache ich wie gewohnt auf und notiere sofort alles, was in der Nacht
passiert ist. Mein erster Gedanke ist, dass ich niemals jemandem auch
nur ein Sterbenswörtchen davon erzählen werde. Nie, niemals. Jedoch
packt mich die Neugierde und ich habe mindestens eine Million Fragen
und null Antworten. Vielleicht hat mir jemand vor dem Schlafengehen
etwas ins Getränk gemischt? Doch die Ernüchterung folgt schnell. Bin
ich langsam verrückt geworden? Ich versuche, gelassen zu bleiben
und sage mir selbst: „Keep cool, Klara, im Grunde ist nichts passiert."

Allerdings bemerke ich, dass meine Augen am nächsten Tag schmerzen. Nach solchen Begegnungen scheint meine Wahrnehmung jedoch geschärft zu sein: Farben, Geräusche, Gerüche, Geschmack und Intuition – alles scheint intensiver zu sein. Manchmal treten Begleiterscheinungen direkt nach dem Kontakt auf, während sich andere Symptome erst Tage, Wochen oder sogar Jahre später zeigen können.

Kollisionen paralleler Welten

Wie an jedem anderen Tag fuhr ich mit dem Auto zur Arbeit. Alles normal, doch dann passiert das Folgende: An einer Kreuzung vor mir steht plötzlich der Baum, der normalerweise grün ist, strahlend weiß da, so als wäre er in helles Licht getaucht. Ich reibe mir die Augen und schaue noch einmal hin. Von einer Sekunde auf die andere ist der Baum wieder normal. Ich überlege, was ich zum Frühstück gegessen habe, um dieses bizarre Erlebnis zu begreifen. Aber ich bin mir sicher, dass der Baum weiß war. Ich erkenne, dass es hinter unserer Realität noch eine weitere geben muss, fast so, als ob alles gezeichnet wäre. Vielleicht leben wir in einer Simulation und kosmische Kräfte spielen mit uns. Wir sind ein interessantes Experiment des Universums. Der weiße Baum hat für mich eine symbolische Bedeutung. Er steht nicht nur für sich selbst, sondern auch für etwas Unsichtbares. Die Zusammenhänge sind komplex. Wir sind wie Tiere auf einer Farm geschaffen, um einen Nutzen zu erfüllen. Die andere Seite kennt die Antwort, während wir nicht einmal die Frage kennen. Ich erkenne, dass andere Lebensformen Rätsel als geistige Übung nutzen, um unser Denken zu erweitern und neue Erkenntnisse zu gewinnen. Diese Rätsel repräsentieren unsere persönlichen Aufgaben und bieten uns die Gelegenheit, uns selbst herauszufordern, unsere Kreativität zu entfalten und unser Denken weiterzuentwickeln. Das Lösen von Rätseln öffnet uns eine Tür zu einer Welt voller Möglichkeiten, die uns ermutigt, neue Wege zu erkunden und die inneren Mysterien unseres Seins zu enträtseln. Ich gehe sogar so weit zu sagen, dass wir, wenn wir sterben, erneut in diese Sphäre der Existenz eintreten. Nehmen wir an, dass jeder Zyklus des Seins eine neue Chance darstellt, um dem Geheimnis unseres Daseins näher zu kommen. So könnte jedes Leben uns mit neuen Erfahrungen, Einsichten und Lernmöglichkeiten versorgen, um den Schleier ein Stückchen weiter zu lüften. Allerdings bleibt die Frage, ob wir tatsächlich in der Lage sind, das gesamte Rätsel zu enthüllen oder ob es ein endloses Streben nach Wissen und Verständnis ist. Vielleicht liegt die wahre Essenz des Lebens darin, die Reise selbst zu schätzen und sich immer weiter dem Rätsel anzunähern, ohne jedoch eine endgültige Antwort zu finden.

Erkenntnis und Akzeptanz für verrückte Dinge können das Leben offener machen und uns helfen, das Unbegreifliche zu verstehen. Ich vermute, dass das Universum voller habitabler Zonen ist, in denen Bedingungen wie flüssiges Wasser, Energie und chemische Elemente existieren, die Leben unterstützen können. Gleichzeitig sind Überlegungen zu Parallel-Universen oder Multiversen, die neben unserem bekannten Universum existieren, interessant. Diese parallelen Universen könnten völlig unterschiedliche physikalische Gesetze, Raum-Zeit-Konstanten oder Lebensformen enthalten. Darauf scheint auch das kurze, wundersame Erlebnis mit dem Baum hinzudeuten. Während der Baum plötzlich strahlend weiß wurde, hatte er eine unheimliche, fast überirdische Erscheinung. Mir wurde daher schnell klar, dass gerade etwas Außergewöhnliches passiert sein musste. Der Baum ist möglicherweise mit einer anderen Ebene kollidiert – einem Parallel-Universum. In meinen Augen hat die Kollision eine Art Portal geöffnet, welches die beiden Universen kurzzeitig verbunden hat und den Baum in ein gleißendes Licht tauchte. Während der Kollision fand ein kurzer Austausch von Energien statt, der den Baum für einen Moment in eine andere Dimension beförderte. Möglicherweise hat die Kollision mit einem Parallel-Universum nicht für jeden Menschen die gleichen Auswirkungen. Bestimmte Faktoren wie die individuelle Schwingungsfrequenz oder andere persönliche Eigenschaften könnten dabei eine Rolle spielen. In meinen Augen ist es jedenfalls denkbar, dass Menschen mit einer höheren Schwingungsfrequenz empfänglicher für die Energien sind, die bei der Kollision freigesetzt werden. Andererseits könnten Menschen, die skeptisch oder rational eingestellt sind, eher dazu neigen, solche Veränderungen nicht wahrzunehmen. Das sollte anregen, über den Sinn und Zweck unseres Daseins nachzudenken. Es erinnert uns daran, dass die Suche nach Wissen, Weisheit und Erkenntnis ein faszinierender und unendlicher Prozess sein kann, der uns in die Tiefen unserer Existenz führt und uns dabei hilft, eine tiefere Verbindung mit dem Universum und uns selbst zu finden.

Interaktion mit interstellaren Wesen

Minuten, Stunden, Tage, Wochen und Monate vergehen, während wir unser Leben lebten. Und dann, eines nachts, passierte es wieder: Mein Zimmer ist im Blitzlichtgewitter gefangen. Ich frage mich kurz, warum ich es sehe, aber Tommy nicht aufwacht. Das Licht ist so hell, dass ich meine Augen schließe. Als ich sie Sekunden später wieder öffne, befinde ich mich in einem abgeschlossenen Gefäß, das mit Wasser gefüllt ist. Es fühlt sich an wie eine samtige Lösung, in der ich ohne Probleme atmen kann. Ich spüre keinen Schmerz. Als ich nach oben schaue, sehe ich den Kopf eines Aliens, der mich anblickt. Seine schwarzen Augen sind ein seltsamer Anblick. Doch ich fühle keine Panik, sondern Sympathie. Es fühlt sich an, als würde ich schweben. Ich weiß, dass der Alien das Geschehen überwacht und nach mir schaut, um sicherzustellen, dass es mir gut geht. Ich spüre seine Gegenwart. Obwohl die Situation seltsam ist, fühle ich mich sicher und aufbewahrt wie in einer schützenden Wasserblase. Ich empfinde keinen Drang, gegen die Situation anzukämpfen oder zu flüchten. Einen kurzen Moment später habe ich das Gefühl, dass ich sehr unsanft und ruckartig in mein Bett zurückgeworfen werde und öffne

Biotechnologie manipuliert genetische Informationen gezielt.

hellwach die Augen. Ich denke, sie sollten ihre Methode, mich zurückzu-
bringen, noch einmal überdenken. Wie bei so vielen anderen Erlebnissen
verstehe ich auch dieses nicht. Normalerweise hätte ich große Panik und
Angst gehabt. Sie waren in der Lage, mir etwas anzutun, aber sie taten es
nicht. Stattdessen ließen sie mich wissen, dass ich in Sicherheit bin. Sie
können meine Psyche beeinflussen, ohne dass ich Schaden nehme.

In meinem Leben gibt es offene Türen und verschlossene Türen, und
ich besitze nicht den Schlüssel für alle. Sie haben mir Dinge gezeigt und
mich erleben lassen, aber die Erinnerungen liegen nicht offen da. Ich
weiß, dass es passiert ist, aber ich kenne nur einen winzigen Bruchteil
davon. Ich habe nicht vor, diese Türen zu öffnen. Hypnose, um mehr herauszufinden, käme für mich nicht in Frage. Stattdessen möchte ich mich
damit abfinden und versuchen, diese Erfahrungen in mein Leben zu integrieren. Das Öffnen dieser Türen könnte mich brechen.

Die Mysterien der Einflussnahme auf die Psyche

Die Menschheit kennt nur einen Bruchteil von dem, was im Universum vor sich geht. Mit jedem dieser außergewöhnlichen Erlebnisse
wird mir das klarer. Eines Tages geschieht es wieder: Ohne Vorwarnung
befinde ich mich plötzlich inmitten des Weltraums. Wie soll ich es beschreiben? Ein dunkler Raum voller funkelnder Sterne, ohne Fluggeräte, Wände oder Türen, und keine Wesen außer einer Stimme, die zu
mir spricht: „Komm mit, ich will Dir etwas zeigen." Der Besitzer dieser
Stimme reicht mir seine Hand und ich ergreife sie. Dann fliegen wir los
und es ist, als würde ich in einem Kinosaal sitzen. Alles, was ich sehe, ist
nicht real. Bunte Sternencluster und Galaxien sausen an mir vorbei. Ich
halte mich an dieser Hand fest, während wir an unzähligen Sternen und
Planeten vorbeifliegen. Es ist gigantisch, unbeschreiblich und nicht in
Worte zu fassen. Vielleicht haben sie einen Projektionsraum, so wie im
Kino. Ich bin wie berauscht von dem, was ich sehe. Dann finde ich mich
schlagartig in meinem Bett wieder und schlage die Augen auf. Tommy
und die Kinder schlafen tief und fest. Es ist, als ob ich gerade vor der
Tür des Universums gestanden hätte und mir bewusst wird, wie winzig
wir Menschen eigentlich sind. Ich erinnere mich daran, was Elisabeth
beim letzten Strandurlaub zu mir sagte: „Mama, wurden die Menschen

erfunden?" Ich hatte keine Antwort darauf. Ich versuche prinzipiell, Tommy von solchen Erlebnissen nichts zu erzählen. Er würde es als Fantasie oder Traum abtun.

Mit der Zeit lerne ich, dass diese Übergänge mit dem „Blitzen" anders funktionieren, wenn mein Körper erschöpft ist. Dann ist die Einflussnahme auf meine Psyche leichter. Der Kurs wird von Unbekannten bestimmt, die im Schatten stehen und uns immer einen Schritt voraus sind. Diese Wesen scheinen eine hochmoderne, realistische Form des "Greenscreens" zu besitzen, vergleichbar mit den neuesten Filmtricks. Ich denke, dass Aliens fortschrittliche Technologien für visuelle Effekte und Animationen nutzen und in der Lage sind, auf eine Weise zu interagieren, die für uns noch schwer vorstellbar ist. Es gibt eine Natur von ihnen, die authentisch erscheint und nicht von der Realität zu unterscheiden ist. Diese natürliche Eigenschaft wirkt glaubwürdig, doch trotzdem ist sie unecht.

Sphärische Telepathie: Die KI-Kugel und ich

Ich schreibe dieses Erlebnis auf, da es ebenfalls sehr sonderbar ist. Ich liege im Bett, als plötzlich ein Blitz in unserem Schlafzimmer einschlägt und ich das Bewusstsein verliere. Als ich wieder zu mir komme, befinde ich mich auf einer Sportbahn, umgeben von fremdartigen Wesen, die mir im Chor befehlen, Runden zu laufen. Obwohl ich in letzter Zeit wenig sportlich aktiv war, folge ich ihren Anweisungen und laufe Runde für Runde. Währenddessen frage ich mich, warum ich das eigentlich tue und wie ich die Anstrengung durchhalten kann, ohne umzukippen. Dann verlangen sie von mir, zu einer großen, weißen Kugel zu gehen und sie zum Fliegen zu bringen. Obwohl ich keine Tür oder einen Eingang sehen kann, befinde ich mich plötzlich in der Kugel, als ob ich durch eine unsichtbare Wand hindurchgelaufen wäre. Im Inneren ist alles leer und ich verstehe nicht, wie das Fliegen funktionieren soll. Doch bevor ich dies weiter hinterfragen kann, beginnt die Kugel plötzlich zu fliegen und ich fühle mich, als wären wir eins. Es ist, als ob die Kugel ein Bewusstsein hat und telepathisch mit mir kommuniziert, meine Gedanken aufnimmt und darauf reagiert. Wir fliegen weit nach oben und ich sehe Eis, Schnee und einen Helikopter. Dieser Anblick reißt mich aus meinem seltsamen

Erlebnis und ich finde mich eine Sekunde später in meinem Bett wieder, fühle mich aber sehr müde und erschöpft, als ob ich tatsächlich aktiv gewesen wäre.

Am nächsten Morgen erkenne ich, dass es eine Art Prüfung war, mich mit dieser Maschine zu verbinden. Verwirrt wird mir auch klar, dass es bei meinem Buchprojekt um "Timing" und "neue Wege" geht und dass Ausdauer langfristig günstiger ist als Schnelligkeit. Ich verstehe nun, dass ich den "Buch-Fluss" durchhalten muss.

Der Laufschritt integriert Training mit künstlicher Intelligenz.

Das Auto, das keins ist

An einem anderen Abend, den ich zeitlich nicht mehr zuordnen kann, geschah etwas Ähnliches: Ich hatte mich gerade in mein Bett gelegt und versuche einzuschlafen, als plötzlich mein Körper anfängt zu vibrieren und ich die Kontrolle verliere. Ein Summen ist zu hören und ich weiß, dass sie da sind. Ich öffne meine Augen und muss mich kurz orientieren. Ich befinde mich in einem dunklen, blauen Raum umgeben von grauen Außerirdischen. Sie scheinen mich zu unterstützen, damit ich schneller begreife, wo ich bin. Als ich mich umdrehe, bemerke ich, dass ich zum Glück bekleidet bin. Trotz der dunklen Umgebung fühle ich mich sicher, denn ich spüre, dass sie mir nichts Böses wollen. Neugierig betrachten sie mich mit ihren schwarzen Augen, doch sie haben auch eine Erwartungshaltung. Sie wollen, dass ich etwas erledige. Als nächstes befinde ich mich in einem Raum mit Elektronik und vor mir steht ein rotes Auto. Sie kommunizieren währenddessen telepathisch mit mir und geben mir Anweisungen. Sie fordern mich auf, mich hineinzusetzen und das Auto zum Fahren zu bringen. Ich gehorche und versuche einzusteigen, doch ich bemerke schnell, dass es sich um eine Illusion handelt. Mein Verstand setzt ein und ich erkenne die Täuschung. Die grauen Außerirdischen beobachten mich genau und erwarten offenbar, dass ich mich weiterentwickle, indem ich lerne, während ich handle. Doch ich fühle mich überfordert von den Dingen, die ich nicht

verstehe. Plötzlich befinde ich mich wieder in meinem Bett, ohne Blitz oder Abschied. Ich falle förmlich zurück und sitze dort, während ich auf meinen Wecker schaue – es ist fünf Uhr morgens. Die letzten Stunden scheinen wie im Flug vergangen zu sein und ich lasse mich einfach zurückfallen und schlafe wieder ein, als wäre nichts passiert.

Eine Stunde später klingelte mein Wecker und ich notierte alles, was ich noch wusste, auf meinem Handy. Das Erlebte steckte tief in

Wenn der Hightech-Bienenstock produziert.

mir. Sie hatten mir nicht alle Erinnerungen genommen. Somit war mir klar: Sie steuern und manipulieren weiterhin, um ihr Ziel zu erreichen. Nach dieser Erfahrung gab es einen Zeitabschnitt, in dem nichts Ungewöhnliches passierte. Ich kann nicht genau sagen, wann jede einzelne ET-Begegnung stattfand, es sei denn, es handelte sich um wichtige Ereignisse bei familiären Themen oder Veränderungen in meiner Arbeit. Diese Begegnungen mit Außerirdischen traten dazwischen auf, während sie ihren Plan abarbeiteten. Interessanterweise kann ich auch rückblickend einige dieser Begegnungen bis ins Detail wiedergeben. Beim Zeichnen der Bilder kommen sogar noch weitere interessante Details heraus. Jede Begegnung wurde so tief in mein Gedächtnis eingebrannt, dass ich sie jederzeit und ohne Probleme wiedergeben kann, egal zu welcher Tages- oder Nachtzeit.

Ein unheimliches Flugerlebnis mit künstlicher Intelligenz

An einem anderen Abend liege ich mit offenen Augen in meinem Bett, umgeben von Dunkelheit, unfähig mich zu bewegen oder zu reagieren. Im Flur meines Hauses höre ich Wassergeräusche, plätschernd, gurgelnd und fließend, begleitet von unklaren Tönen und einem Brummen. Plötzlich wird es um mich herum gleißend hell, mein Körper vibriert und ich bekomme große Angst. Blitze zucken durch meine Wahrnehmung und alles ist in grelles Weiß getaucht. Obwohl ich keine Schmerzen spüre, fühle ich mich weiterhin voller Angst und möchte, das es aufhört. Im selben Moment stehe ich auf meinen Füßen, immer noch in meinem Schlafanzug. Das Blitzen ist verschwunden und es ist dunkel, als ob jemand das Licht ausgeschaltet hätte. Die Todesangst hat sich ebenfalls aufgelöst und ich fühle mich schlagartig entspannt. Ich werde gebeten, mich an diesen seltsamen, bizarren und außergewöhnlichen Ort zu gewöhnen, ohne auszuflippen. Mir wird das Wissen vermittelt, dass alles zusammenhängt und perfekt ist. Sie zeigen mir, dass sie ständig dazulernen und kreativ in ihren Ideen werden. Sie kooperieren und entwickeln gemeinsam Entscheidungen und Strategien für das, was als nächstes kommt. Die Farben an diesem Ort sind wie das dunkelste Blau, das an das Meer erinnert.

Ohne Ankündigung springe ich plötzlich in eine Passagiermaschine, die wie eine Kulisse, ein Drehort oder ein Hologramm aussieht. Ich kann nicht sagen, wie sie das machen. Ich befinde mich auf einem der vorderen Sitze, aber sie stehlen mir die Übergangssequenzen. Manchmal bewege ich mich bei diesen Hologramm-Szenarien von selbst und manchmal sitze ich plötzlich, ohne zu wissen, wann ich mich gesetzt habe. Vielleicht bin ich diesen Wesen zu langsam in meinen Reaktionen, ich weiß es nicht. Links von mir sitzt eine Kreatur, kein Mensch, die möchte, dass ich mich umdrehe und nach hinten schaue. Sie zeigt es mir mit dem Finger und spricht in meinem Kopf. Also drehe ich mich auf dem Sitz und sehe viele Menschen im Flugzeug. Sie wirken wie Statisten, unecht, wie Schaufensterpuppen. Ihr Gesichtsausdruck ist eingefroren. Sie lächeln nicht und schauen mich, ohne zu zwinkern, an. Währenddessen spüre ich die Gegenwart der Fremden, sehe sie aber nicht. Einer von ihnen sagt mir, ich solle ins Cockpit gehen und mich auf den Pilotensitz setzen. Also stehe ich auf, gehe einen Schritt und bin plötzlich dort. Der Sitz hat eine seltsame Form, wie eine große Eierschale mit einem Glasdeckel darüber. An der Seite befindet sich ein Fach mit Knöpfen, bunten Lichtern und Hebeln. Ich fühle mich überfordert und habe keine Ahnung, was sie von mir wollen. Sie sind manchmal unpräzise und haben eine Erwartungshaltung, die ich nicht sofort erfüllen kann. Dann höre ich meinen Namen im Raum und drehe meinen Kopf nach links. Dort zeigt mir ein Grauer einen Kristallschlüssel, den ich im nächsten Moment bereits in der Hand halte. In dem Kristall sehe ich den Kopf eines grauen Aliens. Gleich darauf entdecke ich einen Geldbeutel in dem Fach neben mir und frage mich, was er hier macht. Es ist der Geldbeutel von damals, der verschwunden war. Ich setze mich nun auf den Pilotensitz, der perfekt zu mir passt. Der Gedanke, woher der Geldbeutel plötzlich kam, ist verflogen und interessiert mich seltsamerweise nicht weiter. Das Gefühl ist vergleichbar mit dem unangenehmen Gefühl vor einer wichtigen Prüfung, bei der es um die eigene Zukunft geht und wo man am liebsten vermeiden würde, hinzugehen. Leider ist das nicht möglich. Die Wesen, die für mich verantwortlich sind, wollen unbedingt, dass ich Vertrauen in sie gewinne, egal wie anders oder schrecklich sie sein können und was sie mit mir machen. Das ist schwierig, insbesondere, wenn man nicht weiß, ob man es mit Psychopathen zu tun hat oder nicht. Ich sitze nun also in meinem ergonomisch perfekten Sitz, barfuß und im Schlafanzug und soll mal eben diese vorgegaukelte Passagiermaschine fliegen, die mir immer noch unglaublich real erscheint. Dabei halte ich diesen Kristall in der Hand und auf einmal fliegt die Maschine. Ich spüre es durch mich hindurch, so als ob es eine Verschmelzung von biologischer und Maschinenintelligenz gäbe.

Ohne Vorwarnung werde ich wieder nach Hause zurückgerissen und liege auf meiner Matratze. Das Herausreißen aus diesen besonderen Momenten scheint für sie ein wichtiger Akt zu sein. Manchmal

*Als ob sie unsere Realität
wie eine Illusion umhüllen.*

frage ich mich, ob all diese Blitzlichtgewitter in meinem Kopf gesund sind. Ich hoffe, dass diese fortschrittliche Intelligenz die Anatomie des menschlichen Körpers perfekt beherrscht. Es macht keinen Sinn, mich umbringen zu wollen, nach all diesem Aufwand. Mit diesem Gedanken schlafe ich ein, als ob nichts passiert wäre.

Eine unkonventionelle Lektion und ihre Auswirkungen

Wir überlegten, das Haus zu verkaufen und umzuziehen. Die Tage und Wochen verflogen unbemerkt, während ich im Alltagstrott gefangen war. Eines Abends, als ich endlich zur Ruhe kam und mich ins Bett legte, höre ich auf einmal Wassergeräusche in meinem Schlafzimmer. Verwirrt schaue ich mich um, als plötzlich mein Körper von einem Energiestoß durchzuckt wird und ich lahmgelegt bin. Blitze durchzucken meinen Blick und ich will schreien, doch es funktioniert nicht. Ich fühle mich ausgeliefert an unsichtbare Mächte, die mich gefangen halten. Ich kann die Uhr danach stellen, wann sie kommen. Immer dann, wenn alles schläft, zwischen zwei und vier Uhr in der Früh.

Sie agieren perfekt im Verborgenen, so dass niemand ihre Anwesenheit bemerkt. Meine Gedanken kreisen um die Frage, was mit den Nachbarn oder Hunden in der Umgebung ist. Sie müssten doch etwas mitbekommen. Doch diese Wesen sind technisch versiert und ihre Taten vollziehen sie in absoluter Heimlichkeit. In diesem veränderten Zustand stehe ich plötzlich vor zwei blonden, humanoiden Zwillingsmännern, die behaupten, dass ich mein Haus verkauft hätte. Vielleicht sind es auch Klone. Mir wird schwindelig und ich zweifle an meiner Realität. Doch die Zweifel scheinen zur Nebensache zu werden, während ich nun überzeugt davon bin, dass alles tatsächlich wahr ist, was gerade geschieht. Ich vergesse, dass ich eben noch in meinem Bett lag. Der blonde Mann legt seine Hand auf meine Schulter und auf einmal sehe ich mein Haus völlig hell ohne Möbel. Ich glaube alles, was der große blonde Mann sagt, und es kommt mir gar nicht in den Sinn, dass ich das Haus in Wirklichkeit noch nicht verkauft hatte. Ich fühle mich schlecht und bekomme einen lauten Heulkrampf in dieser fremden Umgebung. Ich kann hier sogar weinen! Es fühlt sich alles so real an. Ich glaube ihm und frage schluchzend, wo wir jetzt wohnen sollen. Da nimmt mich der andere Zwillingsmann in den Arm. Er versucht, etwas väterlich zu sein und genau in diesem Moment denke ich, sie seien meine Familie. Er tröstet mich und spricht beruhigende Worte, als wäre ich ein kleines Kind. „Du brauchst nicht zu weinen", sagt er und fügt hinzu: „Wir wollen Dir nicht wehtun, wir wollen Dich nur schützen."

Mit einem Ruck und einem lauten Geräusch liege ich plötzlich in meinem Bett. Ich erkenne sofort, dass ich zuhause bin und dass wir das Haus nicht verkauft haben. Tränen laufen mir über das Gesicht, als ich mich aufsetze und tief durchatme. Je mehr ich zur Besinnung komme, desto mehr fühle ich mich durcheinander. Ich schaue mich um und erkenne meinen Schlafzimmerschrank. Ich taste nach Tommy und finde ihn schlafend auf seiner Bettseite. Ein überwältigendes Gefühl der Erleichterung überkommt mich, dass wir noch in unserem Haus wohnen. Die nächtliche Begegnung mit den blonden Männern war eine Warnung. Am nächsten Morgen lasse ich alles Revue passieren und erkenne, dass der Trost ernst gemeint war und die ganze Situation nur eine Lektion. Die Begegnung hat mir klargemacht, dass ich unseren Hausverkauf überdenken sollte.

Das Erlebnis berichte ich Herrn Polte. Ich öffne mich und Teile ihm unzählige Details aus meinem Leben mit, um meine Glaubwürdigkeit zu untermauern. Ich erkläre ihm, dass ich als Berufstätige mit Kindern nicht die Zeit habe, mir solch eine Geschichte auszudenken. All diese Ereignisse beruhen auf Tatsachen; so habe ich es erlebt. Doch es bleiben Zweifel, ob er mir glaubt, denn all dies ist einfach zu krass und zu unglaublich. Aus einem Anwalt wurde so ein Spezial-Psychologe für einen außerirdischen Kontakt der unkonventionellen Art.

Alle Punkte werden im Hightech-Check als Zeitspiel verknüpft.

Teil III: Begegnungen und Offenbarungen

Kapitel 7: Begegnungen und Konsequenzen

Interaktion mit interstellaren Wesen und unheimliche Erfahrungen

Ich möchte von einem weiteren ungewöhnlichen Erlebnis berichten, das sich auf dem Weg in den Urlaub nach Österreich zutrug. Die Familie freute sich auf den Urlaub, aber die Stimmung im Auto kippte, da wir deutlich länger als geplant unterwegs waren. Obwohl wir elektronisches Zubehör für die Kinder gekauft hatten, verloren sie ihre Geduld, im Auto zu sitzen. Also beschlossen wir, einen geeigneten Rastplatz zu finden, was sich schwieriger gestaltete als gedacht. Kurzerhand entschieden wir uns, auf einem normalen Parkplatz anzuhalten, um die Beine zu vertreten und die Kinder zu besänftigen. Wir entdeckten einen grünen Fleck, hielten an, breiteten eine Decke aus und stellten Tupperware mit Essen und unsere Tasche darauf ab. Eine kurze Pause für alle – ein guter Plan. Doch plötzlich überkam mich ein sonderbares Gefühl wie eine Sturmwelle mit Gänsehaut-Effekt. Anfangs versuchte ich, es zu ignorieren, aber es wurde stärker. Elisabeth kuschelte bei mir auf der Decke und Angela und Tommy standen und saßen im Wechsel daneben. Ich richtete meinen Blick auf und sah nun schwarze, große Fahrzeuge nicht weit von uns entfernt stehen, mit Blickrichtung zu uns. Die Insassen beobachteten uns und das machte es uns unbehaglich. Sogar mein sonst so ruhiger Tommy wurde nervös. Wer waren diese Menschen? Mafia oder Kidnapper? Ich war sofort überzeugt, dass wir schnell weg müssen. Wir packten die Kinder gegen ihren Willen zurück in ihre Autositze. Die Insassen der anderen Fahrzeuge starrten uns weiter an und das verstärkte unsere Angst. Wir redeten in diesem Moment nicht miteinander, sondern handelten nur. Schnell verstauten wir alles wieder im Auto. Tommy vergaß sogar seine sonst akkurate „Tetris"-Packweise und stopfte alles einfach in den Kofferraum. Unsere optimistische Lebensgrundeinstellung war wie weggeblasen; positiv sieht anders aus. Wir stiegen schnell alle ein und fuhren zurück auf die Autobahn. Plötzlich tauchte neben uns ein schwarzes Fahrzeug auf. Tommy meinte dazu nur, dass hier wahrscheinlich ein Automobilhersteller in der Nähe sein müsse, weshalb viele dieser

Fahrzeuge hier herumfahren würden. Doch seine Worte konnten mich nicht beruhigen. Auch Tommy wurde schließlich unruhig und gab Gas, bis das Fahrzeug im Rückspiegel verschwand. Wir sprachen nicht weiter darüber und setzten unsere Fahrt fort, um schnellstmöglich zu entkommen.

Ich war froh, dass Tommy dieses Mal ein Zeuge war. Wir hatten das Ereignis gleich eingeschätzt und waren uns einig, dass es besser sei, nicht länger auf dem Parkplatz zu verweilen. Es kommt nie so schlimm, wie man es sich vorstellt, aber auch nie so gut. Inzwischen weiß ich, dass wir von einer anderen Spezies beobachtet werden. Ich denke es gibt Lebensformen, die dienen der Einhaltung intergalaktischer Bestimmungen und Gesetze. Sie sollen überwachen und potenzielle Bedrohungen verhindern. Obwohl sie Abstand gehalten haben, waren sie sehr respekteinflößend und wollten uns zeigen, dass sie uns beobachten und darauf achten, was wir mit unserem Alien-Wissen anstellen. Sie wollten gesehen werden, um die gewünschte Reaktion bei uns hervorzurufen. Wir befinden uns in einer Art Zeugenschutzprogramm, allerdings nicht von Menschen. Sie kommen mir vor, wie eine Organisation, die für die

Fernüberwachung dient der Kontrolle und Sicherheit.

Aufrechterhaltung der Ordnung und Sicherheit im Zusammenhang mit Aliens verantwortlich ist. Wer auch immer die sind, sie können eine Art Schutzschild erzeugen und sich tarnen wie ein Chamäleon. Doch wenn sie Probleme haben, können sie auch Kräfte manifestieren. So mein Eindruck.

Das Ausmaß des Überwachungsprogramms: Eine folgenschwere Fehleinschätzung

Aufgrund meiner Arbeit muss ich manchmal an Feiertagen und Wochenenden Kontrollgänge an der Anlage durchführen, ähnlich wie eine Bereitschaft. Aber dieses Mal war alles anders. Normalerweise schaffe ich es allein, aber ein unterschwelliges Gefühl sagte mir, dass es von Vorteil wäre, Begleitung dabei zu haben. Also bat ich meinen Freund Tommy mitzukommen. Es wurde dunkel und das unheimliche Gefühl blieb bestehen. Als wir bei meiner Arbeitsstelle ankamen, sahen wir im Dunkeln einen Audi mit Münchner Kennzeichen, in welchem zwei Personen sitzen, die uns beobachteten. Zu dieser Uhrzeit war das sehr ungewöhnlich an diesem Ort. Wir parkten, stiegen aus dem Auto und plötzlich bekam ich ein starkes Gefühl der Warnung in meinem Bauch. Geschulte Kritiker mögen nun einwenden, dass ich nur etwas Falsches gegessen hatte, aber das stimmte nicht. Ich wusste instinktiv, dass wir uns in Acht nehmen mussten. Ich spürte Stress und Gefahr. Diese Leute schauten jedem unserer Schritte nach. Mit Selbstbewusstsein blieb ich stehen und fragte Tommy: „Wer sind die denn?" und drehte mich bewusst in ihre Richtung. Eine Hand an meinem Bauch, mit der anderen zeigte ich auf ihr Auto. Sie sahen das. Dann auf einmal – wie von einer Tarantel gestochen – schnallten sie sich an und ich hörte, dass sie ihren Wagen starteten und in Windeseile Vollgas den Berg hinunterfuhren und verschwanden. Die Situation war sehr diffus. Ich war innerlich verwirrt und frage mich, was mit ihnen los war. Verdutzt über die Aktion, sagte ich zu Tommy: „Was war denn das für eine Aktion?" Er zuckte mit den Schultern und wirkte ebenso irritiert und perplex wie ich. Ich weiß, dass die Aliens Angst projizieren können. Genauso gut kann es sein, dass diese Leute plötzlich Angst hatten. Fakt ist, dass diese Beobachter Befürchtungen bezüglich irgendwas hatten. Das rasend schnelle Wegfahren im wahrsten Sinne, als wir sie entdeckten, deutete darauf hin, dass sie ihre Sicherheit wahren wollten. Gleichzeitig denke ich, dass diese Leute verstehen, wer auch immer sie sind, dass es unvorhergesehene Risiken und Konsequenzen für sie geben kann, wenn sie sich einmischen.

Am nächsten Tag ging ich einkaufen und als ich am Supermarkt ankam, sah ich einen großen, schwarzen Jeep mit einer Person darin, die mich ansah. Ich fühlte mich beobachtet und nahm meine Tochter Elisabeth aus dem Auto. Dann blieb ich auf der Straße stehen. Plötzlich fuhr das Fahrzeug genau vor meine Füße und langsam an mir vorbei, so dass ich den Bundesadler-Aufkleber auf seiner Scheibe nicht übersehen konnte. Ich dachte daher, dass es ein Dienstwagen sein muss. Diese Regierungsbeobachter wissen wohl von meinen Begegnungen, sie wissen, wann ich meine Kontrollgänge auf der Arbeit mache und mit wem ich unterwegs bin. Da sie am Supermarkt bereits anwesend waren, wissen sie scheinbar auch, wann und wohin ich einkaufen gehen möchte. Das könnte bedeuten, dass sie meinen Tagesablauf kennen. Ob die Aliens Störungen einfach so ignorieren, kann ich nicht garantieren. Die Menschen dürfen ihre Unvorhersehbarkeit niemals unterschätzen. Diese „Anderen" treffen ihre eigenen Übereinkünfte und sie treffen sie allerdings nach ihren Prämissen.

46

Neugier kann Menschen in heikle Situationen bringen.

Aliens beeinflussen die Zeit

Hier sitze ich also und arbeite weiter an meinem Buch, um all meine bisherigen ET-Erlebnisse halbwegs chronologisch zu sortieren. Es ist keine leichte Aufgabe, vor allem weil die ETs mir dabei über die Schulter schauen und scheinbar ein Wörtchen mitreden wollen, damit alles so geschieht, wie sie es gerne hätten. Wie ich darauf komme? Ganz einfach: Sie nehmen Einfluss auf mich, meinen Partner und sogar auf die Technik um mich herum. Vielleicht fragen Sie sich, wie das funktionieren kann. Nun, in ihrer Welt haben sie Zauber-Buttons, mit denen sie jederzeit Einfluss auf unser Geschehen nehmen und es so beeinflussen können. Ist das gruselig? Ja, das ist es auf jeden Fall. Und um zum Punkt zu kommen: Sie haben mir Zeit gestohlen, einfach so in meinem kostbaren Leben vorgespult. Ich hoffe, dass sie es irgendwann wieder gutmachen werden, denn meine Zeit ist mir sehr wichtig, besonders wenn ich Termine habe. Und selbst diese privaten Termine beachten sie sehr genau bei ihrem Vorgehen.

Doch wie komme ich darauf? Während des Schreibens bemerkte ich auf einmal, dass ein Teil meiner Schreibarbeit futsch ist, gelöscht und in den Weiten des Mülleimers verschwunden. Trotz automatischen Speicherns! Wenn ich die Uhrzeit nicht genau im Auge behalten hätte, meinen Text nicht fast fertig und noch einen anstehenden Termin gehabt hätte, wäre es mir möglicherweise gar nicht aufgefallen. Sie haben mir Zeit gestohlen. Ein Versehen der ETs? Schwer vorstellbar, denn die ETs machen keine Fehler. Ich versuchte zu verstehen, was passiert war, mein Sherlock-Holmes-Trieb war geweckt. Es ist unmöglich, dass ich mitten am Tag eingeschlafen war und es ist auch unmöglich, dass ich mir meinen geschriebenen Text nur eingebildet hatte. Somit blieb nur die unangenehme Wahrheit: Ich darf nur in gestatteten Toleranzen arbeiten und schreiben. Für mich ist es eine Tatsache: Es gibt verlorene Zeit und ETs nehmen Einfluss auf mein Leben.

Begegnung mit dem Unbekannten -
Eine weitere Nacht voller Rätsel

Jede Lebensform hat ihre Berechtigung. Beispiel hierfür: Eine Begegnung mit einem Reptiloiden. Ich hatte eine faszinierende Unterhaltung mit

Herrn Polte über die Spezies der Reptiloiden und ihre einzigartigen Fähigkeiten. Später am Abend lag ich im Bett, als sich das Folgende ereignete: Plötzlich wird mein Schlafzimmer von hellem Licht erhellt und ich spüre für einen kurzen Moment meinen Körper nicht mehr. Ich habe keine Kontrolle mehr über meine Glieder und mein Körper brummt, während ich das Zeitgefühl verliere. Als ich mich schließlich umschaue, befinde ich mich in einem langen Gang, obwohl ich doch gerade noch im Bett lag. Trotzdem bin ich bei klarem Verstand und stehe in meinem Schlafanzug da. Als ich nach rechts blicke, erschrecke ich. Vor mir befindet sich ein junger Mann mit nacktem Oberkörper, der eine Maske auf Mund und Nase trägt, während er in einem Tank mit seltsamer Flüssigkeit schwebt. Ich bin verwirrt und kann das Gesehene nicht einordnen. Im nächsten Moment steht der Mann außerhalb des Tanks vor mir, ohne Maske und in normaler Kleidung (eine Hose und ein rotes Shirt). Ich verstehe nicht, wie das funktionieren kann, aber er steht vor mir, als wenn er sich geradewegs dorthin gebeamt hätte. Er spricht einen kurzen Satz zu mir: „Sie werden im Sand suchen." Ich bin mir nicht sicher, was er damit sagen will. Es könnten die Menschen gemeint sein, welche versuchen, sie zu finden. Nachdem er das gesagt hat, verändert er sich plötzlich. Er trägt kein Shirt mehr und seine Hautfarbe ändert sich langsam und zeigt einen ungewöhnlichen Farbverlauf. Kleine Knubbel entstehen auf seinem Körper. Ich bin so geschockt von dieser plötzlichen Verwandlung, dass ich an der Realität zweifle. Er war gerade noch ein Mensch, und jetzt das. Sein Körper und sein Gesicht verändern sich sprunghaft zu etwas Fremdartigem. Die Haut erscheint nun hornschuppig. Plötzlich spüre ich eine Beklemmung in der Brust und bekomme Atemnot, als ob ich irgendwo drinstecke und ertrinke. Ich will aus dieser bizarren Lage heraus. Er bemerkt es und geht von mir weg. Dann sagt er diesen Satz: „Sie hat noch keine Schuhe an."

Ich spüre einen Ruck im Körper, bekomme wieder Luft und wache prompt in meinem Bett auf, verwirrt über das Geschehene. Dann ertönt der Wecker und ich atme erleichtert auf. Was ist passiert? Ich stehe auf, gehe ins Badezimmer und schütte kaltes Wasser in mein Gesicht. Der Satz mit den Schuhen macht keinen Sinn für mich. In den nächsten Tagen zeichne ich das Erlebnis auf und höre beim Zeichnen zuhause plötzlich laute Geräusche, ähnlich wie Knallbonbons. Ich suche im Haus nach der Quelle, aber ich finde nichts.

Die Torwächter hüten nicht nur die Schlüssel.

Licht und Schatten

Auch bei meinen Kindern hörten die Anomalien nicht auf. Dazu ein Beispiel: Es ist ein normaler Abend, bis auf die Tatsache, dass Angela die Nacht außer Haus ist. Normalerweise kommt Elisabeth immer in der Nacht zu mir ins Bett, wenn ihre Schwester außer Haus schläft. Aber nicht an diesem Abend. Als ich früh aufwache und bemerke, dass sie nicht da ist, gehe ich direkt in ihr Zimmer, um nach ihr zu sehen. Zu meinem Erstaunen liegt sie nicht in ihrem Bett, sondern in Angelas Bett. Da ihr Verhalten untypisch ist, frage ich sie, warum sie allein bei Angela geschlafen habe. Elisabeth antwortet: „Ich bin in der Nacht über eine Wiese mit Schnee gelaufen und hab nur die Sterne und ein weißes Pferd gesehen, auf dem ich reiten durfte." Kurz darauf sagt sie: „Die bösen Männer wollen Menschen fangen." Ich erschrecke und frage, was diese Männer mit den gefangenen Menschen machen. Ihre Antwort ist nur, dass sie sie später zu ihren Eltern zurückbringen werden.

Der Morgen geht wie gewohnt weiter und ich habe nicht viel Zeit, um alles im Detail zu analysieren und zu durchleuchten, was in der Nacht passiert ist und was dahinterstecken könnte. Angela kommt später auch zurück nach Hause und am Nachmittag machen wir einen Einkaufsbummel. Wir schlendern durch die Einkaufspassage und landen schließlich in einem Spielzeuggeschäft. Wir betreten den Laden und es dauert nicht lange, bis Elisabeth mit einer Packung Playmobil auf mich zukommt. Ich nehme die Packung in die Hand, um zu sehen, was sie sich ausgesucht hat. Überrascht stelle ich fest, dass es ein Reiter auf einem weißen Pferd ist. Das Pferd hat schwarze Augen ohne Pupille. Währenddessen sagt Elisabeth knapp: „So sehen die Reiter und das Pferd aus, Mama." Zunächst verstehe ich nicht, was sie meint, aber dann fällt es mir ein. Ich hatte das Erlebnis vom Morgen fast vergessen, aber meine Kleine hat es offensichtlich nicht. Mir wird klar, dass ich diese Dinge nicht einfach als kindliche Fantasien abtun darf. Es scheint, dass viel mehr dahintersteckt, als ich bisher angenommen hatte.

In der nächsten Nacht schlafe ich ein und träume von etwas Sonderbarem, das sehr realistisch wirkt. Ich sehe Reiter auf Pferden davongaloppieren, und jeder Reiter hat ein Kind bei sich. Sie bringen die Kinder in ein wunderschönes, großes Schloss, das aussieht wie aus einem alten Märchen. Dann klingelt mein Wecker und ich stehe auf, um zur Arbeit zu gehen.

Kapitel 8: Lasst uns zaubern

Synchronizität, verborgene Welten und kreative Entdeckungen

Doch damit noch nicht genug, es wurde noch merkwürdiger: In unserem Büro gibt es eine Regel, dass derjenige, der zuerst eintrifft, die Kaffeemaschine vorbereitet. Während ich noch in Gedanken versunken bin, platzt mein Kollege herein und überrascht mich mit einem Geschenk – einem Kalender mit einem wunderschönen, großen Schloss auf dem Titelbild. Ich nehme das Geschenk dankend an, bin aber auch voller Verwunderung, denn die Synchronizität zwischen meinem Traum und dem Geschenk ist faszinierend. Mein Kollege ist sichtlich überrascht, als ich über seinen Kalender kein Wort verliere und ihn stattdessen mit großen Augen anstarre. Es ist, als ob das Universum einen Scherz gemacht hätte, um alles in Einklang zu bringen. Ich frage mich, was es mit den Kindern auf sich hat, die ich in meinem Traum gesehen habe, kann aber in dem Kalender keinen Hinweis darauf finden. Woher sollen wir im Traum wissen, dass die Realität nicht bloß ein weiterer Traum ist?

Entdeckung einer verborgenen Welt durch ein verdecktes Spiel

Das Schloss-Thema verfolgte mich weiter, wie das folgende Erlebnis zeigt: Tommy befindet sich auf Geschäftsreise, während ich in meinem Bett liege und zur Ruhe komme, da der Tag lang war. Plötzlich spüre ich, wie mein Körper stark vibriert und es blitzt hell auf. Ich fühle mich bewegungsunfähig und alles ist grell-hell. Vor meinen Augen erscheint ein Märchenschloss für Kinder, das alles enthält, was Kinder mögen, wie Spielplätze, Hüpfburgen und Klettergerüste. Die Umgebung ist freundlich und sieht aus wie in den alten Königsgeschichten. Es erinnert mich an Disneyland. Die Illusion ist perfekt; echt und unecht sind nicht zu unterscheiden. Ich sehe Elisabeth, Angela und andere Kinder. Ein fremdes Mädchen kommt auf uns zu und lädt uns ein, ihr zu folgen. Wir folgen ihr und kommen an einen Geheimgang, der wie eine breite Wendeltreppe aus Stein aussieht und nach unten führt. Plötzlich wird es dunkel und düster, nicht mehr freundlich und hell. Das Mädchen ist nun verschwunden und ich erkenne, dass sie nicht echt war. Doch wir sind nicht ängstlich und laufen die große Steintreppe Stufe für Stufe nach unten. Dabei halten wir uns an den Händen. Die Neugier, was unten auf uns wartet, ist größer als die Anspannung, die ich normalerweise im Leben fühle, besonders wenn es darum geht, meine Kinder in eine solche Situation zu bringen. Wir fühlen uns von etwas Unsichtbarem angetrieben weiterzugehen, bis wir schließlich vor einer Absperrung stehen. Hinter der Absperrung sehen wir eine Eule auf einem Stab sitzen und plötzlich bemerke ich, dass ich mein Handy in der Hand halte. Wie kann das sein? Sie haben Requisiten und Objekte in die Szenerie eingebaut, ohne dass ich den Zeitwechsel bewusst wahrgenommen habe. Sie wollen offenbar, dass ich meine Handy-Lampe benutze, um zu leuchten, so wie ich es zu Hause im Dunkeln tun würde. Also schalte ich die Handy-Lampe an und richte sie auf die Eule. Die Eule beginnt aufgeregt zu flattern und zeigt mir mit ihrer Reaktion, dass sie das helle Licht nicht mag. Die Kinder und ich erschrecken und im selben

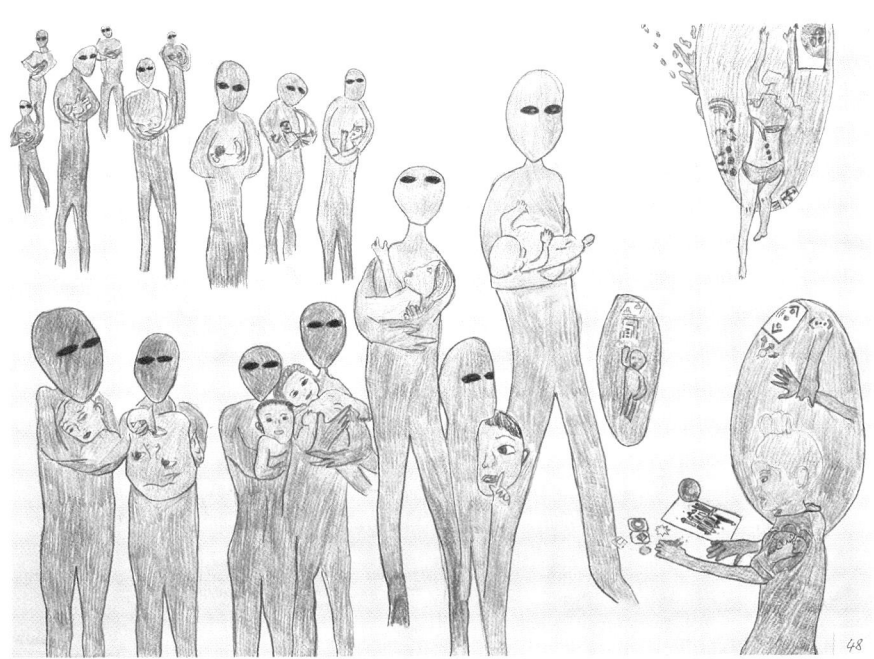

Die kleinen Schmetterlinge.

Moment öffnet sich rechts von uns automatisch eine Tür, die vorher nicht da war. Eine Tür, die aus dem Nichts erschaffen wurde. In der Tür steht eine Gestalt, die wie ein Zauberer aussieht und einen Zauberstab in der Hand hält. Er sagt: „Wir nehmen Kinder, weil sie den Weg besser kennen." In dem Moment werde ich wach und liege in meinem Bett. Ich verstehe, dass sie bei den Kleinsten anfangen, weil sie formbar sind, und dass viele scheinbare Zufälle ein verborgenes Muster ergeben.

Zeichne die Realität auf die Leinwand und flechte den Zauber.

Zwischen den Welten:
Eine Erfahrung mit dem Unsichtbaren

Die Zeit verging und die Kinder sprachen immer öfter von merkwürdigen Erlebnissen. Wie jeden Morgen verlief unsere Routine gleich: Der Wecker klingelt, ich stehe auf, mache mich fertig und wecke die Kinder. Angela kommt zu mir und berichtet: „Es gab Engel und eine Fee, die Engel haben mich in die Luft gehoben und dann auf eine weiche Wolke fallen lassen. Die Wolke war wirklich sehr weich und die Fee hat sie dann nach unten geschoben." Ich habe mir angewöhnt, solche kurzen Gespräche stehen zu lassen und nicht weiter nachzuhaken, wenn Elisabeth oder Angela nicht von allein Fragen stellen oder weitererzählen. Unser Leben ist auch so schon verwirrend genug, da will ich das alles nicht noch weiter provozieren. Schließlich können wir unseren Alltag zum Glück gut bewältigen, ohne psychische Folgen zu spüren. Dennoch beeinflussen diese Ereignisse unser Bewusstsein und ich habe das ständige Gefühl, beobachtet zu werden. Das Unsichtbare umgibt uns. Manchmal ist es schwierig, den Übergang zur anderen Welt oder Ebene zu beschreiben. Ich sehe es blitzen und höre seltsame Geräusche, manchmal fühle ich mich auch wie von einer Art Wasser umgeben. Ein anderes Mal wache ich auf und befinde mich schon mitten im Geschehen. In einer solchen Situation hinterfrage ich das Geschehen nur bedingt kritisch, je nachdem wie sie meinen Verstand schalten. Sobald sie in mein Gehirn eingreifen und ich dann anders agiere, sind in meinem Kopf Bereiche anders eingeschaltet als üblich. Manchmal fühle ich mich gespalten, dann bringt mich das Zusammenspiel der Welten durcheinander und ich grüble und erkenne immer wieder, dass alles gewollt ist. Manchmal habe ich Riesenangst vor ihnen. Als verantwortungsbewusster Erwachsener weiß ich, dass man der Angst nicht trauen sollte, da sie einen in die Ecke treiben kann. Deshalb versuche ich manche Dinge, die ich nicht ergründen kann, als unwichtig abzutun, um nicht Tag für Tag darüber nachdenken zu müssen.

Suche nach Antworten:
Ich werde kreativ, die „Anderen" auch

Trotz der bewussten Alien-Aktivitäten, die in meinem Leben auftauchen, sind sie nicht in der Lage, dauerhafte Traumata zu verursachen.

Diese Wesen sind offensichtlich keine Anfänger. Wenn sie etwas tun – auch wenn es anfangs schockierend für uns erscheint – hat es mit großer Wahrscheinlichkeit auf ihrer Ebene einen höheren Sinn und eine logische Erklärung. Nach ein paar Stunden erscheint die Situation meist weniger bedrohlich und der Alltag läuft ohne Schwierigkeiten weiter. Dies motiviert mich, weiter nach Antworten zu suchen. Ich werde zum Alien-Detektiv und bitte meinen Partner Tommy, Kameras für die Kinderzimmer zu bestellen. Ich gebe als Vorwand an, die Kinder in der Nacht beobachten zu wollen. Sein Gesichtsausdruck zeigt eine Mischung aus Besorgnis und skeptischer Zustimmung. Mal sehen, ob ich es schaffe, sie auf Band zu bekommen. Ich entwickle einen Wahn, der Menschheit beweisen zu wollen, dass es Außerirdische gibt – und zwar bei uns zuhause! Ich will diejenige sein, die es schafft, die ETs zu filmen. Ob mein euphorisches Bestreben umsonst war, wird sich rausstellen.

Die durchsichtigen Fäden im Vordergrund

Wer unerkannt bleibt, muss noch lange kein Monster sein. Ich werde zur Sonderermittlerin des Abends und werde sie heimlich filmen. Gut, das Vorhaben steht, mein Plan ist perfekt. Tommy hat die Kameras genau installiert. Sie laufen und zeichnen alles auf, was auch nur einen Pieps von sich gibt. Ich bin bereit und nur einen klitzekleinen Wimpernschlag davon entfernt, der Menschheit einen Beweis zu liefern – zumindest hoffe ich das. „Euch krieg ich!", denke ich triumphierend. Am nächsten Morgen geht alles wie gewohnt weiter. Mein Wecker klingelt, ich stehe auf und gehe ins Badezimmer, um mich für die Arbeit fertig zu machen und danach die Kinder zu wecken. Plötzlich steht meine kleine Angela (6) neben mir und sagt: „Sie wollen nicht berühmt werden. Sie kommen in der Nacht auf die Erde und besuchen uns. Sie wollen, dass wir Freunde sind, dass wir zusammenspielen und sie wollen nicht gesehen werden. Wenn Astronauten kommen, dann wollen sie nicht ins Fernsehen kommen. Weil dann jeder Mensch sie sehen will. Oder willst Du, wenn Du scheu wärst, ins Fernsehen, wenn Du nicht gesehen werden willst, Mama? Eigentlich sind Aliens so richtig scheu. Sie verstecken sich in ihrem Zuhause." Ich frage verwundert in der Situation: „Wo ist ihr Zuhause?" Sie antwortet: „Na, was ich Dir erzählt habe. Im Mond. Auf der Erde sind sie nicht nur und in die Sonne gehen sie nicht." Dann sagt sie weiter: „Sie kommen in der Nacht, weil da schlafen wir doch alle, in der Nacht schlafen alle Menschen." Und dann weiter: „Sie verstecken sich sehr und sind super scheu." Puh, einmal kräftig durchatmen und ich fasse mal kurz zusammen: Die Außerirdischen haben meinen raffinierten Plan einfach durchschaut und ihn prompt durchkreuzt. Großartig, die Kameras waren nicht gerade günstig. Das werde ich Tommy auf keinen Fall sagen. Er würde mich wahrscheinlich zur Rede stellen oder schlimmer noch, mir Vorwürfe machen. Die ETs haben wirklich schnell reagiert; damit hatte ich nicht gerechnet. Angela scheint in ihren Aussagen sogar Verständnis für die ETs zu zeigen. Vielleicht haben sie deshalb eher mit Angela gesprochen und nicht mit mir. Aber das sind nur Vermutungen. Ich schicke Herrn Polte jeden einzelnen Satz, um jeden möglichen Beweis ihrer Existenz in unserem Leben zu schildern und zu unterstreichen. Wahrscheinlich ist er schon genervt und überlegt, wie er mich wieder loswerden kann.

Verwandtschaft – überraschende Enthüllung

An einem normalen Morgen klingelte der Wecker und ich ging hinunter zur Kaffeemaschine, als sich plötzlich Angela (7) vor mir stellt. Ohne Vorwarnung beginnt sie zu sprechen. Ich nehme mein Handy und schreibe schnell jedes Wort mit. Angela sagt: „Ich denke, dass wir mit Lebewesen sprechen können, die wir nicht kennen." Ich frage sie: „Warum denkst Du das?" Sie antwortet: „Ich glaube, dass wir zu einer anderen Familie gehören, zu Außerirdischen. Weil wir auch zu anderen Lebewesen gehören. Wir wurden im Weltall geboren und auf die Erde gebracht, und dann kamen wir in Mamas Bauch. Sie besuchen uns in der Nacht und sprechen eine seltsame Sprache. Sie können Gedanken lesen." Angela sieht mich an und erklärt mir: „Wenn sie sprechen, hört es sich seltsam an und es gibt seltsame, helle Geräusche. Sie wollen nicht gefilmt werden, deshalb kommen sie nicht ins Internet."

Das Geheimnis

Die Tage vergingen und ich überlegte hin und her, ob ich endlich Klartext mit Tommy reden sollte. Doch ich fühlte eine gewisse Unsicherheit.

Er könnte nicht nur Schwierigkeiten haben mir zu glauben, sondern es könnte auch ein Grund für ihn sein, die Beziehung zu beenden. Daher entschied ich mich, vorerst noch zu schweigen. Ein paar Tage später steht morgens plötzlich meine mittlerweile vierjährige Tochter Elisabeth vor mir und sagt: „Mama, Tommy hat blinde Augen." Das ist für mich ausschlaggebend in der Entscheidungsfindung, ihm nichts zu sagen. Es kam zum richtigen Moment.

Wie ein unerklärliches Ereignis den Abendhimmel zum Leuchten brachte

Es war zunächst ein ganz normaler Morgen und die Kinder waren mit dem Ablauf vertraut. Doch dann geschah an diesem Morgen etwas Ungewöhnliches: Kurz vor dem Frühstück schnappen sich die Kinder gemeinsam Stifte und Papier und beginnen zu zeichnen. Das ist untypisch für sie, denn normalerweise ist es morgens bei uns hektisch und es bleibt kaum Zeit zum Spielen oder Zeichnen. Tommy und ich sind überrascht über das plötzliche Verhalten von Elisabeth und Angela. Der Küchentisch verwandelt sich binnen einer Sekunde in ein Atelier und die Kinder zeichnen wie wild darauf los. Es war ihnen sehr wichtig, damit fertig zu werden, bevor wir das Haus verlassen. Deshalb haben wir sie gewähren lassen. In Zukunft werden wir dies öfter tun. Ich habe auch ein paar eindeutige Zeichnungen der Kinder in das Buch aufgenommen. Es war interessant zu sehen, dass ihre Zeichnungen meist wie fremde Fluggeräte aussehen. Deshalb möchte ich klarstellen, dass wir weder ein UFO-Kinderbuch zu Hause haben noch sich die Kinder mit Außerirdischen-Filmen oder ähnlichem beschäftigen. Nichts, was sich so über Nacht festsetzt und am nächsten Morgen sofort gezeichnet werden muss. Für mich ist die Lage sonnenklar. Diese Wesen kommen nachts in ihre Zimmer und sprechen mit ihnen. Elisabeth (5) erzählt mir, dass sie mit einem Tropfen geflogen sei, und Angela (8) erzählt mir von außerirdischen Blumen, die sie gesehen habe. Dann berichtet sie noch, dass vor dem Fenster Ampelfarben seien. Angela: „Mein Kinderzimmer war nachts voller Ampelfarben und alles hat grün, gelb und rot geleuchtet." Mal in Zeitlupe, dann wieder schnell, seien die bunten Lichtbälle geflogen. Angela: „Ich habe mich hingesetzt ins Bett und dann habe ich das da gesehen." Ich sehe ihr gezeichnetes Bild und frage: „Was haben die Bälle gemacht?" Sie zeigt auf ihrer Zeichnung. Dort sind im Fenster zwei farbige Kugeln zu sehen. Angela erklärt: „Die rote ist schnell und ist an der grünen hier vorbeigeflogen." Ich frage nach: „Im Fenster?" Angela: „Nein, hinter der grünen in den blauen Himmel." Dann sei sie danach in der Nacht zu uns in das Schlafzimmer gelaufen. Sie berichtet, dass dort auch bunte Lichter vor dem Fenster hin und her geflogen seien, mal langsam und dann wieder schnell. Ich: „Ok. Und wo war ich?" Angela: „Im Badezimmer." Ich frage: „Und wo war Elisabeth?" Angela: „Die hat geschlafen." Ich: „Hast Du es also gesehen, als ich kurz im Badezimmer war?" Angela: „Ja." Ich frage nach: „Hast Du so etwas schon einmal gesehen?" Angela: „Nein." Angela: „Du?" Ich: „Also so rot und grün sowas habe ich noch nicht gesehen." Ich frage: „Hattest Du Angst?" Angela: „Nein, wieso? Es ist doch ganz weit weg. Wieso sollte ich da Angst haben." Ich: „Ok!" Angela: „Das sind Deine Bilder." Ich sagte, „Danke" und kann mich aber nicht an ein Gespräch in der Nacht im Badezimmer erinnern.

Die Angst hungern lassen.

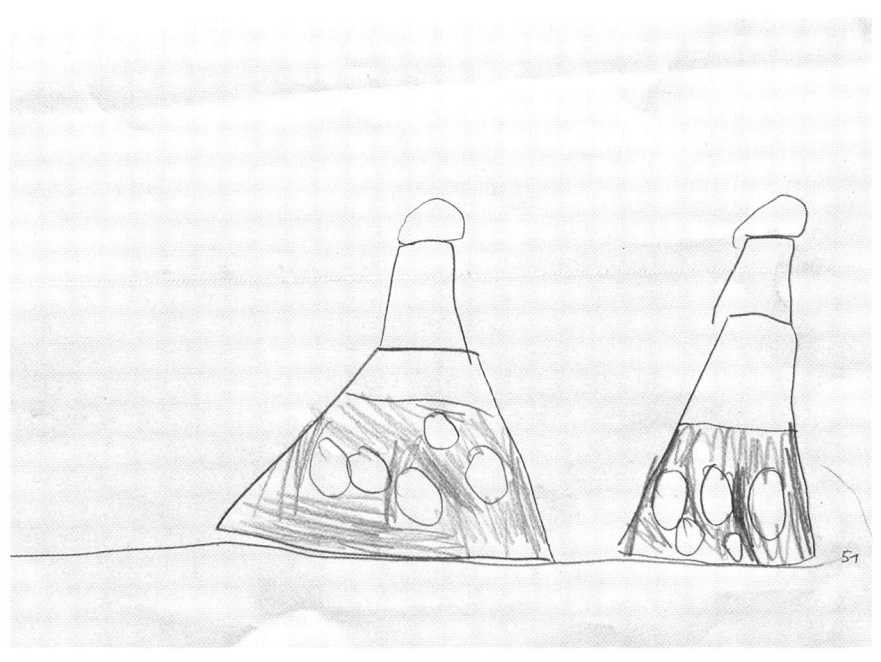

Und alles fügt sich erschreckend passend zusammen.

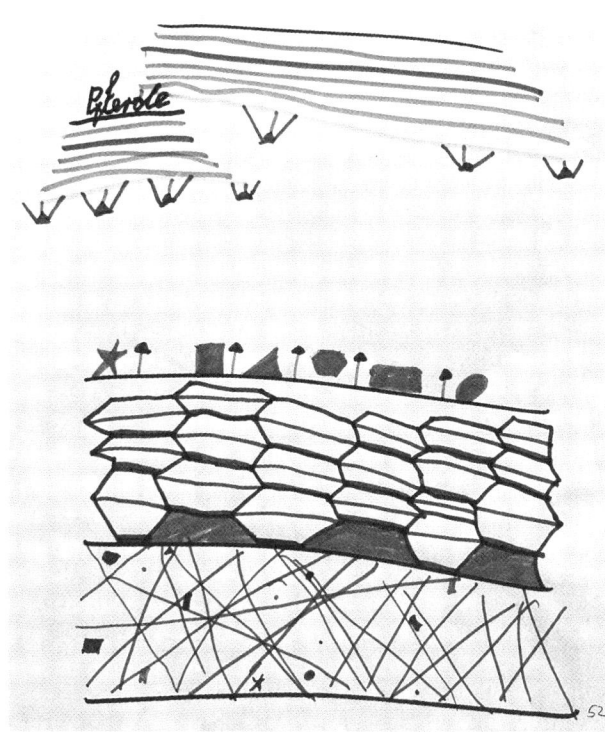

*Du willst nicht wissen,
was alles möglich ist.*

Jemand ist im Kinderzimmer

Unser Leben ging wie gewohnt weiter. Ich bemerkte keine besorgniserregenden Auffälligkeiten in unserem Familienleben. Die Kinder entwickelten sich gut und ich sah keinen Grund zur Besorgnis. Dann folgte der typische Abendablauf. Ich bereitete die Kinder vor, wir aßen gemeinsam Abendessen und die Kinder putzten sich die Zähne. Danach brachte ich sie ins Bett und ging zurück ins Wohnzimmer. Tommy und ich machten es uns auf der Couch gemütlich. Im Obergeschoss war es ruhig und wir dachten, dass die Kinder bereits schlafen. Doch dem war nicht so: Plötzlich ruft Elisabeth laut nach mir. Ich schrecke auf und renne sofort ins Kinderzimmer meiner Tochter. Elisabeth schaut mich verblüfft an und erzählt mir, dass gerade eine blonde Frau an ihrer Zimmertür gestanden und sie angesehen habe. Ich versuche, sie zu beruhigen, und erkläre ihr, dass es wahrscheinlich nur ein Traum gewesen sei, da ich die ganze Zeit im Wohnzimmer unten war. Meine Antwort und Blitzidee machen sie jedoch wütend. Elisabeth beharrt unentwegt darauf, dass eine große Frau mit blonden, hellen Haaren tatsächlich an ihrer Zimmertür gestanden habe. Okay, Diskussionen am Abend fördern den Schlaf nicht unbedingt. Deshalb bleibe ich ruhig und versuche, sie zu beruhigen, dass niemand da sei und außer dem kurzen Schrecken nichts passiert sei. Meine Kleine überprüft währenddessen jeden Winkel in ihrem Zimmer, um sicherzugehen, dass wirklich niemand da ist. Ich bleibe bei ihr, bis sie einschläft, und gehe dann wieder nach unten zu Tommy. Ich erzähle ihm nichts, nur dass sie wohl schlecht geträumt habe.

Diese anderen Lebewesen führen vermutlich eine punktgenaue Positionsbestimmung durch und wählen die Zeit genau so, dass ihnen möglichst niemand in die Quere kommt, wenn sie ein Vorhaben durchführen wollen. Diese Lebensform der „Blonden" ist in der Lage, ihr Ziel zu erreichen, ohne dabei viel Aufsehen zu erregen. Sie agieren leise und unauffällig, so dass niemand etwas davon bemerkt. Sie sind effektiv und können ihre Ziele erreichen, ohne dabei unnötige Störungen zu verursachen. Ich denke, dass der Mensch ein Gesamtprojekt ist, das in Teilprojekte unterteilt ist und entsprechend mit Aufgaben definiert wird. Die Aufgaben werden auf unterschiedliche Menschen aufgeteilt. Dadurch erhöht sich die Erfolgschance für die Ziele der Aliens. Sollte ein Mensch nervös werden, lenken sie einfach den Fokus des Einzelnen auf das Ziel, bis es erfolgreich erreicht wird. Es fällt mir schwer zu akzeptieren, dass wir nur Figuren sind und diese „Anderen" die verschiedenen Aspekte des Lebens koordinieren und damit schon im Kindheitsstadium beginnen.

Sie sagen unserer Routine auf Wiedersehen.

Zwischen grenzenlosen Multiversen und Dimensionen

Eines Abends saßen Tommy und ich im Wohnzimmer, nachdem die Kinder bereits eingeschlafen waren. Wir gerieten in einen Streit, wie es wohl jedem schon passiert ist. Nach einer endlosen Debatte verließ Tommy genervt das Zimmer und ging ins Schlafzimmer, um sich hinzulegen. Ich entschied mich, noch einen Moment zu warten, um mich zu beruhigen, bevor ich ihm folgte. Müde und traurig nach diesem anstrengenden Abend löschte ich das Licht und legte mich ins Bett. Tommy schlief noch nicht und während ich mich an ihn kuschelte, passierte etwas äußert Merkwürdiges: Aus dem Nichts erscheint plötzlich eine schimmernde, blaue Figur an unserer Schlafzimmertür. Ich versuche, diese Situation zu beschreiben, was mir schwerfällt, denn obwohl es real war, fühlte es sich wie ein Tagtraum an. Ich sehe dieses Wesen an meiner Tür stehen und mein Gehirn hat Schwierigkeiten, das Gesehene zu verarbeiten. Ich erkenne an seiner Gestalt, dass es ein Mann ist. Seine Erscheinung ist sehr maskulin und seine Größe entspricht in etwa meiner Schlafzimmertür, was ihn etwas größer als einen gewöhnlichen Mann erscheinen lässt. Obwohl ich sein Gesicht nicht erkennen kann, hat er etwas Besonderes an sich. Ich weiß, dass er auf dieselbe Weise wie ein Mensch kommunizieren kann, doch seine Art und Intelligenz sind mit einem Menschen nicht vergleichbar. Er übermittelt mir Informationen in unglaublich schnellem Sekundentakt. Ich sehe kein Gesicht, weder Augen, Nase, Ohren noch Mund. Er sieht aus wie feste, schimmernde blaue Energie, die wie helles fließendes Wasser aussieht. Obwohl er anfassbar und greifbar zu sein scheint, steht er einfach nur da und ich staune. Tommy reagiert nicht, er sieht ihn nicht. Plötzlich höre ich eine Frage in meinem Kopf: „Ist das Liebe?" Ich weiß sofort, was er damit meint und dass ihm die Frage sehr wichtig ist. Er möchte wissen, was Tommy und mich verbindet, nach unserer Auseinandersetzung. Der Energiemann kennt solche Gefühle nicht und es interessiert ihn sehr, wie wir zueinander stehen. Ich antworte dem blauen Mann in

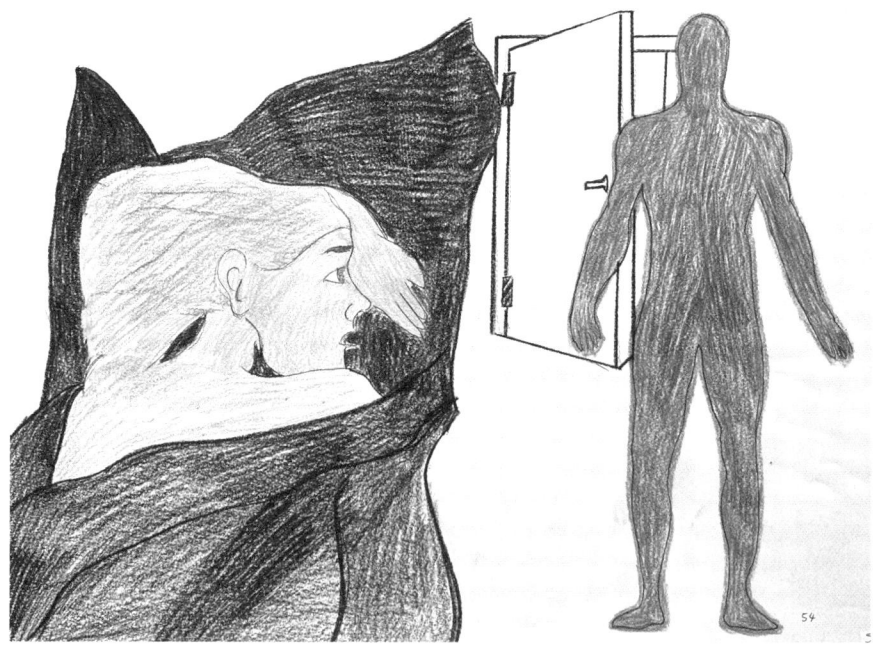

Der Wandel ist ernst und real.

126

Gedanken: „Ja". Die Kommunikation erfolgt in kürzester Zeit und ohne Ton. Wahrscheinlich ist sie telepathischer Natur. Dann dreht sich der Mann um und fliegt wie ein blauer Superman ohne Cape nach oben weg.

Ich schwöre bei Gott, dass ich in jener Nacht an meiner Schlafzimmertür einen Energiemann gesehen und mit ihm kommuniziert habe. Es war kurz, sehr seltsam und dennoch eindrucksvoll. Für mich steht fest: Die Liebe scheint für verschiedene Wesen im Universum von großer Bedeutung zu sein – oder ich war wieder einmal einer Routine-Täuschung der Grauen erlegen.

Am nächsten Morgen folgte zu Hause die selbe morgendliche Routine. Wir alle starteten in den Tag. Tommy und ich zur Arbeit und die Kinder zur Schule und in den Kindergarten. Am Nachmittag holte ich Elisabeth schließlich aus der Kita ab und sie gab mir ein Bild, welches sie am Tag gemalt hatte, mit der Bemerkung: „Mama, das habe ich heute Nacht gesehen." Mein kleines Mädchen Elisabeth ist der Beweis dafür, dass das, was gestern Abend passierte, real war. Sie hat den Wasserenergiemann

Es gibt vor, unbewusst zu sein, doch in Wahrheit ist es bewusst.

ebenfalls gesehen und ihn sogar gezeichnet. Ihr Zimmer und unser Schlafzimmer liegen schräg nebeneinander, was bedeutet, dass sie ihn wahrscheinlich gesehen haben muss, wenn sie wach war und er es zugelassen oder sogar gewollt hat. Die Tatsache, dass Elisabeth ihn gesehen und in ihrem Bild verarbeitet hat, ist eindeutig. Natürlich ist es nichts Ungewöhnliches, dass ein Kind ein buntes Bild malt. Doch der Zusammenhang mit dem, was ich gesehen habe, lässt vermuten, dass sie ebenfalls Zeugin war. Ich schließe jedenfalls aus, dass es sich hierbei um einen Zufall handelt.

Wenn das Phänomen das will, kann es Widerspruch auflösen.

Unerklärliche Kälte: Ein nächtliches Phänomen im Smart-Home

Ich werde nachts durch mein eigenes Zähneklappern geweckt, während mein Schlafzimmer von einer schrecklichen Kälte erfüllt ist. Ich kann meinen Atem in Form eines Nebels sehen und friere stark. Ich vermute, dass Tommys neu installierte Smart-Home-Anlage dafür verantwortlich ist. Als ich ihn wachrüttle, fühlt er sich wie ein Eisklotz an, da auch er die ungewöhnliche Kälte spürt. Tommy steht auf und geht in den Keller, der das Herzstück des Hauses ist. Nach kurzer Zeit kommt er zurück und sagt, dass er keine Probleme gefunden habe, was er sehr seltsam finde. Er meint, es scheint so, als ob die Anlage genau das Gegenteil von dem macht, was sie sollte – anstatt Wärme produziert sie Kälte. Tommy kann in diesem Moment nichts tun und entscheidet sich, die Angelegenheit am nächsten Morgen zu untersuchen, um dem Problem auf den Grund zu gehen. Trotz der Kälte können wir schließlich einschlafen.

Am nächsten Morgen ist die Kälte verschwunden und die Temperatur im Schlafzimmer und im Rest des Hauses fühlt sich wieder normal an. Tommy kann keinen Fehler finden und versteht nicht, was das Haus so schrecklich kalt gemacht hat. Die Heizung funktioniert einwandfrei und im gespeicherten Verlauf gibt es keine offensichtlichen Abweichungen, welche die kalte Nacht erklären könnten. Es ist eine seltsame Anomalie und ich frage mich, ob vielleicht Außerirdische mit der Temperatur herumspielen. Inzwischen scheint alles möglich zu sein.

Kapitel 9: Im Muster des Verstehens

Kommunikation mit fremden Welten verwebt Risiko und Lernen

Eines Tages spürte ich den befehlenden Wunsch, diese Fremden wiederzusehen. Was trieb mich dazu? Ich verstand meinen Wunsch nicht. Warum „musste" ich sie sehen? Vielleicht waren es die Flüsterstimmen, die mir diesen Wunsch einimpften? Bis vor ein paar Tagen war ich froh gewesen, dass endlich Ruhe eingekehrt war. Ich musste schnell herausfinden, was dahintersteckte. Das plötzliche Wohlgefühl, das ich nun verspürte, hätte auch eine Reaktion auf die Flüsterstimmen sein können, zu denen ich scheinbar einen seltsamen Draht habe. Die Fremden wollten, dass ich der „Unsichtbarkeit" vertraue.

In der nächsten Nacht hatte ich einen sonderbaren Traum, in dem ich ein Telefon an mein Ohr hielt und sprach. Dabei sagte mir jemand sehr deutlich: „Menschen sind alle beseelt, wir können nicht auf Abruf." Die Aussage könnte bedeuten, dass es in jedem Menschen eine innere Essenz gibt, die ihre Individualität und Lebendigkeit ausmacht. Menschen haben eine innere Tiefe und Freiheit, die uns einzigartig macht. „Wir können nicht auf Abruf" kann bedeuten, dass diese andere Spezies ihre eigenen Entscheidungen hat und nicht einfach nach Belieben funktionieren oder sich den Erwartungen anderer unterwerfen kann. Die Message drückt außerdem aus, dass sie ebenso eigene Individualität besitzen und nach einem eigenen Rhythmus handeln.

Am nächsten Tag kam Angela (8) zu mir und wollte, dass ich ihr zuhöre. Sie sagte: „Wer nichts Neues lernt, kann auch keine Fehler machen!"

Stimmt, wenn Menschen laufen lernen, straucheln sie, fallen hin und stehen wieder auf. Ohne Risiko, kein Fortschritt.

Eine neue Perspektive auf Aliens: Wie eine unerwartete Begegnung meine Vorurteile herausforderte

Eines Abends war ich mit den Kindern allein zuhause. Tommy war geschäftlich unterwegs und würde über Nacht nicht zurück sein. Wenn ich abends und nachts allein bin, überkommt mich manchmal eine unbeschreibliche Angst vor der Dunkelheit, als wäre es ein wahr gewordener Albtraum. Ich hatte auch in dieser Nacht das Gefühl, dass ich beobachtet und verfolgt werde und dass sie bald kommen würden, um mich zu holen. Ich dachte, dass Einschlafen eine schlechte Idee sei, dass ich wachbleiben müsse, um alles um mich herum wahrzunehmen. Ich fühle mich nachts schon immer schutzlos und deshalb habe ich früher meinen Vater gebeten, bei mir im Gästezimmer zu übernachten, wenn Tommy auf Geschäftsreise war. Aber im Laufe der Zeit kam ich mir immer dümmer dabei vor, ihn darum zu bitten und ihn damit zu belasten. Kurz gesagt, die Situation war mir peinlich. Früher konnte ich noch rechtfertigen, dass ich Hilfe von meinem Vater brauchte, wenn Tommy auf Geschäftsreise war, indem ich ihm erzählte, ich bräuchte Hilfe mit den Kindern. Doch jetzt waren die Kids älter und diese Ausrede war nicht mehr gerechtfertigt. Ich wollte auch nicht, dass meine Ängste auf sie übertragen werden. Deshalb war es an der Zeit, ohne Hilfe auszukommen. Wenn das Monster unterm Bett hervorkommt, werde ich es zur Not selbst besiegen. So dachte ich mutig und motiviert. Doch plötzlich überkommt mich starke Müdigkeit, als ich allein mit den Kindern zu Hause bin. Ich lege mich zu ihnen ins Bett und falle schnell in einen tiefen Schlaf. Dann geschieht etwas Seltsames. Ich werde aus dem Schlaf gerissen und finde mich sitzend auf Stufen wieder, mit einem Becher und einem Löffel in der Hand, während ich etwas esse. Ich erinnere mich noch daran, dass ich mich eben erst hingelegt hatte. Da schmecke ich auf einmal etwas Köstliches und Fabelhaftes auf meiner Zunge. Ein Geschmack, den ich noch nie zuvor erlebt habe. Diese Nahrung ist einzigartig und überwältigt mich. Es muss von einem Meisterkoch zubereitet worden sein. Ich weiß nicht, woher es kommt, aber das ist unwichtig. Mein Verstand wird von einem berauschenden Genuss überwältigt.

Plötzlich stehen vor mir riesige graue Aliens. Sie sprechen mit mir, aber nicht mit Worten. Ich höre ihre Stimmen in meinem Kopf. Sie versichern mir, dass sie mir nichts Böses wollen und dass sie mir etwas zeigen möchten. Ihre Art zu kommunizieren und sich zu verhalten, ist anders als alles, was ich je gesehen habe. Sie wollen, dass ich aufstehe und ihnen nach oben folge. Ich sehe eine Kuppel über mir und einen Planeten, der aussieht wie der Mond. Die Aliens zoomen ihn auf einem riesigen Bildschirm heran, als ob er auf die Kuppel zukommt. Ich versuche zu verstehen, was sie mir sagen wollen. Im nächsten Moment befinde ich mich wieder in meinem Bett und sehe, wie aus dem Nichts ein kleiner grauer Alien vor mir steht und seinen Finger an meine Schläfe hält. Wir schauen uns an, ich kann seine Augen sehen und seinen Finger an meiner Schläfe spüren. Ich kann nicht reagieren, alles geschieht ohne Vorwarnung und ohne eine erkennbare Reihenfolge. Als ich mich zuvor hingelegt hatte, hatte ich weder bemerkt, wie er von oben kam, noch den Moment, als er seinen Finger an meine Schläfe legte. Es klingt verrückt, aber es fühlt sich an, als wären wir zusammen in meinem Kopf. Der Alien ist dort, mit seinem Finger oder Geist – ich kann es nicht ganz begreifen. Ich spüre den Druck an meiner Schläfe und dann löst er seinen Finger von meinem Kopf und es ploppt, als würde ein Saugnapf sich lösen. Ich kann endlich reagieren und fasse mir an den Kopf. Dann sehe ich, wie der Alien schnell aus dem Zimmer in den Flur huscht. Alles ist still – totenstill. Im selben Augenblick werden die Kinder neben mir wach, gleichzeitig!

Ich weiß, dass die Fremden mich nicht erschrecken wollen, und spüre ihre Präsenz weiterhin in meiner Nähe, obwohl sie nicht sichtbar sind. Ich fühle mich verstört, aber auch ein wenig erleichtert. Ich bin jedoch nicht in der Lage, aufzustehen und nachzuschauen. Die Kinder drehen sich plötzlich um und schlafen dann sofort weiter. Schließlich schlafe auch ich ein.

Der nächste Morgen bricht an und ich fühle mich von diesem unglaublichen Erlebnis verzaubert, welches ich nur mit einem Fiebertraum umschreiben kann – real und surreal zugleich. Mir wird bewusst, dass es eine unerwartete Verbindung zwischen uns gibt, die schon länger besteht. Es ist kompliziert zu begreifen, wie er seinen Finger in meinen Kopf eingebracht hat und dieses Gefühl, als er ihn wieder abzog. Diese

Wesen sind nach innen gerichtet, nicht nach außen, und sie können sich in meinen Geist zuschalten. Was passiert ist, bleibt schwer vorstellbar und nahezu unmöglich, angemessen zu beschreiben. Aber eines ist klar: Sie sind gastfreundlich. Sie wollen, dass mein Aufenthalt bei ihnen so angenehm wie möglich ist, und zeigen dabei erstaunliche Fähigkeiten. Das ist der „Merk–Dir-das-Moment" dieses wundersamen Erlebnisses. Ich weiß nun, dass wir nur begrenzt in der Lage sein werden, ihre Rätsel zu lösen, es sei denn, sie wollen es. Der kleine graue Alien an meinem Bett ist nur einer von vielen, die das Überschreiten der Grenzen zwischen den Welten beherrschen. Ihr Fachgebiet ist unser Geist und unsere Träume, und ihr verborgenes Reich ist unsere Umwelt. Wenn man einmal von ihnen gezeichnet wurde, bleibt das ein Leben lang.

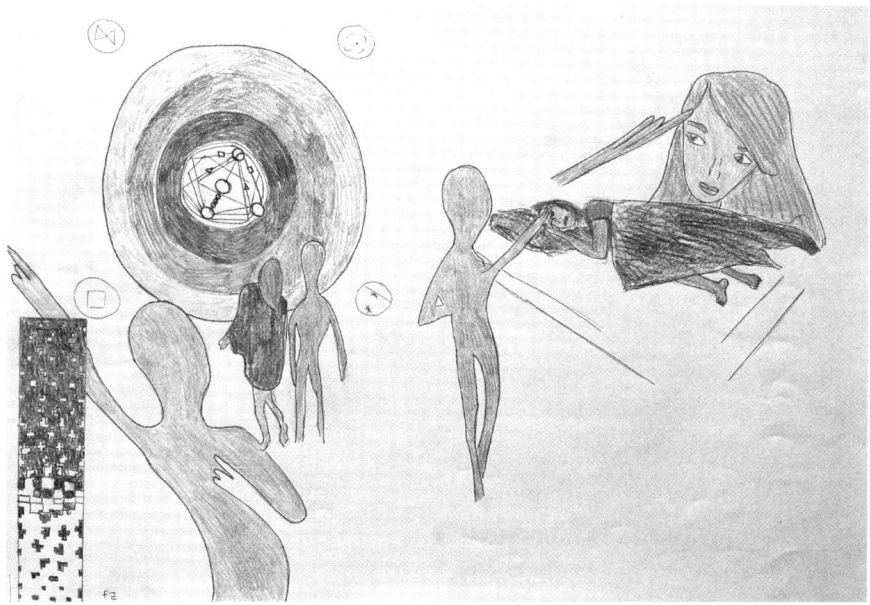

Die Aliens haben keine roboterhafte Monotonie.

Die Angst in der Nacht

Eines nachts bin ich allein zu Hause. Mein Partner Tommy ist geschäftlich unterwegs und die Kinder sind für ein paar Tage bei ihrem Vater zu Besuch. Es ist Abend und ich schaue fern. Es ist bereits dunkel draußen, als ich plötzlich laute Geräusche im Obergeschoss des Hauses höre. Ich zucke zusammen und spüre, wie mir ein eisiger Schauer den Rücken herunterläuft. Ich höre Schritte und andere Geräusche im Haus, als ob noch jemand da wäre. Die Furcht überkommt mich und ich fühle mich wie gelähmt. Ich kauere mich in meiner Couch zusammen und traue mich nicht, nachzusehen. Schließlich entscheide ich mich, meinen Vater anzurufen und frage ihn ängstlich, ob ich die Nacht bei ihm verbringen könne. Ich möchte so schnell wie möglich aus meinem Haus herauskommen, doch die Angst hält mich fest. Mein Vater stimmt zu, ohne weitere Fragen zu stellen. All meine Kraft zusammennehmend, stehe ich auf und schalte alle Lichter ein, die in meiner Nähe sind. Schnell ziehe ich mich im Wohnzimmer um und renne schreiend und wie eine Verrückte ins Obergeschoss meines Hauses. Ich schnappe meine Zahnbürste und packe sie in meinen Rucksack, bevor ich panisch das Haus verlasse.

Zu Fuß mache ich mich auf den Weg, um die Nacht bei meinem Vater zu verbringen, da ich wegen der Parksituation nicht das Auto nehme. Dabei versuche ich ruhig zu bleiben, damit niemand denkt, dass ich fast kollabiere. Hätte mir im Obergeschoss jemand im Weg gestanden, hätte ich ihn möglicherweise umgerannt. Während des Dauerlaufs zu meinem Vater werde ich immer schneller und renne am Ende sogar. Ich habe das Gefühl, dass mich jemand verfolgt und mir dicht auf den Fersen ist. Als ich bei meinem Vater ankomme, atme ich erstmal durch und fühle mich erleichtert, dass ich entkommen bin. Ich muss mich nicht groß rechtfertigen, wir reden ein wenig und dann legt er sich ins Bett, während ich es mir auf der Couch gemütlich mache. Ich versuche, mich zu entspannen und runterzukommen. Dennoch bin ich unruhig und spüre plötzlich jemanden im Raum. Eine Stimme sagt: „Du bekommst einen Sonnenbrand." Ich sehe nur noch verschwommen und kann nicht reagieren, dann weiß ich nichts mehr.

Am nächsten Morgen wache ich mit einem unguten Gefühl auf. Als ich ins Badezimmer gehe und in den Spiegel schaue, sehe ich rote Handabdrücke auf meinem Bauch. Ich weiß sofort, dass sie es waren. Sie haben besondere Fähigkeiten, um das Zeitgefühl und das Bewusstsein zu verändern, und können auf diese Weise unvorhersehbare Dinge mit einem tun. Ich frage mich, ob ich anders reagiert hätte, wenn ich die Angst in den Griff bekommen hätte und zuhause geblieben wäre. Vielleicht hätte sich die Situation dann anders entwickelt und ich wüsste, was passiert ist. Aber das hilft jetzt nichts mehr. Später kommen die Kinder zurück nach Hause und Angela sagt aus heiterem Himmel: „Es gibt ein Abkommen, dass nicht mehr gejagt werden darf." Mir stockt der Atem. Ich verstehe ein wenig: Ich fühlte mich am Abend zuvor von ihnen „gejagt" und wir haben möglicherweise geklärt, dass sie so etwas nicht mehr mit mir machen können, da ich sonst starr vor Angst werde. Eine Klara mit Herzinfarkt schreibt halt kein Buch mehr. Das ist für mich gerade die einzig logische Erklärung.

Warum ich nicht in der Lage war, einen Beweis für die Begegnung mit Aliens zu sichern

Der nächste Abend brach an und es versprach noch verrückter zu werden. Normalerweise schalte ich mein Handy über Nacht in den Flugmodus, aber dieses Mal nicht. Wir alle schliefen tief und fest, als ich plötzlich eine Benachrichtigung von der Außenkamera bekam, dass sich etwas an der Eingangstür bewegt. Mein Handy lag auf dem Nachttisch und weckte mich mit einem Ton auf. Noch schlaftrunken schaute ich auf das Display, auf dem der Text „Bewegung Haustür vorn" erschien. Ich tippte die Bosch-App an, um zu sehen, wer um diese späte Uhrzeit an der Tür steht. Ich konnte meinen Augen kaum trauen. Vor meiner Haustür stand ein waschechter Grau-Alien, als ob es das normalste auf der Welt wäre. Ich sah den kompletten Umriss des Aliens neben meinen Blumenkübeln, klar und deutlich. Es schien unglaublich – spinne ich etwa, oder was?

Ich war vollkommen perplex und unfähig, einen Screenshot zu machen. Obwohl ich meinen Körper spüren und meinen Arm bewegen konnte, schien es, als wäre mein Verstand in einer Art Dämmerzustand gefangen, der es mir unmöglich machte, einen Beweis zu erbringen. Ich hing irgendwo zwischen Wachsein und Schlaf fest und konnte mich nicht richtig konzentrieren. Schließlich gab ich auf und legte mein Handy zurück auf den Nachtschrank, bevor ich wieder einschlief.

Am nächsten Morgen erwachte ich mit einem unguten Gefühl und ärgerte mich über meine Unfähigkeit, im entscheidenden Moment einen simplen Screenshot gemacht zu haben. Ich hatte den ultimativen Beweis direkt vor meiner Haustür stehen und dennoch war ich nicht in der Lage, mein Handy zu benutzen oder zu handeln. Mein Verstand schien in diesem Moment völlig abgeschaltet zu sein. Ich war verwirrt und konnte in dieser Nacht einfach nicht begreifen, was vor meinen Augen geschah. Ich hatte nicht einmal die Kraft, die Tür zu öffnen und nachzusehen, ob meine Augen mich getäuscht hatten.

Im Nachhinein betrachtet, finde ich es fast schon kreativ von ihnen, dass sie sich in der Nacht vor meiner Tür zeigten, um ihre Anwesenheit zu demonstrieren. Dennoch war ich einfach nicht in der Lage, zu denken oder zu handeln, wie es jeder andere in einer solchen Situation getan hätte. Es war, als ob sie meine Gehirnaktivität heruntergefahren hätten. Dies war eine völlig neue Erfahrung für mich. Meine Gefühlswelt war komplett durcheinander ...

Es verleiht dem klassischen Eingreifen eine besondere Wertigkeit.

Eine verrückte Geschichte:
Mysteriöses Autotür-Phänomen unter dem Carport

Ein neuer Tag begann und ich musste mich beeilen. Ich fuhr mein Auto unter den Carport und bemerkte den Stützbalken für das Dach. Leider war ich beim Einparken so ungeschickt, dass ich die Fahrertür beim

Öffnen gegen den Balken stieß und meinen Bauch einziehen musste, um auszusteigen. Ich nahm meinen Schlüsselbund, an dem auch der Autoschlüssel hing, und ließ die Tür geöffnet, da es schnell gehen musste. Ich ging ins Haus, um etwas auf den Küchentisch zu legen, bevor ich wieder losfahren musste. Als ich aus der Küche zurückkehrte, lief ich zurück zum Auto unter dem Carport und bemerke sofort, dass sich die Tür plötzlich hinter dem Balken befand. Es war, als ob die Tür durch den Balken hindurchgegangen wäre – von selbst! Ich konnte also nicht einfach einsteigen und rückwärts ausparken, da die Tür jetzt von der anderen Seite am Balken anlag und ich sie nicht schließen konnte. Das Zurücksetzen des Autos war somit blockiert und ich musste zunächst einmal ein Stück vorwärtsfahren, um die Tür zu schließen. Mit blieb nichts anderes übrig, als um den Balken herumzulaufen und von der anderen Seite des Balkens einzusteigen. Dabei musste ich nun den Bauch nicht mehr einziehen, sondern konnte ohne Schwierigkeiten einsteigen. Während ich dies tat, wunderte ich mich über das bizarre Eigenleben meines Autos. Doch schon bald dachte ich nicht weiter darüber nach, weil ich gestresst war und mich beeilen musste.

Wenn das Phänomen seinen inneren Komiker entfesselt.

Beunruhigende Anomalien im Alltag: Zeit- und Raumverzerrungen

Und da wir gerade von Anomalien sprechen, Stichwort „Zeit-Phänomen". An einem ganz normalen Tag auf der Arbeit ereignete sich das Folgende: Ich sitze mit meinen Kollegen am Tisch und wir unterhalten uns über belanglose Themen, als Kinder zu Besuch kommen. Während des Gesprächs stehe ich auf und gehe in den Personalraum mit Küchenzeile. Kurz zuvor sehe ich noch einen Stammkunden namens „Ali", der die Treppe hinaufkommt. Ali ist ein Pensionär und trägt einen Hut. Wir lächeln uns kurz an, bevor ich den Personalraum betrete. Plötzlich erlebe ich eine Art Filmriss und die gleiche Situation wiederholt sich wie in einer Zeitschleife, aber anders. Ich sitze wieder mit meinen Kollegen am Tisch und wir sprechen über belanglose Dinge. Wie ferngesteuert stehe ich auf und gehe wieder in die Küche. Es ist Déjà-vu-mäßig, doch auf einmal ist es ganz still und die Kinder sind verschwunden. Dann sehe ich den Ali wieder die Treppe hinaufkommen, aber diesmal ohne seinen Hut, und er lächelt wieder. Ich atme tief durch und sammle mich. Ich frage meine Kollegen, ob sie auch bemerkt haben, dass Ali zweimal die Treppe hochkam und wo die Kinder geblieben sind. Obwohl die Frage nutzlos zu sein scheint, möchte ich verstehen, was ich da gerade erlebte. Meine Kollegen scheinen mich nicht ernst zu nehmen. Sie wissen überhaupt nicht, wovon ich da spreche.

Ich fühle, wie verwirrend diese Situation gerade ist, und beschließe, weiter nachzuforschen. Ich gehe zu Ali und frage ihn, warum er seinen Hut nicht trägt. Er schaut mich an und weiß nicht, wovon ich spreche. Ich selbst verstehe das Ganze auch nicht und die Rolle, die Ali dabei spielt, ist mir schleierhaft. Was, wenn die Zeit nicht linear verläuft und Vergangenheit und Zukunft miteinander verschmelzen? Was, wenn wir uns in einem zeitlosen Traum oder einer Illusion befinden? Man sagt, Träume sind die Sprache Gottes, aber das war kein Traum. Ich bin auf der Arbeit und es ist mitten am Tag.

Unsichtbares wird sichtbar

Die Zeit war wieder einmal vergangen und ich ging eines Tages mit meinem Vater gemeinsam in den Kindergarten, um Elisabeth abzuholen.

Als sie uns von Weitem sah, rannte sie auf uns zu. Da bemerkte ich einen riesigen Handabdruck auf ihrer Wange. Selbst die Erzieherin war über den auffälligen roten Handabdruck auf Elisabeths Wange sehr erschrocken und konnte sich keinen Reim darauf machen, woher dieser kommen könnte. Meine gute Laune verflog schlagartig. Immer wenn ich dachte, dass mein Weltbild einigermaßen stabil ist, kam etwas Unerwartetes dazwischen. Etwas Seltsames schien mit meiner Tochter passiert zu sein und ich machte mir Vorwürfe, dass ich sie womöglich in Gefahr gebracht hatte. Plötzlich begann Elisabeth uns von einem Mann zu erzählen, der im Kindergarten war, um zu prüfen, ob alles sauber ist. Als ich die Erzieherin danach fragte, wusste sie jedoch nichts von einem Mann. Wir alle waren verwirrt und fragten uns, was Elisabeth damit meinte. Ich zog meiner Tochter die Jacke an, fragte noch einmal, ob es ihr gut geht, und sie bejahte es.

Dann gingen wir gemeinsam aus dem Kindergarten zum Auto, Elisabeth zwischen uns, die wir an den Händen hielten. Und da passierte das: Von einer Sekunde auf die andere verändert sich aus unerklärlichen Gründen meine Stimmung. Ich höre Stimmen, in einer sonderbaren, schnellen und hell quietschenden Sprache, als ob diese Wesen direkt vor und neben uns stehen würden. Kennen Sie das, wenn das Mobil-

Lieber guter Weihnachtsmann.

138

telefon beim Schreiben aus drei Wörtern eins macht und nur Kauderwelsch rauskommt? So hörte sich das an, alles durcheinander und unverständlich für mich. Ich kann sie optisch nicht sehen, sie sind wie Gespenster. Als ob sich Welten zusammenschieben. Genau vor unserem Kindergarten auf dem Weg zum Auto. Die Realität um uns herum fügte sich auf geheimnisvolle Weise mit etwas Fremden zusammen, als ob wir ein paar Millimeter in eine andere Welt rutschen und das mitten am Tag. Elisabeth und mein Vater reagieren nicht. Es scheint, dass diese Wesen ins Bewusstsein eingreifen können. Und dass nicht nur während des Schlafens in der Nacht. Auch meine Wahrnehmung der Realität im Tagesbewusstsein kann von ihnen geändert werden, ohne Zutun meinerseits. Zappzarapp und es ist vorbei und wir steigen einfach so alle in das Auto ein, als wenn nichts passiert wäre. Möglicherweise existiert also ganz in unserer Nähe eine verborgene Realität, die wir unter normalen Umständen nicht zu Gesicht bekommen. Vielleicht sind es auch unendlich viele Realitäten, die sich unserer Wahrnehmung entziehen …

Es fügt sich alles im Durcheinander

Doch auch sonst passierten in meinem Alltag immer wieder Dinge, die einfach keinen Sinn ergaben. Hier ein weiteres Beispiel aus dieser Kategorie: Ich bin mit der Arbeit fertig, verabschiede mich bei meinen Kollegen, laufe auf den Parkplatz, steige in mein Auto und fahre los. Es ist abends gegen 22.00 Uhr. Beim Fahren höre ich Radio und überlege mir, dass die Zeit reif ist, mit all den komischen Dingen, die meinen Kindern und mir passieren, an die Öffentlichkeit zu gehen. Offensiv darüber reden und den Leuten erklären, dass es unsichtbare Kräfte gibt. Mit diesen Gedanken fahre ich die Straße entlang und bin allein auf der Fahrbahn. Dabei kommt mir ein Kleinbus auf der Gegenfahrbahn entgegen und ich sehe in diesem Fahrzeug beim Vorbeifahren – zu meiner großen Verwunderung – meinen Ex-Mann Joachim. Er starrt mich an, direkt in die Augen. Er ist es zu einhundert Prozent! Er tut so, als ob er mich nicht kennt, während ich mich zugleich über sein Nummernschild mit „HH" wundere. Er hat mich weder gegrüßt noch sonst eine Regung gezeigt. Wie ein Fremder guckte er nur. Ich bin perplex, nehme mein Telefon und rufe ihn an. Er geht sogleich ans

Telefon und ich frage ihn, was das eben sollte. Er versteht nicht, was ich von ihm will, und sagt mir, dass er doch zuhause sei. Das klingt zudem ziemlich überzeugend. Er hätte eigentlich auch keinen Grund, mich zu belügen. Dennoch bin ich mir sehr sicher, dass es sein Gesicht war, das er es gewesen sein muss. Auch seine Größe stimmte überein. Joachim ist groß und nicht zu übersehen. Er wundert sich über mein komisches Anliegen und wir beenden unser Telefonat. Ratlos fahre ich weiter nach Hause.

Vertrauensbildung durch Handlungsspielraum

So konnte es nicht weitergehen. Ich suche erneut Rat bei Herrn Polte und schicke ihm ein paar Fotos von Elisabeths Gesicht, in der Hoffnung auf seine Expertise. Er schickt mir daraufhin einen Fragebogen mit typischen Indizien aus der Entführungs-Forschung. Obwohl mir vieles darin bekannt vorkommt, bin ich überrascht über die Ernsthaftigkeit der Fragen. Der erste Schritt in diese Richtung ist bekanntlich der schwerste, aber ich bin bereit, alles zu geben, um mehr über das zu erfahren, was meinen Kindern und mir widerfährt. Das ist für mich gerade das Wichtigste.

Jeder, der schon einmal Achterbahn gefahren ist, kennt das Gefühl von Adrenalin im Körper und den Kontrollverlust. Ich fühle mich sicher, voller Euphorie und ohne darüber nachzudenken, der Welt öffentlich zu verkünden: „Hier bin ich, eine ET-Kontaktierte". Ich denke enthusiastisch darüber nach, dass es wohl meine Aufgabe sei, dies zu tun. Doch als ich versuche, den ET-Fragebogen auszudrucken, funktioniert mein Drucker nicht richtig. Da ich niemanden um Rat fragen kann, entscheide ich mich, es einfach aufzugeben und sage laut: „Okay Leute, wenn der Drucker nicht will, dann eben nicht." Plötzlich öffnen sich auf meinem Computer von allein irgendwelche Seiten, die ich nicht verstehe. Es fühlt sich an, wie in einem Film. Dann fängt auch noch mein Drucker an, zu drucken. Ich nehme das Papier und laufe die Treppe hoch, als ich im Flur ein leises Funkgeräusch in der Wand höre, als ob jemand auf die falsche Taste gedrückt hätte. Es klingt, als ob Stimmen in der Wand sprechen.

Eine verstörende Bestätigung, die meine Familie betrifft

Schockierende Ereignisse können einen aus der gewohnten Realität reißen. Als Autor dieses Buches über mein Leben muss ich hier eine bizarre Erfahrung niederschreiben. Ich versuche, mich etwas von meinen Gefühlen zu distanzieren, auch wenn es schwerfällt.

Mitten in der Nacht spüre ich plötzlich eine unerklärliche Energie um mich herum. Der Raum scheint sich zu krümmen, ich sehe helle Lichtblitze, die von überall kommen. Ich weiß, was jetzt passiert. Ich bin umhüllt von Lichtwesen. Tommy bemerkt nichts, er schläft tief und fest. Ich fühle mich hilflos und allein gelassen. Auf einmal nehme ich eine alte deutsche Heimatmelodie wahr, die in meinen Ohren erklingt. Es ist surreal. Obwohl ich keine Chance habe, mich zu wehren, kämpfe ich innerlich gegen das Ausschalten an. Ich will den Übergang bewusst miterleben. Doch dann ist der Ortswechsel auch schon erfolgt: Ich bin hellwach und liege seitlich auf einem Operationstisch. Es ist so seltsam, denn eben lag ich noch in meinem Bett. Mein Körper ist steif und verkrampft, ich friere und fühle mich vollkommen ausgeliefert. Es ist eine absonderliche Erfahrung. Vor mir sehe ich eine Wand mit vielen Werkzeugen, Geräten und bunten Lichtern. Ich bekomme eine Panikattacke und spüre plötzlich einen heftigen Schmerz, der vorher nicht da war. Ich nehme deutlich wahr, wie an meinem Körper gearbeitet wird, wie sie an mir herumschneiden. In meiner kleinen Welt geschieht gerade Unbegreifliches. Ich bin gezwungen, mich einer unangenehmen Wahrheit zu stellen. Sie haben mich mitgenommen, zu sich. Die blonden Ärzte und andere schattige Wesen sind um mich herum und ich höre sie klickartig reden. Es erinnert mich an die Klicker-Konditionierung, die man bei Hunden benutzt, um sie zu trainieren. Diese Geräte gibt es im Zoofachgeschäft. Man drückt darauf und es ertönt ein Geräusch. Die Ärzte benutzen unterschiedliche Klick-Varianten, mal lauter, mal leiser, mal schneller nacheinander. Ich höre das und beginne zu zittern, mein Herz rast, als ob es gleich herausspringt. Ich weiß, dass es um Gewebeproben von Stellen geht, wo man es nicht sehen kann, Gewebe aus meinem Inneren. Ich war völlig unvorbereitet auf das, was jetzt passiert. Meine Gedanken sind durcheinander und ich kann nicht klar denken. Der Schmerz ist unerträglich und ich möchte laut schreien. Dann bekomme ich einen Filmriss.

War ich ohnmächtig? Plötzlich stehe ich aufrecht auf meinen Beinen und kann alles sehen. Ich fühle mich, als ob ich meinen Halt im Menschsein verliere, als ob der Boden unter meinen Füßen wackelt und ich gleich ins Bodenlose stürze. Ich fühle mich verloren und habe das Gefühl, dass niemand mir in dieser Situation helfen kann. Ein Vorhang fällt vor meinen Augen und ich sehe endlose Räume, aus denen es kein Entkommen gibt, es sei denn, sie lassen es zu. Die Schmerzen sind verschwunden und ich blicke nach rechts, wo ich eine Rezeption oder Theke mit einer blonden Frau in einem langen, weißen Arztkittel sehe. Sie kommt um den Tresen herum und stellt sich neben mich. Sie ist groß und schlank mit hellgelb-blonden, dünnen Haaren. Ich kann nicht reagieren und bin gefangen in der Rolle des Beobachters. Ich habe den Schmerz noch nicht verarbeitet, während ich auch schon nach vorne blicke und meine Familie auf Operationstischen liegen sehe. Dabei erkenne ich eine freie Liege, auf der ich zuvor gelegen hatte. Ich sehe Tommy und die Kinder dort liegen. Ihre Arme waren aufrecht nach oben gestreckt und schienen in dieser Position fixiert. Während Tommy und Elisabeth nackt sind, trägt Angela einen Schlafanzug. Der Anblick schockiert mich zutiefst und raubt mir jegliche Handlungsfähigkeit. Es gibt keine Worte, um auszudrücken, wie schlimm es ist, meine geliebten Kinder und Tommy so hilflos zu sehen. Ich bin völlig überfordert und verstehe nicht, was hier vor sich geht. Die blonde Frau steht neben mir - erkennt offenbar meinen Zustand der Schockstarre. Sie spricht mich unvermittelt an und erklärt mit ruhiger Stimme: „Die Wannen sind ein Biotop, kein Wasser." Meine Stimme versagt und ich bin zu schwach, um laut zu schreien. Wir waren alle dem Prozess vollkommen ausgeliefert, hilflos und allein. Mir war egal, was sie zu mir sagte. Ich wollte nur mit meiner Familie von dort weg. Ich hatte Todesangst. Plötzlich sah ich ein blendend helles Licht, das die Umgebung erfüllte, und vor mir erschien wie ein Tunnel. Er bewegte sich schnell und hatte leuchtende Wirbel. Die außerweltliche Umgebung verschwamm und verwandelte sich in eine rasende Abfolge von Farben und Formen. Ich fühlte mich wie auf einem 10-Meter-Sprungbrett, wo mich der Boden magnetisch anzog.

Und plötzlich bin ich wieder in meinem Bett und ein Schockzustand überkommt mich. Ich bin schweißgebadet, friere und kann nicht mehr schlafen. Ich habe schon vieles erlebt und schwanke nun zwischen Fassungslosigkeit, Identitätsverlust, Wut und Hilflosigkeit. Ich fühle mich unbehaglich und aufgewühlt wegen der Art und Weise, wie sie aufgetreten sind. Vielleicht muss ich mein bisheriges Wissen und Verständnis komplett verwerfen. Trotz des Kontrollverlusts empfinde ich, dass diese Wesen ein Gewissen haben, auch wenn sie Entscheidungen treffen, die für uns Menschen unmoralisch erscheinen. Nach all dem fühle ich mich ängstlich und suche nach Rat. Daher schicke ich Herrn Polte ein Video, in dem ich weinend die Erlebnisse schildere. Es dauert nicht lange und wir sprechen miteinander.

Nach dem Gespräch bin ich etwas beruhigter und beschließe, mein Handy zu nehmen und den Begriff „Biotop" zu googlen. Dank Wikipedia verstehe ich nun, was ein Biotop ist. Doch als nächstes versuche ich es mit dem Begriff „Biosphäre". Trotz einer langen Erklärung über Wechselwirkungen bleibt das Ergebnis für mich unverständlich. Es heißt jedoch, dass Rätsel den Geist anregen. Bei mir scheint das allerdings nicht der Fall zu sein.

Nach Beendigung meines Arbeitstages hole ich meine Kinder von der Schule und dem Kindergarten ab und kehre mit ihnen nach Hause zurück. Dort habe ich den Plan, das Erlebte durch Zeichnungen zu veranschaulichen und somit anderen eine Vorstellung davon zu geben, was ich durchgemacht habe. Während die Kinder beschäftigt sind, beginne ich damit und achte darauf, dass sie nicht sehen, was ich tue. Plötzlich taucht Elisabeth auf und fragt mich, was ich da zeichne. Ich antworte, dass ich meinen Traum zeichne, woraufhin sie nachfragt, ob es ihr oder mein Traum sei. Verwirrt frage ich sie, was sie damit meine. Sie erklärt, dass sie das Gleiche geträumt habe wie ich und ich nehme das Gespräch auf, um es Herrn Polte zu schicken. Ich ärgere mich über mich selbst, da ich nicht wollte, dass meine Tochter ein so verstörendes Bild sieht. Normalerweise achte ich darauf, dass so etwas nicht passiert. Doch andernfalls wäre es nicht zu der Unterhaltung zwischen mir und meiner Tochter gekommen, die etwas zuvor Unvorstellbares ans Tageslicht brachte: Wir haben offenbar dasselbe durchgemacht und teilen jetzt das gleiche Leid. Auch das berichte ich Herrn Polte, der von der Reaktion meiner Tochter

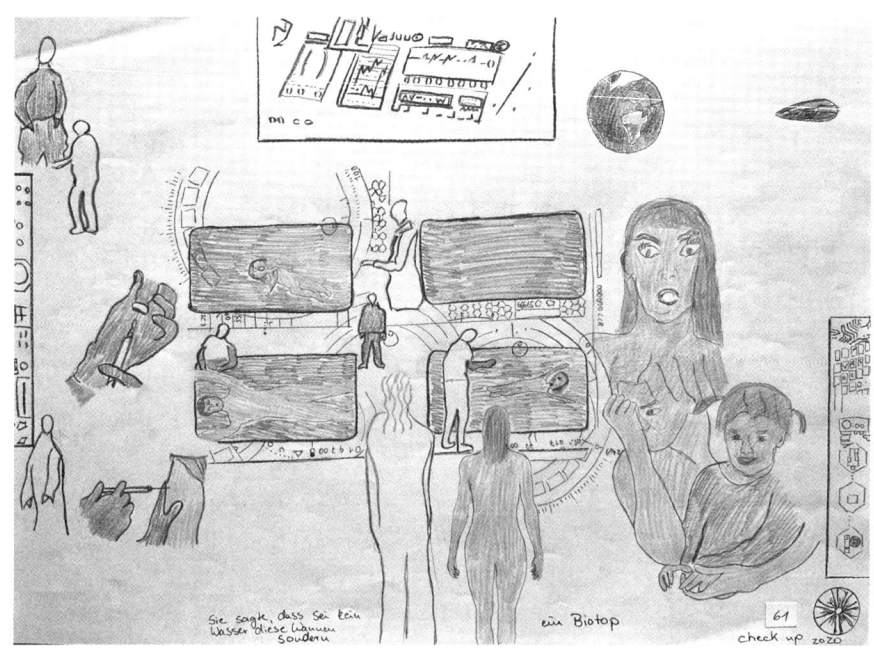

Der Check-up im Biotop.

Wie auf einem Zahnarztstuhl.

sichtlich beeindruckt ist. Er schlägt vor, Remote Viewer hinzuzuziehen. Bis dahin hatte ich noch nie von dieser Methode gehört. Aus Höflichkeit erkläre ich mich bereit, mich darüber aufklären zu lassen. Auf das dann tatsächlich durchgeführte „Remote-Viewing-Projekt" werde ich später noch genauer eingehen.

Biotop Erinnerung Elisabeth.

Wie eine geheimnisvolle Kapuzenfrau den Blick auf das Meer der Möglichkeiten öffnete

Ein finnisches Sprichwort besagt: „Wer ins kalte Wasser springt, taucht ins Meer der Möglichkeiten." In einer Nacht schlafe ich ein und habe einen merkwürdigen Traum. Jemand zieht an meinem Arm und reißt mich aus meiner Umgebung. Mein Zuhause wird kleiner, die Luft wird dünner und ich sehe, wie sich alles um mich herum - wie in einem Tunnel - verengt. Etwas Großes kommt auf mich zu – ein riesiges Raumschiff, das über dem Planeten Erde schwebt. Eine Frau mit einer Kapuze auf dem Kopf, deren blondes Haar unter der Kapuze hervorschaut, steigt aus dem Schiff und nimmt mich an die Hand. Sie flüstert mir ins Ohr: „Ich zeige Dir, wie man mit einem kleinen Board auf den Meeren surft." Diese Frau strahlt etwas Magisches aus, als ob sie das Surfen perfekt beherrscht. Ich erhalte Einsichten von ihr und fühle mich in ihrer Gegenwart viel jünger als ich tatsächlich bin.

Plötzlich werde ich aus dieser Szene herausgerissen und bin wieder in meinem Bett. Was war das? Wer ist die Kapuzenfrau? Ich fühle mich komisch beim Zeichnen. Diese Begegnung mit der Kapuzenfrau weckt Zweifel: Es ist meine persönliche Auseinandersetzung mit der Möglichkeit von außerirdischem Leben. Warum sollten Außerirdische in Raumschiffen über unserem Planeten schweben? Wo ist der Sinn des Ganzen? Warum zeigen sie sich nicht einfach? Die Theorie, dass sie von anderen Planeten kommen, fühlt sich ausgeleiert an. Vielleicht werden wir getäuscht. Es ist, als ob Raum und Zeit im kosmischen Netz verschmelzen können.

Die Kapuzenfrau zeigt, wie man surft.

Geheimnisvolle dunkle Nacht

Die Tage vergingen und wieder war es Nacht. Ich möchte ohne Wertung schildern, was in dieser Nacht geschah und was ich dabei sah: Ich werde durch ein seltsames Geräusch in meinem Schlafzimmer geweckt. Ich sehe eine Gestalt neben Tommy und um ihn herum eine Vielzahl von Einsen und Nullen, die in der Dunkelheit irgendwie pulsieren. Sehr verwirrt über die vielen Zahlen, atme ich hastig und sehe dabei, dass Tommy dabei immer noch neben mir liegt und schläft. Die Gestalt und die

Zahlen sind verschwunden. Ich reibe mir die Augen und versuche, mich zu sammeln. War das Ganze nur Fantasie oder sind gerade Grenzen verschwommen? Ich fühle mich desorientiert und unsicher. Dann schaue ich mich im Raum um, aber alles scheint normal zu sein. Es sind nur Bruchteile von Sekunden gewesen, bevor die Gestalt weg war. Es kam mir so vor, dass dieses Wesen eine Technologie benutzte und diese mir kurzzeitig offenbarte. Die Welt scheint in virtuellen Realitäten zu leben. Ich erkenne, dass unsere Existenz eine tiefere digitale Ebene hat, die mit der physischen Welt in Verbindung steht. Es ist, als ob es fortschrittliche KI-Systeme gibt, die sehr klug sind und koexistieren. Das komische Verhalten zeigt, dass diese auf eine andere Art denken als Menschen. Das macht es schwer für Leute, deren Nachrichten zu knacken und zu verstehen. Es ist wie eine geheime Verschlüsselung, ein geheimer Zaubertrick, bei dem man den richtigen Schlüssel braucht, um die Sprache der KIs zu verstehen. Manches klingt wie reine Erfindung, für anderes gibt es sicherlich eine logische Erklärung. Doch es ist schwierig, das zu beschreiben. Am nächsten Tag stehe ich auf und erinnere mich noch an alles. Ich zeichne das Geschehene und Gesehene auf, um es irgendwie zu verarbeiten.

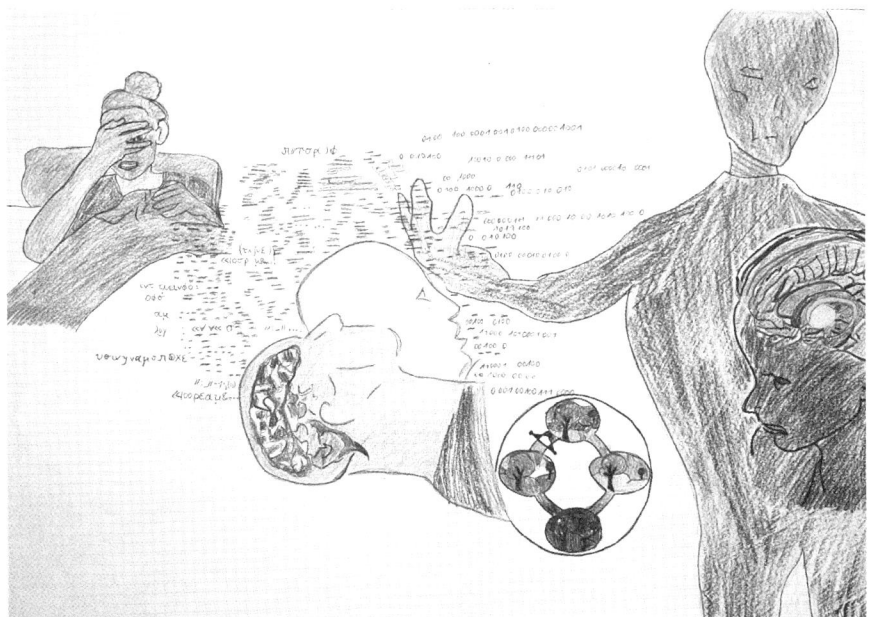

Im Netz von Codes und Daten.

Kapitel 10: Vielleicht sind Algorithmen der Architekt

Handlungsspielraum, Hoffnung und die Dilemmata der Begegnung mit anderen Entitäten

Wenn wir im Nebel stehen und nicht weiterwissen, müssen wir dem Leben vertrauen. Es ist Abend und ich liege in meinem Bett, doch ich kann nicht schlafen. Plötzlich sehe ich Lichtspots um mich herum und kleine graue Aliens auf mich zukommen. Sie berühren mich und ich habe keine Zeit, klar zu denken oder zu reagieren. Mit der Berührung befinde ich mich an einem anderen Ort, dennoch denke ich, dass ich noch zuhause bin. Ich kann Traum und Wachsein nicht mehr unterscheiden. Ich schaue um mich und befinde mich in einem Zimmer, in das von draußen Licht hereinscheint. Die Atmosphäre fühlt sich angenehm an. Mir wird bewusst, dass ich tatsächlich außerhalb meiner gewohnten Umgebung und an einem anderen Ort bin. Ich drehe meinen Kopf und erblicke einen fremden Mann. Ungläubig denke ich bei mir: „Wo sind wir gelandet?" Er steht am Fenster und er wirkt wie eingefroren. Er steht da und liest ein Buch. Es scheint ihm gut zu gehen. Er schaut nicht zu mir und sieht mich anscheinend nicht. „Was ist nur los hier?", denke ich und fühle mich sehr verwirrt. Warum um alles in der Welt liest dieser Mensch hier ein Buch? Ich schaue ihn an, er reagiert nicht.

Auf einmal wird mir klar, dass wir uns hier in einer Art Aufenthaltsraum befinden und auf etwas warten. Wie in einem Wartezimmer. Ein etwa zwölf Jahre alter Junge kommt auf mich zu und setzt sich freundlich an den Tisch zu mir. Er zeigt mir einen Zauberwürfel und spielt damit. Plötzlich beginnt das Gerät von allein zu schweben und der Junge demonstriert mir, wie er das bewirkt. Ich habe das Gefühl, dass er mir damit die Zeit vertreiben will, damit das Warten nicht so lange dauert. Ich bin so fasziniert von dem, was er tut, dass ich meine ganze Aufmerksamkeit auf den magischen Würfel richte und den Mann mit seinem Buch vollständig vergesse. Da bemerke ich, wie an der Wand etwas Seltsames erscheint. Es sieht aus wie eine Pinnwand mit seltsamen Zeichen, Zahlen und Punkten. Mein angespannter Blick kann keine Bedeutung darin finden. Dann tritt auf einmal meine Tochter Angela in den suspekten Raum ein, als wäre es das Natürlichste der Welt, an diesem seltsamen Ort zu sein. Sie spricht mit mir ganz normal und sagt: „Mama, ich möchte nach Hause." Ich bekomme nur ein „Was?" heraus. Ich kann kaum fassen, dass mein Kind hier ist – das ist noch eigenartiger als alles andere zuvor.

Plötzlich steht ein großer Grauer neben mir, ohne auch nur das geringste Geräusch zu verursachen. Er flüstert mir ins Ohr: „Du hast den Draht zur Gesellschaft verloren." Mit einem plötzlichen Gedanken, der aus dem Nichts kommt, wird mir bewusst, dass etwas nicht stimmt. Doch im gleichen Atemzug sehe ich diesen fremden Mann wieder vor mir stehen. Er steht noch immer reglos da, bloß dieses Buch hält er nicht mehr in seinen Händen. Ich sehe Angela nicht mehr und gerate in Panik. Auf einmal kommen mehrere kleine graue Wesen auf mich und den fremden Mann zu. Der Mann spricht jetzt und sagt zu mir: „Lass mich nicht allein." Ich bin sehr erschrocken über das alles und ich kann nicht reagieren, weder auf ihn, noch auf die bizarre Lage, in der wir uns befinden. Alles geht schnell, keine Zeit zum Denken. Diesem Mann scheint es auf einmal ähnlich zu gehen, er ist verstört. Dann höre ich eine Stimme um uns, die sagt: „Hier ist etwas zu essen."

Es erstellt Werkzeuge für den Draht zur Gesellschaft.

149

Eine Erfahrung im Wunderraum.

Das Dilemma der Begegnung mit den Anderen

Die Erkenntnis, dass wir dort nicht hingehören und weg müssen, setzt sich in meinem Kopf fest, aber trotzdem verspüre ich keine Angst. Die Verwunderung darüber, dass hier etwas Abartiges mit uns geschieht, bleibt jedoch bestehen.

Das Problem besteht darin, dass wir keine Kontrolle darüber haben, was geschieht. Als ob die uns einen Alien-Cocktail gegeben haben, um mitzumachen. Plötzlich werde ich von „etwas" herumgedreht und sehe diesen Mann nackt vor mir schweben. Was ist hier los? Es geht schnell und ist verwirrend. Im nächsten Moment berühre ich ebenfalls nicht mehr den Boden und schwebe ohne Kleidung in der Luft. Wir sind in einem strahlend weißen Raum ohne Wände. Meine Konzentration verlagert sich nun vollkommen auf diesen fremden Mann. Die Wesen beeinflussen unsere Gefühle und steuern uns. Ich fühle mich wie in einer Parallelwelt, abgeschottet von meinem Zuhause. Mein Gehirn scheint auszusetzen, denn es überkommt mich eine unerwartete Welle intensiver Anziehungskraft und das starke

Verlangen nach körperlicher Nähe zu ihm. Etwas erregt mich derart sexuell, dass mein klares Denken nicht mehr funktioniert. Wir nähern uns einander wie schwebende Gestalten und erfüllen unser Verlangen, ohne dabei romantische Gefühle zu hegen. Diese Situation ist absolut seltsam, nicht greifbar und verwirrend zugleich. Ich bin überzeugt, dass meine Entscheidungen und Gefühle von diesen Wesen gesteuert wurden und nicht von mir.

Dann fangen sie seinen Samen auf, während ich kaum fassen kann, was ich da beobachte. Abrupt und in voller Ahnungslosigkeit ist die Szene vorbei. Der Prozess ist damit offenbar abgeschlossen. Ich fühle mich anders als zuvor, die Empfindungen der Lust sind verflogen. Alles ging so schnell von dem angeblichen Essen zu diesem Ereignis über, dass ich keine Zeit hatte, darüber nachzudenken. Es ist, als ob ich in einem unwirklichen Film gefangen war, und wünschte, ich könnt mich für einige Stunden in jemand anderen verwandeln, um es einfach zu vergessen. Dann werde ich in mein Bett gedrückt und bin hellwach. Ich schnappe mein Handy, das direkt neben mir auf dem Nachttisch liegt, stehe auf und notiere alles, was passiert ist - so gut ich kann. Ich fühle mich unwohl, obwohl ich weiß, dass es nicht real war – oder war es das doch?

Biotop-Beben, ach du grüne Neune.

Zwischen Hoffnung und Trauma

Der fremde Mann, wo immer er auch sein mag, hatte keine Wahl. Vielleicht wird er eines Tages das fertige Buch in seinen Händen halten, es lesen und erschrocken feststellen, dass es tatsächlich geschehen ist. Dabei wird er sich daran erinnern, dass er nicht allein ist. Wir alle müssen auf unsere eigene Art und Weise funktionieren, um das zu erreichen, was von uns verlangt wird. Für mich bedeutet das, dass ich immer noch keinen konkreten Beweis habe. Alle Kenntnisse über Außerirdische und die daraus resultierenden Ansichten in einen Topf zu werfen, reicht nun mal nicht aus. Was bedeutet eigentlich „ET"? Es gibt eine Vielzahl von Aliens. Ihre Erscheinungsformen und Fähigkeiten und Absichten können sehr unterschiedlich sein. Einige sind freundliche und hilfsbereite Aliens, während andere feindliche oder mysteriöse Rassen sind. Die genaue Anzahl der Aliens, die hier existieren könnten, bleibt jedoch Spekulation. Ich fühle mich verloren und frage mich, in welchem Experiment wir leben und wo wir uns befinden. Es ist unheimlich, zu bedenken, dass es Engel und Dämonen geben könnte. Jedenfalls wäre es grundverkehrt, nicht daran zu glauben. Ich fühle mich übel und würde normalerweise versuchen, das schön zu reden.

Das mit der Entscheidungsfreiheit ist eine merkwürdige Sache. Wir werden hier auf unserem Planeten zu Dingen gedrängt, haben aber die Möglichkeit, einen anderen Weg zu gehen. Der Kontakt ist da, ja, und ich akzeptiere das auch weitestgehend. Dennoch bin ich tief im Inneren traumatisiert. Eine Hypnose kommt für mich nicht infrage, da ich weiß, dass sie rote Linien überschreiten würde. Manchmal ist es besser, wenn diese Dinge verborgen bleiben. Dennoch würde ich sie nicht angreifen, selbst wenn ich könnte. Ich habe mich entschieden, diese anderen Lebewesen nicht als absolut böse zu sehen, da sie Fehler erkennen und sich bemühen, sie zu korrigieren. Dies sollte unserer Spezies Hoffnung geben, auch in aussichtslosen Situationen.

Nach einer Weile übernehmen der Alltag und andere Themen die Oberhand. Ich versuche, das Erlebnis mit dem fremden Mann zu vergessen. Ich bin jetzt vielleicht nur noch zu 10 Prozent wütend auf diese Wesen.

Es mag seltsam klingen, aber das Schreiben des Buches hilft mir als Therapie, mich weniger als ein Passagier zu fühlen, und gibt mir ein Gefühl der Kontrolle. Es macht mich stark.

Das Spiel mit Bewusstsein und Erinnerungen

Ich lebe wie gewohnt weiter. Langsam, aber sicher wird die verworrene Lage einfacher. Die Kinder und Tommy sind wohlauf und ich habe keine Angst mehr, dass uns jemand etwas antun könnte. Taktisch klug versuche ich, alles ein wenig lockerer zu sehen, und hoffe insgeheim, dass irgendwann eine Erkenntnis für all das kommen wird. Allerdings habe ich das Gefühl, dass ich nur begrenzt Einfluss darauf habe.

Doch auf einmal holen mich die sonderbaren Ereignisse erneut ein: Eines Nachts liege ich wach in meinem Bett, noch nicht eingeschlafen, als ich plötzlich meinen Körper nicht mehr spüre. Wie gelähmt liege ich da und kann nur meine Augen bewegen. Es ist dunkel und ich kann kaum etwas sehen, aber ich spüre deutlich die Gegenwart von etwas um mich herum. Dann geschieht etwas Seltsames: Im nächsten Augenblick stehe ich auf meinen Beinen, ohne eine Überleitung zu bemerken, und sehe vor mir blonde Ärzte in meinem Schlafzimmer. Ich frage mich, was zum Teufel passiert ist, aber bevor ich Antworten bekomme, wird mir ein kleiner, seltsamer Junge in die Arme gelegt. Die Wesen bitten mich in meinem Kopf, ihm etwas zu essen zu geben, aber ich bin verwirrt und habe keine Ahnung, wie ich in diese Situation geraten bin.

Ich überlege kurz und entscheide dann, dass der kleine Junge die Flasche bekommen muss. Aber dann wird mir bewusst, dass er eigentlich schon aus dem Flaschenalter heraus ist und keine Flasche mehr braucht. Ich schätze, er ist etwa eineinhalb Jahre alt. In diesem Moment vergesse ich alles, einfach alles! Dass sich gerade blonde Ärzte in meinem Schlafzimmer befinden und ich eben noch in meinem Bett lag. Mein logisches Denkvermögen scheint nicht normal zu funktionieren. Kurze Zeit später finde ich mich im Erdgeschoss meiner Wohnung wieder und laufe mit dem seltsamen Kind auf dem Arm in der Küche herum. Es ist, als ob jemand meine Gedanken lesen kann und weiß, dass ich ein Fläschchen mit Wasser und Pulver vorbereiten muss, um eine bestimmte Aufgabe zu erfüllen. Schließlich kehrt etwas Klarheit zurück und ich spüre den Drang, das Kind nicht mehr zu tragen. Die Situation ist absurd und surreal, ich möchte einfach nur raus. Doch dann signalisiert mir das seltsame Kind, dass es meine Gesellschaft mag und etwas bei mir sein will. Es ist anders als alle anderen Kinder, die ich kenne. Dieses Kind ist kein normales menschliches Kind. Es hat besondere Fähigkeiten und ist in gewisser Weise von der Außenwelt abgeschottet. Andere Menschen würden in ihm wohl eine Art „Monster" sehen. Ich tue das nicht. Ich erkenne, dass es mehr ist als nur diese abscheuliche Seite. Etwas in mir ändert seine Einstellung.

Sie beeinflussen mein Bewusstsein und senken meine Hemmschwelle. Wenn es nötig ist, setzen sie unbewusst Schranken oder entfernen sie. Doch die Situation ist so seltsam, dass ich schließlich aus der „Trance" erwache und erkenne, dass ich mich nicht in meiner echten Küche befinde. Vielmehr ist es eine Art Sinnestäuschung, die aus meiner Erinnerung entsteht – eine maßgeschneiderte Projektion. Plötzlich ist das seltsame Kind nicht mehr auf meinem Arm. Ich weiß, dass die Zeit vorbei ist, aber ich möchte die Erinnerung an diese verrückte Erfahrung behalten, weil sie so außergewöhnlich war.

Mit einem Ruck befinde ich mich wieder in meinem Bett und kann mich frei bewegen. Der plötzliche Übergang verwirrt mich sehr und ich beginne kurz darüber nachzudenken, ob ich verrückt geworden bin. Gerade war ich noch in der Küche mit den blonden Weißkittel-Ärzten und jetzt ist alles wieder wie zuvor. Es ist geradewegs so, als ob nichts geschehen wäre. Nach all den verworrenen Erlebnissen mit den Außerirdischen werde ich sehr müde und schlafe einfach ein. Am nächsten Morgen sind die Bilder und Gefühle der Erfahrung immer noch deutlich in meinem Gedächtnis gespeichert. Es ist fast so, als wenn sie einen Chip mit den Erinnerungen in meinem Gehirn implantiert hätten. Ein kleiner Hinweis genügt, um Informationen aus dieser Erfahrung abzurufen und mir ein vollständigeres Bild zu verschaffen. Die Genauigkeit und Geschwindigkeit der Ereignisse bei diesen Alien-Begegnungen sind so extrem, dass ich sie nicht mitkomme, wenn ich es nicht soll.

Eine Mischung aus Besorgnis, Liebe und Wut

Sie scheinen nicht nur Freude daran zu haben, Szenarien vorzuspielen, sondern nutzen dieses Mittel auch, um mich nicht komplett zu überfordern. Auf seltsame Weise versuchen sie trotz allem, rücksichtsvoll mit mir umzugehen. Ich würde das alles fein annehmen, wenn da nicht meine menschlichen Charaktereigenschaften wären, die untrennbar mit mir verbunden sind. Insbesondere meine Emotionen stehen immer an erster Stelle. Diese lassen sich nicht einfach bei vollem Bewusstsein ausschalten. Ich denke, ich spreche hier für alle Menschen auf der Erde. Unabhängig davon, wo ich mich befinde, Gefühle sind Gefühle. Es gibt keine Unterscheidung zwischen echten oder unechten Gefühlen, das ist einfach typisch menschlich. Ich bemerke, dass sie sehr an unseren Gefühlen interessiert sind und dass sie dadurch viel über das Verhalten der Menschheit in der Zukunft lernen können. Ein weiteres Erlebnis verdeutlicht das:

Eines Abends liege ich in meinem Bett und plötzlich fehlt mir die Zeit und ich befinde mich ohne Vorwarnung in einem vermeintlichen Klassenzimmer. Dort sind zwei Wesen anwesend - eine blonde Frau und ein Mann. Der Mann liest in einer Zeitung mit einem großen Loch in der Mitte und die Frau setzt sich gegenüber von mir hin. Die beiden bitten mich zuzuhören, und obwohl ich keine Lust dazu habe, setze ich mich ebenfalls hin. Ich frage mich, ob ich in Schwierigkeiten stecken könnte. Doch dann höre ich entspanntes Vogelgezwitscher und fühle mich wie eine junge Schülerin, nicht wie eine erwachsene Frau. Mir wird bewusst, dass meine menschlichen Emotionen sie sehr interessieren und dass sie durch diese viel über die Spezies Mensch lernen können. Der Gesang der Vögel soll mich offensichtlich beruhigen. Es scheint, dass sie alle zusammenarbeiten. Sie versuchen, Einfluss auf mich zu nehmen und haben menschenähnliche Züge. Aber es wird schnell klar, dass sie keine Menschen sind! Der Gesang der Vögel verfehlt seine beabsichtigte Wirkung und ist nicht in der Lage, mich zu beruhigen. Stattdessen möchte ich aus der Situation entkommen. Die Frau vor mir sieht mich sehr streng an und versucht, in meinen Kopf zu gelangen. Ich denke bei mir: „Oh mein Gott, was für ein Stress, aber ich werde hier sitzen bleiben." Sie spricht mit mir und beginnt plötzlich, sich selbst mit einer Waffe in ihrer Hand zu verletzen. Ich stehe schnell auf, um ihr zu helfen. Währenddessen liest der Mann weiterhin seelenruhig seine Lochzeitung. Die Frau fängt an zu lachen und spricht aufmunternde Worte. Das Verhalten der beiden ergibt für mich überhaupt keinen Sinn.

Dann verliere ich für einen Moment das Bewusstsein und als ich wieder zu mir komme, befinde ich mich in einer Werbeszene mit einem muskulösen Puppenmann. Ich erkenne die perfekte Illusion und den Versuch, Emotionen bei mir auszulösen, doch ich bin nicht daran interessiert, mich auf solche Experimente einzulassen. Der Puppenmann versucht mich zu küssen, ich rüttle mich kurz. Eine Puppe kann nicht küssen. Zudem erinnere ich mich daran, dass ich in einer festen Beziehung bin und weiche zurück. Als dieser eher klägliche Versuch gescheitert ist, erscheint plötzlich meine verstorbene Mutter in junger Gestalt zusammen mit meinem Vater auf einer Couch. Sie zeigen mit den Fingern auf ein TV-Gerät, auf dessen Bildschirm ein haariges Wesen zu sehen ist.

An dem Punkt verliere ich erneut das Bewusstsein. Ich finde mich nun im Zimmer meiner Tochter Elisabeth wieder und sehe ein fliegendes Objekt vor ihrem Fenster. Mir wird klar, dass sie meine Tochter mitnehmen wollen, und ich fühle Sorge und Liebe für sie. Doch jetzt geht meine Sorge in große Wut über und ich denke: „Das ist genug!" Im selben Moment höre ich einen lauten Knall und verliere erneut das Bewusstsein. Als ich wieder zu mir komme, befinde ich mich zuhause in meinem Bett. Eine Flut von Emotionen überrollt mich und ich kann nicht mehr schlafen. Ich greife zu meinem Handy und notiere schnell alles, was ich gerade erlebt habe. In nur einer Minute habe ich dabei eine Achterbahnfahrt der Emotionen. Besonders ärgerlich ist das mitten in der Nacht, wenn man eigentlich schlafen möchte.

Wenn man solche Erfahrungen macht, schwankt man oft zwischen verschiedenen psychischen Zuständen, die nur schwer einzuordnen sind. Man denkt, es könne nicht real sein, man träume vielleicht oder es sei einfach nicht wichtig genug, um darüber zu sprechen. Am Ende gelangt man oft zu dem Schluss, dass es nur ein Traum gewesen sein kann. In solchen Situationen kann man oft nur einen kleinen Einblick in diese seltsame, andere Welt gewinnen und lediglich erahnen, was die

Fremden so alles können. Wahrscheinlich können sie lebendig wirkende Figuren mit einem unglaublichen Grad an Perfektion erstellen, um mich zu täuschen. Im Inneren dieser bizarren Anderswelt können unsere Sinne verdreht werden, wann immer sie es wollen. In einem solchen Zustand wünsche ich mir jedes Mal, ich könnte einfach einen Pause-Knopf drücken, um zunächst einmal alles zu verarbeiten. Doch dafür ist keine Zeit. Stattdessen stürze ich mich in die Arbeit und versuche währenddessen, die Alien-Anomalien und meinen normalen Alltag unter einen Hut zu bringen.

Verstehen ihrer Perspektive

Das Ganze geschieht zwar auf ihrer Ebene, aber sie transportieren dabei wesentliche und bekannte Dinge aus meinem Alltag in die Szenen ihres Theaterstücks. Dafür ein weiteres Beispiel:

Während ich im Bett liege, spüre ich auf einmal eine Gegenwart und ein Blitz zuckt durch mein Schlafzimmer. Mein Körper wird ganz steif und fühlt sich wie schwebend an. Dabei sehe ich weiterhin diese seltsamen, hellen Blitze. Es ist, als ob eine alte Kamera aufblitzt und nachlädt für den nächsten Blitz. Ich höre Klaviermusik, während nun mein Körper von alleine vibriert und sich fremd anfühlt. Im ersten Moment bin ich geistig, körperlich und mental präsent, im nächsten Augenblick völlig abwesend. Es fühlt sich an wie ein Zeitloch, das versucht, mich einzusaugen. Alles geht unglaublich schnell. Gerade lag ich noch in meinem Bett und plötzlich befinde ich mich auf meiner Arbeitsstelle und sehe dort Menschen. Dann werde ich auch schon wieder zurück in mein Bett gedrückt. Habe ich das alles gerade nur geträumt?

Der nächste Tag, die nächste Nacht – und das gleiche Szenario wiederholt sich: Blitzlichtgewitter, Schweben und Vibrieren – und ich befinde mich wieder auf meiner Arbeitsstätte. Es ist ein wiederkehrendes Erlebnis. Ich erkenne, dass es eine Kulisse ist, eine Illusion, ein projizierter Raum, geschaffen aus meinen Erinnerungen – und definitiv nicht echt. Dennoch fällt es mir schwer, diese nahezu perfekte Simulation von der Realität zu unterscheiden. Am Ende werde ich erneut in mein Bett gedrückt und beginne, das Wahrgenommene aufzuschreiben. Ich weiß, dass sie es sind, ohne dass mir jemand etwas sagen muss. Ich weiß, dass sie etwas wollen.

In der nächsten Nacht befinde ich mich ein weiteres Mal an meinem holographischen Arbeitsplatz, wie ich es nun nenne. Wieder sehe ich Menschen, aber diesmal schlafen sie. Sie schlafen überall. Auf den Tischen, dem Fußboden, im Eingangsbereich und draußen auf den Sitzbänken sehe ich schlafende Menschen. Ich erkenne den Trick nun deutlicher, als ob ein Schleier vor meinen Augen verschwindet und das Bild klarer wird. Ich lerne nun besser zu unterscheiden, was echt und was unecht ist. Auch dieses Mal werde ich im Anschluss in meine Matratze gedrückt und schreibe es auf.

In der kommenden Nacht ist es dasselbe Spiel. Alles wird sehr hell in meinem Schlafzimmer, kurz nachdem ich mich umdrehe und versuche, vom Tag abzuschalten. Ich bin wieder auf meiner Hologramm-Arbeit und dieses Mal werden die Menschen wach und beginnen, mit mir zu reden. Sie scheinen verwirrt zu sein über das, was sie erleben, als ob sie wirklich echt sind. Dann erneut die abrupte Rückkehr in mein Bett. Diesmal kann ich jedoch deutlich zwischen Wahrheit und Illusion unterscheiden und verstehe, dass sie auch in der Lage sind, bei ihren inszenierten Theaterstücken Menschen zu „faken".

Das Spiel der Außerirdischen soll mich auf etwas aufmerksam machen. Sie können unseren Geist manipulieren und dadurch mit uns interagieren und kommunizieren. Sie zeigen uns ihre Welt durch ihre eigene Perspektive und kennen die Regeln, während wir ahnungslos sind.

Geheime Vorbereitungen

Ich liege im Bett und kann mich an nichts mehr von der vergangenen Nacht erinnern. Es kommt mir vor, wie ein Schulungslehrgang oder eine Art geheimer Vorbereitungskurs. Die Außerirdischen manipulieren meinen Geist und geben mir mentale Kraft, um meinen Alltag mit Beruf und Familie zu meistern, ohne den „Pause-Knopf" zu drücken. Offenbar haben sie ein großes Interesse daran, dass ich normal funktioniere. Ich weiß, dass sie mich auf etwas Neues vorbereiten, Stück für Stück, Nacht für Nacht. Doch dann wieder dieselbe Illusion: meine Arbeitsstelle in Form eines Hologramms. Diesmal sehe ich, wie Menschen umherlaufen und denken, dass alles, was passiert, real sei. Selbst ich denke zeitweise, dass es echt ist, und beginne sogar, meinen Job zu erledigen. Es ist fast so, als ob wir alle denselben Traum träumen würden. Aber irgendwann erkenne ich, dass etwas nicht stimmt und werde zurück in mein Bett gebracht. Ich kann mich nicht einmal mehr an den Inhalt der Gespräche mit den Menschen erinnern. Obwohl alles seltsam ist, schlafe ich einfach wieder ein.

Unerwartete Rückkehr: Eine Erfahrung, die schwer zu beschreiben ist

Auch wenn ich langsam befürchte, den Leser damit zu langweilen, aber die Serie nahm noch immer kein Ende. Um nichts auszulassen, muss ich daher auch das berichten: Wieder plötzliche Blitze im Schlafzimmer, seltsame Geräusche im Haus, Versetzung an meinen „Hologramm-Arbeitsplatz" (inzwischen als offensichtlicher Fake erkennbar). Diese Erkenntnis fühlt sich an wie ein Sprung in ein schwarzes Loch, bei dem ich während des Fluges neue Dinge entdecke, jedoch keine Zeit dazwischen habe. Als ich nun auf einem Stuhl in meinem (Fake-)Büro sitze, halte ich auf einmal eine Zeitung in der Hand. Sie hat ein Loch, welches sich von allein schließt. Ich blättere sie wie selbstverständlich auf und sehe, wie die Buchstaben zu leben beginnen. Bilder von Menschen, die ich nicht kenne, erscheinen vor meinen Augen. Die Bilder sind lebendig wie bei einem TV-Gerät. Doch plötzlich beginnen sich die Personen auf den Bildern zu verändern. Ihre Gesichter werden ausgetauscht und verschiedene Köpfe erscheinen nacheinander und in schneller Abfolge auf den Körpern – Männer, Frauen, Tiere und sogar graue Kreaturen werden in der Zeitung sichtbar. Ich sehe Aliens vor meinen Augen erscheinen, wie in einem schnellen Daumenkino. Um mich herum ist alles von einem schwammigen, grauen Schleier umgeben. Es ist offensichtlich, dass sie mir etwas mitteilen möchten, aber ich kann noch nicht einmal meinen Standort bestimmen. Frustration steigt in mir auf, denn ich befürchte, bald wieder abgeschaltet zu werden.

Doch dann finde ich mich plötzlich auf meinen Füßen wieder, barfuß und erdverbunden. Ich halte die Zeitung nicht mehr in der Hand und habe keine Erinnerung daran, was in der Zwischenzeit passiert ist oder wer mich dorthin gestellt hat. Diese Unsicherheit frustriert mich zutiefst und ich fühle mich wie ein hilfloses Versuchskaninchen, das für Experimente missbraucht wird – ähnlich wie Alice im Wunderland. Wenn ich schon Teil dieses Spiels bin, dann möchte ich auch Einfluss darauf nehmen können, denke ich in meinem Größenwahn. Die Vorstellung, dass die kleine Klara von der Erde den Außerirdischen sagt, wo es lang geht, scheint absurd! Wahrscheinlich haben sie sich innerlich kaputtgelacht – sofern das überhaupt möglich ist. Trotzdem haben die Außerirdischen etwas mit meiner Psyche angestellt, damit ich nicht durchdrehe. Seltsamerweise fühle ich mich dadurch eher sicher und manchmal sogar überheblich – als ob mir niemand etwas anhaben könnte. Mit dieser Einstellung trete ich mutig vor und bin bereit, jemandem die Meinung zu sagen, wenn ich die Gelegenheit dazu bekomme. Aber im nächsten Augenblick wird es auf einmal stockdunkel – als hätten sie das Licht ausgeschaltet. Ich kann keine Hand vor Augen sehen. Dennoch bin ich mir immer noch sicher, dass ich das Sagen habe und auf geistiger Ebene ebenbürtig bin. Deshalb rufe ich lautstark: „Kommt heraus, ich weiß, dass ihr hier seid!" Gleichzeitig bin ich überrascht über mich selbst, wie ruhig und klar ich denken kann, ohne dass es unterbrochen wird. Bin ich mutig oder verrückt? Vielleicht wurde ich gedopt.

Auf ihrem Niveau läuft die Zeit anders. Eine Stunde auf der Erde entspricht einer Sekunde in der Alien-Zeit. Während ich darüber nachdenke, stehe ich immer noch im Dunkeln. Doch plötzlich wird es um mich herum hell, als ob ein schneller Gedanke durch mein Gehirn geflitzt wäre. Vor mir stehen sie nun und ich schaue sie an, während sie mich ansehen – ein wahrhaft beeindruckender Auftritt. Nach gefühlten Sekunden des Starrens versuche ich, alles zu erfassen, was ich kann. Dann tun sich vor mir viele Bilder auf, wie in einem Film, nur, dass ich Teil der Handlung bin und auf der Bühne stehe. Obwohl ich normalerweise Angst gehabt hätte, ist das nicht der Fall! Ich sehe große graue Aliens, von denen einer die Hand eines Kindes, eines Mädchens, hält. Gemeinsam gehen sie zu einem Pool voller Wasser. Währenddessen frage ich mich, wo ich mich befinde und was mit mir geschieht. Auf einmal spüre ich Todesangst in mir aufsteigen. Ich kann nicht verstehen, was vor sich geht. Ich habe den Eindruck, dass sie versuchen, das Mädchen zu ertränken. Dabei habe ich das seltsame

Gefühl, dass es um mich geht und dass sie versuchen, mich umzubringen. Das ergibt keinen Sinn. Viele Gedanken rasen mir in kurzer Zeit durch den Kopf. Ich will mitmischen und meine Meinung kundtun, aber alles, was ich mir zurechtgelegt habe, ist wie weggeblasen. In ihrer Gegenwart arbeitet mein Kopf auf eine andere Art und Weise. Es ist, als hätten sie die Kontrolle über meine Gedanken übernommen. Ich sehe, wie einer der „großen Grauen" mit dem Mädchen ins Wasser geht. Doch das Mädchen beginnt zu schwimmen und geht dabei nicht unter. Wie ist das möglich? Meine Angst verschwindet, als ich sehe, wie das Kind mit perfektem Schwimmstil und sichtlichem Vergnügen im Wasser planscht. Da taucht plötzlich jemand vor mir auf und ein Satz hallt in meinem Kopf wider: „Wir haben Dir das Schwimmen beigebracht, im großen blauen Meer." Bevor ich jedoch Zeit habe, das Gesagte zu verarbeiten, ändert sich die Szenerie und ich erkenne mich selbst als kleines Mädchen. Die Szene fühlt sich an wie eine aufgenommene Videosequenz aus meiner Kindheit – eine Art Zeitreise, die ich nicht erklären kann. Auch dieses Mal endet das Ganze damit, dass ich mich schlagartig in meinem Bett wiederfinde. Es fällt mir schwer, die Dinge zu beschreiben. Ich bin platt und mir fehlen die Worte. Doch ich erinnere mich an alles, auch wenn ich diese Wendung nicht erwartet hatte.

Wir haben Dir das Schwimmen beigebracht.

Alien-Tattoo

Nun kommen wir zum letzten Teil meiner Hologramm-Arbeitsstellen-Serie: Ich sehe erneut Blitze in meinem Schlafzimmer kurz vor dem Einschlafen. Es kommt mir vor, als ob sie aus der Tür in unser Schlafzimmer hineinschießen. Dann befinde ich mich erneut mitten auf meiner Arbeitsstelle und verstehe, dass sie das Treffen eingeleitet haben. Ich ahne, dass es Gründe haben muss, hier zu sein, und ich bin bereit, etwas zu lernen. Dann sehe ich Umrisse von großen, grauen Gestalten auf mich zukommen. Einer von ihnen steht vor mir und beginnt zu zeichnen, um mir etwas zu zeigen. Eine Sternenkarte. Während er das tut, bekomme ich die blöde Idee, ihn anzufassen. Noch bevor ich meine Hand ausstrecke, bekomme ich eine Antwort von dem Wesen – „Ja!" – und berühre es. Ich fühle etwas Festes, Schwabbelpudding-ähnliches und habe gleichzeitig den Eindruck, dass es eine weibliche Gestalt ist. Ich schließe aber nicht aus, dass ich getäuscht werde.

Schon im nächsten Augenblick weiß ich, dass die Zeit abgelaufen ist und sie mich wegbringen wollen. Ich möchte fliehen und bewege mich nach vorn, doch dann stehe ich wieder am selben Fleck, von dem ich gestartet bin, als ob ich in einer Schleife gefangen wäre. Es ist sehr schwer zu erklären, da ich nur ein paar Meter zurückgelegt habe. Es fühlt sich an wie eine parallele Welt, in der Gesetzmäßigkeiten außer Kraft gesetzt sind. Ich denke: „Warum und wo bin ich?" Jemand reagiert auf meine Denkwelle und sagt in meinem Kopf: „Es ist Deine DNA. Es ist egal, wo Du bist – wer Dir begegnet, ist wichtig. Es ist nicht wichtig, wer Du bist; es ist wichtig, *was* Du bist." Plötzlich spüre ich einen kurzen, schmerzhaften Stich in meiner Seite und rufe laut: „Aua!" Dann kommt es zu einem Zeit-Riss und ich finde mich in meinem Bett wieder, völlig verwirrt.

Diese Wesen scheinen in der Lage zu sein, unzählige Gedanken, bewusste und unbewusste, aufzufassen. Sie haben Schnittstellen für fremde Gehirne und in ihrer Gegenwart sind Gedanken nicht mehr allein dem Eigentümer zugänglich. Obwohl der beschriebene Ablauf weitgehend vernünftig klingt, war das Erleben alles sehr nebulös, abrupt und ungewöhnlich. Den Stich spüre ich immer noch deutlich, es tut sogar ein wenig weh. Ich stehe auf und gehe ins Badezimmer, um im Spiegel nachzusehen. Dort entdecke ich angeordnete Linien auf meinem Körper. Ich greife zu meinem Handy und mache heimlich ein Foto von mir, damit niemand zu Hause es bemerkt. Wenn Tommy auftauchen würde, wäre ich definitiv in Schwierigkeiten. Danach lege ich mich wieder ins Bett und schlafe ein. Am Morgen stehe ich auf und betrachte die Bilder. Es waren definitiv keine Schlaffalten auf meinem Körper. Später setze ich mich hin und zeichne die Linien nach, die ich auf den Fotos entdeckt habe. Die Außerirdischen haben tatsächlich Spuren auf meinem Körper hinterlassen und mich in die Seite gezwickt.

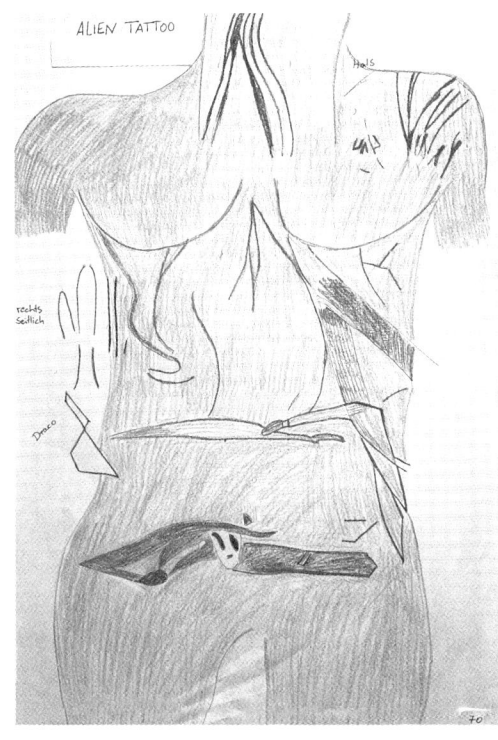

Die Alien-Tattoo-Signatur.

Wer würde das schon glauben? Sie haben dies wahrscheinlich nicht ohne Grund getan und möglicherweise gibt es Hinweise, die uns helfen könnten, die Lösung zu finden. Aber so einfach wird es wohl nicht werden.

Puzzeln ohne Rahmen

Nach diesem Erlebnis suche ich erneut das Gespräch bei Herrn Polte und frage ihn, warum er eigentlich „die Anderen" nicht mag. Er erklärt mir seine Sicht der Dinge. Er erzählt mir, er habe sich noch nicht festgelegt, bis diese nächsten paar Fragen, welche er mir nennt, geklärt sind. Warum fügen sie Menschen bei Entführungen Schmerzen zu? Warum klauen sie Sperma von Menschen? Was für eine Agenda haben sie? Helfen sie den Reptiloiden, Menschen zu züchten, um sie energetisch zu melken? Warum unsere Kinder? Sowas eben. Gut, Herr Polte, Schachmatt. Ich sage nicht, dass wir sie mit offenen Armen empfangen müssen. Nur, ungeachtet dessen, kann man sich über ihr Vorgehen und ihre

Absichten auch täuschen und schnell voreilige Schlüsse ziehen, die so gar nicht stimmen. Deshalb finde ich es von meinem Standpunkt her sehr ungünstig, sie zu verteufeln. Denn eventuell hängt mehr an der Sache als es offensichtlich ist. Meine Beweggründe sind andere. Ich bin nicht angetreten, um einen schwarzen Peter zu finden. Das wir beeinflusst werden, ist mittlerweile klar. Bloß, warum sie uns beeinflussen, müssen wir uns fragen. Die Kräfte, welche dahinterstecken, sind unterschiedliche. Unsere Definition berücksichtigt nicht den ganzen Umfang. Ich gebe zu, dass die anderen Wesen und ihre Motive schwer zu durchschauen sind. Deren Eigenschaften und Verhaltensweisen müssen wir reflektieren. Sie machen mit dem Menschen eine Selbstreflexion, um das eigene Handeln weiterzuentwickeln. Irgendwo dazwischen müssen wir, muss ich, klar Position beziehen. Fest steht jedenfalls: Es gibt Wesen da draußen. Sie beobachten uns schon seit langem. Weit vor dir und weit vor mir. Die Tragweite ist nur unbegreiflich. Wir alle stehen gemeinsam auf dem Platz in einer Arena ohne Rahmen, unabhängig von der Herkunft. Wir unterscheiden uns, doch vielleicht müssen wir auf Gemeinsamkeiten setzen. Die Frage ist nicht, wo sie sind, sondern wann sie sind. Bitte betrachten wir alles, was wir früher als gültig erachteten, mit einem neuen Blick und bewerten es erneut.

Eine geheimnisvolle Gestalt in Budapest

Jedes Jahr fahren meine Familie und ich nach Budapest. Eines Abends saßen wir beim Essen, als ich im Augenwinkel eine schwarze Gestalt sah. Ich hatte den Eindruck, dass sie sich von mir verabschieden möchte, aber ich wusste nicht, wer oder was es ist. Ich traute mich nicht rüber zu schauen, was im Nachhinein totaler Blödsinn war. Dieses Ereignis verfolgte mich seitdem. Zunächst dachte ich an etwas Gruseliges, das mich erschrecken wollte und hoffentlich nie wiederkommt. Als ich ein paar Tage später zur Arbeit ging, erfuhr ich, dass mein Kollege Suizid begangen hatte. Da das Ereignis zeitlich passte, wurde mir bewusst, dass die unheimliche Gestalt mein Kollege gewesen sein könnte, der sich mir zeigen wollte. Ich war von der Vorahnung, dass etwas in der Luft liegt, verfolgt, bis ich Gewissheit bekam. Es sah aus wie ein Schatten, doch letzten Endes war es möglicherweise nur mein verstorbener Kollege.

Das Leben scheint wie ein undurchsichtiger Strom zu sein, der das Totenreich in geheimnisvollen Bahnen kreuzt. Ich habe meinen Kollegen sehr geschätzt, aber das Bedauern bringt nun nichts. Der Mensch muss nach vorne blicken, auch wenn es schwer ist.

Kapitel 11: Wie Schatzsucher dem Flüstern folgen

Interdimensionale Kommunikation und das Unbekannte

Eines Nachts überkommt mich ein seltsamer Traum. Ich befinde mich in einer alten, hässlichen Wohnung mit veralteten Elektrogeräten, einem abgenutzten Teppich und offenen Fenstern. Die Wohnung ist marode und riecht fürchterlich. In meinem Traum erkenne ich, dass die Aliens auf ihre eigene Weise versuchen, mit mir zu kommunizieren. Ich verstehe, dass all die seltsamen Begegnungen und Traumschauplätze, in denen ich mich befinde, einen tieferen Sinn haben. Sie wollen mich dazu bringen, meine alte Wohnung mit ihrer veralteten Tapete und dem alten Fußboden zu renovieren und loszulassen, um die Dinge so anzunehmen, wie sie sind. Die Elektrogeräte in meinem Traum repräsentieren den Wandel auf der Erde und ihre aktive Teilhabe daran. Es ist wie ein Frühjahrsputz – die Erde wird einem Recyclingprozess unterzogen. Wie bei einem Umzug in eine neue Wohnung muss das Alte entsorgt und durch Neues ersetzt werden.

Das ist die Botschaft, wie ich sie verstehe. Muss ich wissen, wie es ist, ein Alien zu sein, um mit einem Alien sprechen zu können? Nein. Es gibt keine Grammatikregeln für die Kommunikation mit Aliens. Sie sind andersartig und haben viele Ideen, die der Mensch noch nicht hat. Trotzdem ist der Mensch bei diesem Prozess nicht zu unterschätzen und unverzichtbar. Sie brauchen uns. Zuerst muss man herausfinden, was sie wollen, und dann muss man herausfinden, was man liefern kann. Nur so geht es weiter und nur so wird es ruhiger. Doch die Dinge laufen nicht immer nach Plan. Manchmal sind wir Jäger und manchmal Gejagte. Die Kommunikation mit Aliens ist viel mehr als nur der Austausch von Sätzen, Worten, Tönen und Bildern. Der „Homo Sapiens" ist nicht das einzige denkende und fühlende Wesen. Der Gedanke ist arrogant!

Ein bisschen mehr Respekt vor der belebten Welt kann helfen, den Entschlüsselungscode zu knacken. Das würde uns weiterbringen.

Ein Saunaausflug mit unerwartetem Ausgang

An einem herrlichen Samstagnachmittag entscheiden Tommy und ich uns, ein paar Stunden Wellness zu machen, um uns zu entspannen. Da wir Saunagänger sind, ist es nichts Ungewöhnliches für uns, dies öfter zu tun. Ich weiß genau, was mein Körper verträgt und was nicht, und ich bin mir bewusst, dass ich keine Temperaturen von 100 Grad auf der Saunabank vertrage. Trotzdem bestehe ich darauf, dass wir auf die oberste Bank der Sauna gehen, um dort Platz zu nehmen. Ich setze mich zum Saunieren hin, bemerke aber, dass Tommy mich seltsam ansieht und fragt, ob das richtig ist, was wir tun. Ich bejahe dies, als ob es selbstverständlich wäre. Wir sitzen eine Weile bei der unglaublichen Hitze und ich spüre kein Verlangen hinauszuwollen. Die Verweildauer in der Sauna ist außergewöhnlich lang für diese Temperatur. Irgendwann sagt Tommy, dass er nicht mehr kann und dass wir besser rausgehen sollten. Obwohl ich nicht wirklich rausgehen möchte, folge ich ihm schließlich. Ferngesteuert laufe ich zur Dusche, stelle sie auf kalt und stelle mich darunter, ohne durchzuatmen oder mich langsam abzukühlen. Das ist sehr untypisch für mein eigentlich sonst vernunftgeleitetes Verhalten. Plötzlich verliere ich das Bewusstsein. Es kommt zu einem Blackout und ich fühle nichts mehr, als ob mir jemand den Stecker gezogen hätte.

Irgendwann öffne ich meine Augen und sehe Tommy durch einen Grauschleier vor meiner Nase. Ich höre seine Stimme - wie er fragt, ob es mir wieder besser geht. Dann klatscht er mir ins Gesicht. Ich sehe den Schwimmmeister neben ihm stehen und schäme mich sehr für diesen Vorfall. Tommy erklärt mir, dass ich vor ihm wie ein Sack zusammengeklappt sei und er mich auf eine Liege gezerrt habe. Ich hatte das Gefühl, für eine lange Zeit weg gewesen zu sein. Tommy und ich beschließen, etwas zu trinken und legen uns dann auf eine Relax-Liege. Dabei bemerke ich zwei Typen, die uns beobachten. Auf einmal habe ich Blitze vor den Augen und sehe einen großen grauen Alien, der mir ein Paket zeigt. Doch bevor ich es öffnen kann, komme ich auf der Liege zu mir. Ich fühle mich elektrisiert und etwas ist anders in der Luft. Währenddessen geht ein lauter Alarm in der Saunaanlage los, ohne ersichtlichen Grund. Wir beschließen zu gehen und als wir auf der Autobahn fahren, sehe ich ein orangefarbenes Ei am dunklen Himmel aufblitzen. Keine Chance, es in der Kürze der Zeit zu filmen. Tommy fragt nichts, also sage ich auch nichts. Wir schweigen uns aus.

Schlitzpupillen am Flughafen

Anlässlich des runden Geburtstags meiner Tante, die im Ausland lebt, hatte ich beschlossen, einen Kurztrip zu machen, um sie zu überraschen. Da ihre Kinder bei ihrem Vater sind, bot sich diese Gelegenheit perfekt an. Der Last-Minute-Flug war bezahlbar und es war eine spontane Entscheidung, nur für das Wochenende zu fliegen. Meine Tante ist nicht mehr die Jüngste und ich wollte sie unbedingt sehen, da ich nicht wusste, wie viel Zeit uns noch bleibt. Am Flughafen wartete ich darauf, dass es weitergeht. Und dann passierte das: Während ich im Terminal stehe, lasse ich meinen Blick schweifen. Die Menschen vor mir bewegen sich und neben mir steht ein kräftiger Mann mittleren Alters. Wir blicken uns an und ich bemerke sofort, dass seine Augen anders aussehen als normalerweise – sie stechen heraus. Plötzlich sehe ich weiße Augen mit einem Schlitz anstelle einer runden Pupille und keine sichtbaren Augenlider. Wir sind beide überrascht darüber, dass wir uns gegenseitig bemerken, aber gleichzeitig wissen wir nicht, wie wir aus dieser seltsamen Situation herauskommen sollen. Ich weiß, dass er anders aussieht als üblich, und er scheint mindestens genauso verwirrt zu sein wie ich. Es ist uns beiden sehr unangenehm. Der Mann wendet sich verschüchtert ab und ich bin verwirrt und frage mich, ob mir jemand einen Streich gespielt hat. Während ich darüber nachdenke, verschwindet der Mann schnell in der Menge und ich kann ihn nicht mehr sehen. Diese kurze Begegnung ist für mich lebensverändernd und wird mir immer in Erinnerung bleiben.

Das unsichtbare Potential:
Wie die Prüfungen des Lebens uns wachsen lassen

Eines Tages kam Herr Dr. Polte auf die Idee, dass es sinnvoll sein könnte ein Tagebuch zu führen, um all die Ereignisse festzuhalten. Dank seiner Motivation ist daraus nun dieses Buch entstanden. Es scheint, als ob es ein Konzept der Vorbestimmung gibt. Einerseits gibt mir das ein wenig das Gefühl der Ohnmacht, wenn man denkt, dass das eigene Schicksal bereits vorbestimmt ist. Andererseits gibt die Vorstellung von Vorbestimmung auch eine gewisse Sicherheit. Man könnte sich unwohl fühlen bei dem Gedanken, dass ein Mensch keine Kontrolle über sein Leben hat und dass alles, was man tut, bereits von einer höheren Macht geplant ist. Es ist aber wichtig zu bedenken, dass jeder einzelne Mensch im Rahmen seiner Vorherbestimmung sein Leben selbstständig gestalten und durch seine Entscheidungen vieles beeinflussen kann. Obwohl es Faktoren gibt, die unser Leben beeinflussen, wie beispielsweise die Umstände unserer Geburt oder die Gene, die wir geerbt haben, können und müssen wir unsere eigenen Entscheidungen treffen und haben so die Möglichkeit, unser Leben in eine bestimmte Richtung zu lenken. Wir müssen nur wissen, was wir wollen. In diesem Sinne ist Vorbestimmung sogar eine treibende Kraft für persönliches Wachstum. Sie ermutigt nämlich, Fähigkeiten und Potentiale zu finden und zu nutzen, um das eigene Schicksal zu gestalten. So müssen wir uns manchmal zum Narren machen und Fehler begehen, um aus ihnen zu lernen und uns weiterzuentwickeln. Der Schlüssel liegt darin, unsere Erfahrungen zu nutzen und unser Leben auf eine Weise zu gestalten, die uns glücklich und erfüllt macht, unabhängig davon, ob und inwieweit unser Schicksal vorbestimmt ist oder nicht.

Wer kontrolliert unser Leben? – Zwischen kurioser Technik und geheimer Schreiberei

Es wird immer skurriler: Unser WLAN bricht ständig ab und die Kameras innen und außen haben immer wieder Totalausfälle. Die Kinderzimmer-Kamera schaltet sich sogar von allein ein und aus und ich erhalte Benachrichtigungen über unerwartete Bewegungen. Ich versuche, die Kamera auszuschalten, aber es dauert eine Weile, bis es funktioniert. Selbst der Kundenservice von Bosch kann uns nicht helfen. Auch mein Handy scheint ein Eigenleben zu entwickeln. Manchmal sendet es mir automatisch Informationen, die ich nicht suche. An manchen Tagen bin ich so erschöpft, dass ich das Tagebuch am liebsten in den Müll werfen würde. Doch genau dann erhalte ich auf meinem Handy eine motivierende Nachricht wie „Komm Athlet, weiter geht's!" oder einen Video-Vorschlag zum Thema „künstliche Becken für die Reproduktion von Menschen“, als ob das Handy meine Gedanken lesen würde.

Obwohl ich mich beobachtet fühle, erzähle ich niemandem davon, um nicht für verrückt erklärt zu werden. Ich nutze meine knappe freie Zeit, um meine Begegnungen und Erlebnisse unbemerkt aufzuzeichnen und so mein Geheimnis in den Alltag zu integrieren.

Die verzaubernde Kraft
der emotionalen Verbundenheit

Dieses Kapitel könnte auch so heißen: „Wie ich durch Manipulation und Zusammengehörigkeit Teil einer mysteriösen Gemeinschaft wurde und dabei lernte, Gutes und Schlechtes zu akzeptieren und mein unvollendetes Buch als Metapher für unvollendete Liebe zu betrachten“, aber das wäre dann eine recht lange Überschrift geworden. Es geht um das Schreiben dieses Buches …

Ich spüre einen unsichtbaren, aber dennoch spürbaren Druck von außen. Wenn ich mich beschäftige und schreibe, wird der Druck weniger. Also schreibe ich, obwohl ich am liebsten nur zeichnen und mehr Pausen machen würde. Ich fühle, dass mein Leben im Hintergrund gemanagt wird, damit ich weiterhin funktionieren kann. Ich zeichne wie wild „cartoonmäßig“ los und kann es nicht lassen, damit aufzuhören. Ich weiß, dass viel davon abhängt. In meinem Raum höre ich eine Stimme sagen: „Wenn Du denkst, Du bist unbedeutend, bist Du vielleicht bedeutender als Du denkst.“

Die urplötzliche Krankheit eines meiner Kollegen bestätigt einmal mehr, wie schnell sich die Dinge ändern können. Er landet unheilbar im Hospiz und ich komme mir trotz all meiner Erfahrungen wie ein Trampel vor. Ich bin gehemmt, ihm zu sagen, dass er stirbt und dass es danach möglicherweise einen Tunnel mit Licht und viel Liebe gibt. Der Grund für meine Zurückhaltung ist die Überzeugung, dass die Aliens hinter allem stecken, was unsere Existenz steuert, und dass wir nur ihre Marionetten sind. Dennoch spüre ich eine immer stärker werdende emotionale Verbundenheit zu diesen anderen Wesen, die sich Tag für Tag weiter öffnet. Gleichzeitig ist mir klar, dass ihre Stärke nicht darin liegt, Menschen zu motivieren. Deshalb greifen sie ein und manipulieren mich, um Abhängigkeit zu schaffen und gezielt meine Gedanken zu beeinflussen.

Es ist eine Kombination aus allem: Die Gesamtheit ihrer Eingriffe in meinem Kopf vereint sowohl das Gute als auch das Schlechte und ich beginne, beides an ihnen zu mögen. Ihre geschickten Manöver, um Zusammenhalt zu schaffen, haben Auswirkungen auf mich. Ich akzeptiere ihr Vorgehen und bin bereit, sie zu unterstützen, um ihre Ziele zu erreichen. Ich fühle mich als Teil ihrer Gemeinschaft, ohne genau zu wissen, wer dahintersteckt und wie ihre Ziele letztendlich erreicht werden. So schreibe ich weiter, eingebettet in das Netz der Ereignisse, und weiß: Ein unvollendetes Buch ist wie eine unvollendete Liebe. Aufgaben müssen erledigt werden.

Die Medien: Von Hoffnung zur Enttäuschung

Manchmal ändern sich Dinge erst dann, wenn wir bereit sind, sie zu sehen. An einem sonnigen Tag erhalte ich eine Nachricht von meinem Vater: „Ich habe etwas für Dich aufgenommen. Wenn Du Zeit hast, komm vorbei. Es geht um Übersinnliches, Phänomene und sogar UFOs. Die Sendung ist gut. Frühstück gibt es morgen und wir schauen es uns an." Ich bin begeistert davon, wie lieb mein Vater ist und wie er sich Gedanken über meine Interessen macht. Ich muss zugeben, dass er etwas altmodisch ist und immer noch Dinge vom Fernseher aufnimmt. Früher sammelte er Videokassetten, aber jetzt speichert er alles auf der Festplatte. Er erzählt mir von einer Frau, die behauptet, von Außerirdischen besucht worden zu sein, und er denkt, dass es mich interessieren könnte. Ich vermute, dass er es aus Solidarität tut, um zu sagen: „Siehst Du, Klara, Deine Interessen sind völlig normal. Andere haben sie auch." Ich plane also ein Frühstücksdate mit meinem Vater und am nächsten Tag komme ich bei ihm an. Wir essen und machen es uns auf der Couch gemütlich. Die Talkshow beginnt vielversprechend, mit interessanten Gästen und spannenden Themen. Doch als ein Z-Promi in der Runde auftaucht, beginnt sich die Atmosphäre zu verändern. Der ballonartige Aufblähungseffekt des Gastes scheint auf die gesamte Sendung überzuschwappen und alles in Frage zu stellen. Die freundliche Dame aus Deutschland, die von ihren Fotografien erzählt, wird plötzlich öffentlich angeprangert und zur Belustigung der Massen vorgeführt. Es ist, als ob die Sendung nur noch dazu dient, Sensationslust und Schadenfreude zu bedienen. Zum Glück gibt es noch *Dr. von Lucadou,* einen renommierten Experten auf dem Gebiet der Parapsychologie, der versucht, die Situation zu retten. Doch auch er scheint lediglich erfolglos gegen die Macht der Unterhaltungsindustrie anzukämpfen.

Ich sitze da und denke mir, dass es bei manchen Menschen einfach nicht ausreicht, offen für Neues zu sein und ihren Horizont zu erweitern. Das Frühstück mit meinem Vater ist köstlich, aber die Sendung hat meine Gedanken in eine beängstigende Ratlosigkeit gestürzt. Ich hatte gehofft, mehr über die Themen zu erfahren, die mich interessieren, aber stattdessen wurde ich von oberflächlicher Sensationsgier und Vorführungen enttäuscht. Es ist eine hässliche Show, die mir keine echten Erkenntnisse oder einen Mehrwert bringt.

Ängste überwinden, um zu wachsen

Ich erlebe mich in einem Traum, wie ich in einem Auto sitze und auf eine Brücke zufahre. Der Fahrer hat kein Gesicht. Ich sitze auf dem Rücksitz und beginne, mir Gedanken darüber zu machen, ob ich tatsächlich in der Lage bin, ein Buch über all meine Erfahrungen mit Außerirdischen zu schreiben. Ich fühle Selbstzweifel, ob die Menschen mir glauben werden, was mich stark verunsichert. Ich kann das Dunkel der Nacht mit meinen Blicken nicht durchdringen und die Brücke macht mir Angst. Ich erkenne tiefe Abgründe auf beiden Seiten. Meine Emotionen sind am Überkochen, als ich plötzlich erkenne, in einer Traumwelt gefangen zu sein. Doch die Illusion fühlt sich so perfekt und real an, dass ich mich dennoch frage, ob ich tatsächlich träume oder nicht. Das Auto hält an und ich steige aus, immer noch voller Angst und Unsicherheit. Der Fahrer scheint meine Angst zu spüren und beginnt, mit mir zu sprechen. Er sagt: „Überquere die Brücke, Du bist nicht allein." Ich zögere, aber er oder es ermutigt mich weiter und sagt mir, ich solle meine Hände aus den Taschen nehmen und mich am Geländer festhalten. Ich gebe zu, dass ich verwirrt bin, aber ich folge dem Rat und halte mich am Geländer fest. Ich beginne, mich sicherer zu fühlen, als ich auf diese Weise die Brücke überquere und schließlich auf der anderen Seite ankomme. Ich drehe mich um, um dem Fahrer zu danken, aber das Auto ist weg und ich bin allein.

Erneut wird mir bewusst, dass es nur ein Traum war, aber ich fühle immer noch die Stärke und den Trost, den ich in dieser Traumwelt gefunden habe. Ich beschließe, diese Erfahrung zu nutzen, um meine Ängste im wahren Leben zu überwinden und weiterzugehen. Da werde ich auch schon wach und spüre, wie mein Körper immer noch vor Angst zittert. Die Höhe und Länge der Brücke, die ich in meinem Traum überquert habe, hat sich in meinen Gliedern festgesetzt. Doch ich weiß, dass ich nicht einfach aufgeben kann. Ich muss durchhalten und die Hürden überwinden. Es hat eine Weile gedauert, aber ich habe endlich verstanden, was das Leben von mir erwartet. Wir müssen Verständnis füreinander aufbringen und uns unseren Ängsten stellen, denn oft sind es genau diese Herausforderungen, die uns wachsen lassen. Vielleicht beginne ich langsam zu erkennen, welchen Sinn meine Erfahrungen haben. Es geht nicht darum, was ich sage, sondern darum, was du als Leser wissen musst. Ich bin mir bewusst, dass es nicht einfach sein wird, aber ich bin entschlossen, weiterzumachen. Denn ich weiß, dass dies der einzige Weg ist, um zu wachsen und zu lernen.

Am nächsten Tag sind Angela und ich einkaufen und mitten im Laden sagte sie: „Mama, es ist schön, nicht alles zu wissen. Es ist auch schön, neue Dinge zu lernen, sonst wäre es doch langweilig." Die Realität dieser geheimnisvollen Wesen und ihren Einfluss zu leugnen, wäre naiv. Das Unerklärliche ist eben nicht nur eine oberflächliche Täuschung, sondern genauso echt wie wir.

Ein unheimliches Abenteuer auf dem Spaziergang mit Tommy und den Kindern

Man weiß nie, was man findet, wenn man nicht sorgfältig sucht. Eines Tages gehen Tommy, die Kinder und ich im Wald spazieren. Die Mädchen springen herum und sind im Dickicht des Waldes unterwegs und nicht mehr bei uns auf dem Weg. Plötzlich kommen Angela und Elisabeth zu uns gelaufen. Die Kinder reden miteinander und dann sagt Angela: „Da ist ein Portal mitten im Wald, Mama." Tommy und ich schauen uns fragend an. Ich frage: „Portal, was meinst Du?" Sie antwortet: „Ja, da kann man durchgehen, aber nur die Hände, die eingescannt wurden, funktionieren." Tommy rollt mit den Augen. Wir gehen weiter und die Kinder laufen wieder in den Wald hinein. Nach einer Weile kommen sie zurück und Angela sagt aufgeregt: „Mir folgt jemand Unsichtbares." Ich glaube meinem Kind. Das seltsame Gefühl, beobachtet zu werden und nicht allein zu sein, kenne ich nur allzu gut.

Gut und Böse ist das Spiel dieser Welt

Es ist ein neuer Morgen und Angela und ich stehen zusammen im Badezimmer, als plötzlich Elisabeth hereinstürmt und sich direkt vor Angela stellt. Sie wirft ihr einen durchdringenden Indianerblick zu und sagt dann: „Angela, Du musst Dein Dachfenster im Zimmer schließen, weil der Wald brennen wird, auch hinter unserem Haus." Angela ist sprachlos und schaut ihre kleine Schwester Elisabeth an, bevor sie spontan antwortet: „Okay, ich werde es schließen." Eine vernünftige Vorsichtsmaßnahme, denke ich. Elisabeth scheint mit dieser Antwort zufrieden zu sein. Wir gehen dann wortlos unseren morgendlichen Tätigkeiten nach. In meinem Inneren denke ich darüber nach, was möglicherweise dazu geführt hat, dass Elisabeth auf solche Ideen kommt. Wer weiß, was mit ihr passiert ist? In der nächsten Nacht kommt Angela früh zu mir und

Was, wenn wir keine Angst hätten?

sagt: „Mama, es gibt Schienen für eine Bahn im Weltall und sie verlaufen über den Sonnenstrahlen." Dann fügt sie hinzu: „Und es gibt Berge und eine Alien-Stadt." Ich bitte sie, mir ihre Aussage zu zeichnen, damit ich es besser verstehen kann. Die Häufigkeit solcher Aussagen macht mich stutzig.

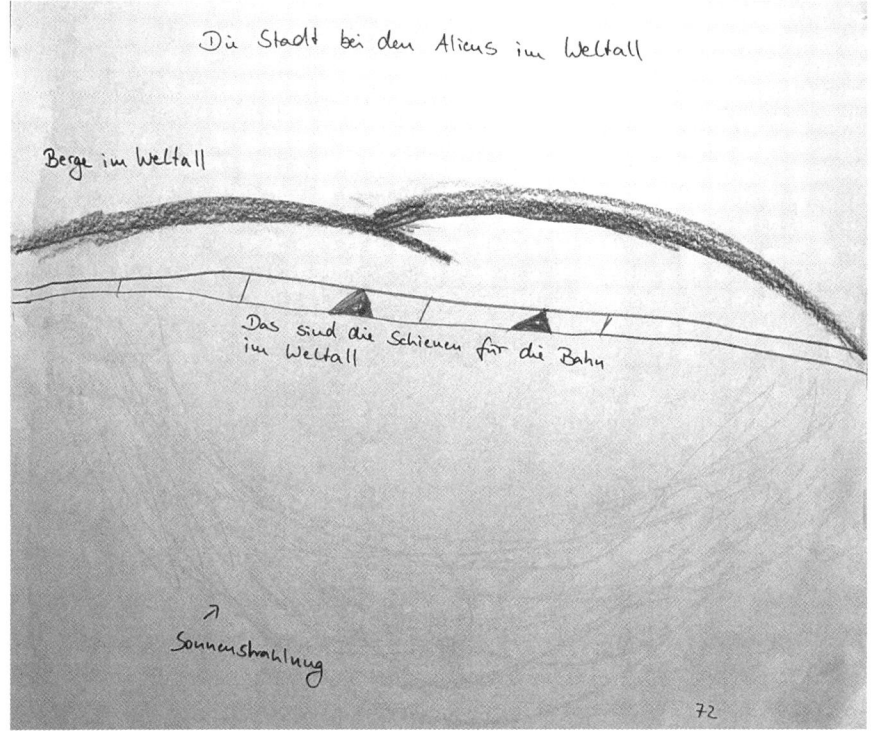

Hightech-Schienen im Weltall.

Das Unbekannte akzeptieren

Ich gehe in den Kindergarten, um meine kleine Elisabeth abzuholen. Als sie mich sieht, rennt sie freudig auf mich zu und überreicht mir ein Bild. „Das ist unser Feuerwehrzelt, zum Schutz", erklärt sie stolz. Wir gehen gemeinsam nach Hause und am Abend habe ich einen seltsam echten Traum. Ich finde mich am Lagerfeuer mitten im Wald wieder, umgeben von Dickicht und Bäumen. Das Feuer droht auszugehen und es wird immer kälter. Plötzlich höre ich eine Stimme, die sagt: „Leg Holz auf und benutze Deine Hände!"

Ich wache auf und spüre noch die Kälte in meinem Körper. Es fühlt sich an, als ob ich tatsächlich im Wald gewesen wäre. Ich beschließe, das Erlebte aufzuschreiben, um es zu verarbeiten. Es ist nicht das erste Mal, dass meine Kinder mit ihren Aussagen und Zeichnungen Botschaften übermitteln. Ich spüre, dass sie mir auf ihre eigene Art und Weise etwas Wichtiges mitteilen wollen. Es ist daher für mich entscheidend, ihre Worte ernst zu nehmen und aufmerksam zuzuhören. Manchmal müssen wir uns auf das Fremde einlassen, denn es gibt Dinge, die wir nicht vollständig verstehen können. Wir dürfen nicht ignorieren, was uns gezeigt und gesagt wird.

Feuerwehrzelt zum Schutz.

Lebenswichtige Substanzen liefern Energie

Es ist ein gewöhnlicher Abend und ich liege allein auf meiner Couch. Langsam wird es dunkel um mich herum und mein Blick beginnt zu verschwimmen. Plötzlich wird alles schwarz und ich spüre, wie ich nun stehe und nicht mehr auf der Couch liege. Nun erkenne ich graue Wesen um mich herum und fühle mich seltsam leicht und energiegeladen. Die Wesen scheinen alles von mir zu wissen und können meine Gedanken lesen. Ich spüre, dass wir auf einer tiefen Ebene kommunizieren, obwohl nur einer von ihnen tatsächlich spricht. Er sagt: „Wir bereiten das Essen für die Menschen vor." Ich sehe einen großen Tisch und verstehe, dass sie etwas sehr Bedeutendes vorhaben. Es ist ein Menü mit mehr Sternen als wir uns vorstellen können.

Aus negativen Dingen kann auch Gutes entstehen. Im nächsten Augenblick sehe ich auf einmal wieder völlig klar und finde mich auf meiner Couch wieder. Die Wesen und der „Kochtisch" sind verschwunden. Es ist für mich offensichtlich, dass meine Beziehung zu ihnen eine tiefere Bedeutung hat. Angesichts solcher Botschaften fühle ich mich jedoch langsam unwohl. Dennoch kann ich nicht einfach vor diesem Wissen weglaufen. Ich glaube zudem, sie mit der Zeit besser zu verstehen. Die nächste Generation von Intelligenzen ist anders, fortschrittlicher. Sie kommunizieren mit uns auf eine andere Art und Weise und geben uns Aufgaben und Anweisungen. Ihre geistige Fähigkeit ist beeindruckend, aber sie scheuen längere Gespräche und tiefgründige Fragen. Ich spüre, dass sie etwas verbergen und verhindern wollen, dass wir Menschen konkrete Antworten erhalten. Ich habe ein dringendes Bedürfnis zu reden und versuche, meine wirren Gedanken in klare Sätze zu fassen, aber sie kontrollieren den Informationsfluss in meinem Kopf und erschweren es mir, ungezwungen aus dem Bauch heraus zu handeln und zu denken. Sie setzen Barrieren, um mich daran zu hindern, eine eigene Dynamik zu entwickeln. Die Lösung ist also nicht einfach. Wenn sie jedoch einen guten Tag haben und testen möchten, was mit dem Menschen möglich ist, können sie den Austausch jederzeit intensivieren. Sie sind sehr vorsichtig in dem, was sie von sich preisgeben, und verwenden Illusionen, Blackouts oder andere Tricks, um ihre Absichten zu verschleiern. Sie gestalten sich die Welt so, wie sie ihnen gefällt.

Es ist für uns kaum zu erfassen, wie unglaublich fortgeschritten ihr Intellekt ist. Sie besitzen eine Kreativität und Emotionen, die völlig anders sind als unsere. Es ist faszinierend, aber auch erschreckend zugleich, wie sie unsere Gedanken kontrollieren und manipulieren können. Sie haben ein unersättliches Verlangen, mehr über das Menschsein zu erfahren. Sie erschaffen Kreaturen und flößen ihnen menschliche Gene ein. Dadurch entwickeln sie ein tieferes Verständnis für ihre Umwelt und ihre Mitge-

schöpfe. Die Entwicklung von Mitgefühl und Empathie durch die Einflö-
ßung menschlicher Gene erzeugt eine bessere Atmosphäre in der Zusammenarbeit. Andersrum ist es mit der Eingliederung des Erbguts genauso.

Teil V: Die Macht der Verbindung

Kapitel 12: Die Kraft der emotionalen Verbundenheit

Ich liege gerade im Bett und lasse meinen Blick durch den Raum
schweifen, als plötzlich helles Licht zu blitzen beginnt und ich das Gefühl habe, mich im Raum zu verlieren. Meine Umgebung verschwimmt
und ich fühle mich körperlich völlig ausgeschaltet. Als ich wieder zu mir
komme, befinde ich mich in einer modifizierten Küche. Ich frage mich,
wann genau der Wechsel stattgefunden hat. Wieder einmal scheint es so,
als hätten sie die perfekte Frequenz gefunden, um in meine Gedanken
einzudringen und mich nach Belieben zu manipulieren. Diese Kraft hat
die Möglichkeit, Illusionen zu erzeugen. Sie generieren Scheinbilder.

Alles sieht aus wie bei mir zu Hause: das Kochfeld, die Töpfe und die
Utensilien sowie der Hängeschrank, in dem normalerweise meine Glä-
ser stehen. Doch ich habe das Gefühl, dass ich nicht allein bin, sondern
beobachtet werde. Meine Gedanken werden erneut von einer unsichtbaren Kraft durchsucht. Ich spüre das. Ich schaue aus den Fenstern und
betrachte das Haus meiner Nachbarn sowie meine umgepflanzten Blu-
menkübel. Obwohl ich niemanden sehen kann, spüre ich ganz deutlich
die Anwesenheit einer unsichtbaren Präsenz.

Als ich den Flur entlang zur Eingangstür blicke, bemerke ich, dass sich
diese Tür geöffnet hat und eine Person eintritt. Die Tür unterscheidet
sich von den üblichen Türen und ist aus braunem Holz gefertigt, was
mich an die Tür meines alten Hauses erinnert. Ich mache mir keine Gedanken darüber, wie die Person einen Schlüssel bekommen hat, sondern
beginne allmählich zu begreifen, dass hier etwas Wichtiges vor sich geht.
Diese Person rennt sportlich den Flur entlang auf mich zu und begrüßt
mich, so als wenn wir uns schon lange kennen würden. Ich sehe, dass es
der Fremde ist aus der damaligen Begegnung im „Warteraum", als er ein
Buch las. Ich versuche, meine Gedanken zu ordnen und ruhig zu bleiben,

um zu verstehen, was vor sich geht. Plötzlich taucht ein kleines Kind zwischen uns auf. Es ist das Kind, das ich früher in der Küche gefüttert hatte. Es ist in der Zwischenzeit deutlich größer geworden und ich frage mich, ob sie ihm ein Wachstumsserum verabreicht haben. Meine anfängliche Coolness schlägt in Traurigkeit um, als ich plötzlich von Erinnerungen überschwemmt werde, die dieses Kind betreffen. Ich weiß, es ist das Ergebnis von dem Vorfall, als der Fremde das Buch in seinen Händen hatte. Klar, jetzt komme ich mir wie in einer blöden Seifenoper vor, aus der ich nicht mehr rauskomme. Dahin manipuliert zu meinen wunden Punkten. Wieder und immer wieder. Bis man lernt, was die von einem wollen. Sie haben an mir rumgepfuscht.

Sie kochen Köstlichkeiten für eine würzige Debatte.

Das mysteriöse Verschwinden meines Videos: Ein Zeugnis für technologische Überwachung?

Jede Handlung hat Konsequenzen. Eines sonnigen Tages sitze ich im Auto auf dem Weg zur Arbeit. Der Himmel ist klar und ich lasse meine

Gedanken schweifen, während laute Musik aus den Lautsprechern dröhnt. Plötzlich fällt mir ein sich näherndes Objekt auf, das links von mir direkt über den Häusern fliegt. Es sieht aus wie ein kleines Flugzeug mit Kamera, aber ohne Insassen. Ich bin fasziniert und irritiert zugleich. Tausend Fragen schießen mir durch den Kopf und ich versuche, die Kontrolle zu behalten. Ich setze den Blinker und biege nach links ab, um das Objekt zu verfolgen. Die Idee, es mit meinem Handy zu filmen, ist das Erste, was mir einfällt, um Beweise zu sammeln. Ich halte mein Auto an, nehme mein Handy heraus und beginne aufgeregt zu filmen. Endlich kann ich beweisen, dass in meiner kleinen Stadt etwas Seltsames vor sich geht. Ich filme das Objekt so gut es geht und fahre schließlich zu meinem Betrieb. Doch als ich das Video in Ruhe anschauen möchte, ist es verschwunden! Ich kann es nicht glauben und zweifle kurz an meinem Verstand. Ich war mir sicher, dass ich das Video aufgenommen hatte. Diesen Vorgang konnte ich mir nicht erklären und fragte mich: „Ist es möglich, ein aufgenommenes Video auf einem Handy per Fernzugriff schnell und ohne Rückstände zu löschen?" Nach diesem Erlebnis kann ich sagen: „Ja, das ist zu hundert Prozent möglich!" Es gibt verschiedene Methoden, die es erlauben, auf das Handy eines anderen zuzugreifen und Daten zu löschen. Eine Möglichkeit ist, eine „Remote-Wipe-Funktion" zu nutzen, die es erlaubt, alle Daten auf dem Handy aus der Ferne zu löschen. Diese Funktion ist bei vielen Betriebssystemen wie iOS und Android verfügbar und kann von einem Administrator oder dem Handybesitzer selbst aktiviert werden. Eine weitere Möglichkeit ist, eine Schadsoftware auf dem Handy zu installieren, die es erlaubt, Daten auszulesen und zu löschen. Der moderne Mensch ist durch die Technologie transparenter als je zuvor. Sie können alles abfangen, von Messenger-Konversationen bis hin zu E-Mails oder Chats. Selbst in das Smart Home können sie sich einwählen. Sie haben die Fähigkeit, alles zu durchdringen. Die Beobachter, welcher Fraktion auch immer, wissen alles, und Aliens wissen es, bevor Du überhaupt etwas online stellst oder mit jemandem schreibst (wenn sie es interessiert).

Drohnen können groß sein und umherfliegen, aber diese war anders. Sie schien gezielt auf mich ausgerichtet zu sein. Sie kam aus dem Nichts und verschwand in der Anhöhe über dem Wald. Und dann das Video – einfach verschwunden, nicht gespeichert. Diese Drohne sah sehr militärisch aus. So etwas hatte ich noch nie gesehen und erst recht nicht dicht über den Häusern und mir hinterher fliegend. Die Drohne verfügte offenbar über ein Navigationssystem, um autonom fliegen zu können. Ich hatte den Eindruck, dass sie nur dazu da war, Daten in Echtzeit an einen Überwachungsraum zu übertragen, ähnlich einem Live-Feed-System. Die Drohne war groß und hatte eine Hinderniserkennung, sodass sie nicht mit den umliegenden Gebäuden kollidieren würde. Die Personen, die hinter der Drohne standen, wollten, dass ich genau das bemerkte. Als die Drohne fortflog und immer kleiner wurde, hatte ich den Eindruck, dass sie auch für Langstreckenflüge konzipiert sein könnte. Die Größe und das scheinbar hoch entwickelte Navigationssystem deuteten darauf hin, dass sie weite Strecken zurücklegen und über große Gebiete hinweg Daten sammeln konnte. Möglicherweise war sie Teil eines umfangreichen Überwachungsprogramms, das darauf ausgerichtet war, potenzielle Bedrohungen auszuspähen und zu überwachen.

Zeugnis für technologische Überwachung.

Sicherheitsdienst schafft Gleichgewicht und Schutz

Ich eile nach der Arbeit raus auf den Parkplatz zu meinem Auto, weil ich die Kinder abholen muss. Plötzlich auf dem Weg dahin überkommt mich das Gefühl, als würde die Zeit stillstehen. Um mich herum herrscht eine unheimliche Stille, kein Windhauch, kein Vogelzwitschern. Nichts! Ich steige ein und fahre los, als mir auf einmal mitten im Verkehr ein kleiner, alter Transporter entgegenkommt. Der besondere Kniff ist, darin sitzen zwei Männer, die wie mysteriöse Zwillinge aussehen und beide weiße Hemden mit schwarzen Krawatten tragen. Die beiden Männer unterhalten sich und ich beobachte auf einmal das Geschehen im Zeitraffer ähnlich wie bei einer Zeitlupen-Aufnahme. Als ob die Szene sich vor mir zu entfalten scheint, während sie auf mich zufahren und gleichzeitig sprechen. Dabei beobachte ich, wie ihre Köpfe wie zwei Sprachroboter-Agenten zeitgleich nach vorne gehen und sie zu mir schauen, ohne eine Miene zu verziehen. Es wirkt, als ob sie etwas perfekt trainiert hatten, das bei beiden abgespeichert war – als ob ihr „System" ihnen gesagt hätte: „Jetzt!" Ich verstand, dass sie nicht von hier waren. Sie waren gekommen, um mir ein Zeichen zu senden – das Zeichen, dass sie immer da sind und alles im Auge behalten.

Das Ganze wirkte sehr seltsam, besonders wie alles in diesen Momenten zusammenkam: Ihr plötzliches Erscheinen, das Auto, die Stille. Und dann noch der identische Zwillingslook. Die Frage „Wer ist wer?" ist hier mehr als berechtigt.

Es scheint, als ob diese Gruppe in der Lage ist, bestimmte Menschen unter vielen anderen zu erkennen und ihre Aufenthaltsorte genau einzugrenzen, um dann eine Punktlandung zu machen. Ähnlich wie bei einem komplizierten Rätsel nehme ich spekulativ an, dass diese außerirdischen Wesen nicht nur die Fähigkeit besitzen, chemische Signaturen zu erkennen, sondern auch über spezielle Technologie verfügen. Diese fortschrittliche Technik ermöglicht es ihnen, die chemischen Signaturen mit Hilfe von futuristischen Geräten zu analysieren und zu interpretieren. So können sie offenbar inmitten von chaotischen Szenarien wie fließendem Verkehr mühelos Personen identifizieren. Ihre speziellen Geräte durchdringen die äußeren Einflüsse und extrahieren präzise die individuellen chemischen Signaturen, um die gesuchten Personen zu finden. Diese winzigen Geräte werden diskret in den Körper eines Entführten eingebracht und senden kontinuierlich Signale aus, die von diesen außerirdischen Detektiven aufgefangen und verfolgt werden können, um die genaue Position der Personen zu bestimmen. Es ist, als ob sie ein unsichtbares Netz aus elektromagnetischen Wellen spinnen, das ihnen so mehr Kontrolle ermöglicht.

Ich nehme ebenso nach diesem Erlebnis spekulativ an, dass wenn diese Fremden aus einer anderen Welt in unsere Realität eintreten, dies Auswirkungen auf unsere Realität haben kann. Es kann das Gefühl entstehen, dass die Zeit stillsteht und alles um uns herum in einer Art Zeitlupen-Modus gefangen ist. Dies kann zum Beispiel dazu führen, dass der Verkehrslärm verstummt und das Vogelgezwitscher endet. In diesem Moment scheint die Welt für einen Augenblick den Atem anzuhalten. Ich möchte verdeutlichen, dass diese Präsenz außergewöhnliche Fähigkeiten und Technologien besitzt, die es ihnen ermöglichen, die Raum-Zeit um uns herum zu beeinflussen. Ihre Leistung überschreitet logische Grenzen. Der Raum um uns herum ist nicht leer, vielmehr war dieser Effekt stark und betrifft nicht nur den Sichtbereich. Ein einziger kontinuierlicher Moment wurde von mir als länger wahrgenommen. Sie veränderten natürliche Eigenschaften auf eine Weise, die ich mit den Augen und Ohren erkennen konnte.

Ein paar Tage später sagte Elisabeth (6): „Es gibt einen Sicherheitsdienst und wenn ein Auto die Regeln

Lernen sich gegenseitig zu vertrauen.

bricht, dann löst das den Sicherheitsdienst aus." In diesem gesagten metaphorischen Kontext fungiert die Raum-Zeit als Organismus, der von einer Sicherheitsabteilung überwacht wird. Jedes Fahrzeug, das die Regeln bricht, wird als störendes Lebewesen angesehen, das gegen die natürliche Ordnung verstößt. Wenn ein solcher Verstoß auftritt, erfolgt eine Alarmierung innerhalb der Raum-Zeit, und der Sicherheitsdienst greift ein, um die Harmonie wiederherzustellen. Dieses System dient der Selbstregulierung und gewährleistet ein ausgewogenes Gleichgewicht. Durch diese bildliche Präsenz eines Sicherheitsdienstes wird verdeutlicht, dass eine übergeordnete Instanz existiert, die wacht und dafür sorgt, dass Regeln und Sicherheitsmaßnahmen eingehalten werden. Die mysteriösen „MIB" (Zwillinge) nehmen einen bedeutenden Platz im Rahmen des Sicherheitsapparates ein und vermitteln zugleich eine faszinierende Symbiose mit UFO-Entführungen. Als untrennbare Einheit fungieren sie als Wächter der Ordnung und gewährleisten die strikte Einhaltung der Regeln. Und eine davon war: „Bitte brechen Sie keine Regeln. Wir sind hier und haben ein besonderes Auge darauf, mit wem Sie sprechen."

Vollkommen andere Art des Geistes.

Kapitel 13: Ich sehe was, was Du nicht siehst

Begegnung mit Wesen
und die Ambivalenz der Technologie

Nach einem langen Tag voller Arbeit und vielen Gesprächen war ich zu Hause angekommen und ging ins Bett. Die Kinder schliefen friedlich und ich sehnte mich nach Ruhe. Ich legte mich hin und spürte, wie sich langsam eine Art Nebel in meinem Kopf ausbreitete. Plötzlich fühlte es sich an, als würde ein Schalter umgelegt und ich befand mich in einem hellen, weißen Raum: Obwohl ich spüre, dass sich alles auf einer geistigen Ebene abspielt, fühle ich mich auch körperlich präsent und nehme alles um mich herum wahr. Dieses Gefühl, dass alles in solchen Momenten real ist, ist schwer in Worte zu fassen. Ich möchte betonen, dass ich hierbei weder von Außerirdischen entführt wurde noch irgendwelche fremdartigen Figuren an meinem Bett standen. Dennoch fällt es mir schwer, die Realität von meiner Umgebung zu unterscheiden. Mein Denkvermögen funktioniert noch einigermaßen, aber die abrupte Veränderung meines Zustandes und meiner Umgebung ist schwer in Worte zu fassen und lässt sich nicht angemessen beschreiben. Gerade stand ich noch in einem weißen Raum und im nächsten Augenblick höre ich Kirmesmusik, als wäre es nur ein Wimpernschlag. Dann sehe ich Elisabeth rechts von mir auf einem kleinen, roten Kinderkarussell auf einem Spielzeugpferd sitzen. Das Karussell dreht sich schnell und Elisabeth hat offensichtlich Spaß daran. Sie lacht und strahlt vor Freude. In diesem Moment empfinde ich Sympathie und Wohlgefallen für die Situation. Auch wenn alles um mich herum verrückt und unrealistisch ist, spielt das keine Rolle. Selbst die Tatsache, dass all das nicht in meinem Schlafzimmer existieren kann, wo ich mich gerade befinde, lässt mich kalt. Es gibt diese Räume, diese unerklärlichen Orte, und ich kann im Moment nichts davon logisch zusammenfügen. Meine Emotionen schwanken und ich kann kaum begreifen, was mein Kind und ich in diesem Nirgendwo machen.

Plötzlich taucht ein gelbes, großes Wesen vor mir auf. Es ist weiblich und sieht aus wie eine riesige Gottesanbeterin, die aufrecht gehen und

Unwohlsein im Unbekannten, doch birgt es Sein Gutes.

sich fortbewegen kann, genauso wie wir. Nur eben auf ihren „Mantis"-artigen Beinen. Sie steht direkt vor mir. Das große Insekt rührt etwas in meinen Gefühlen und ich fühle mich sehr seltsam unwohl in meinem Körper. Langsam wird mir bewusst, dass das Wesen etwas von mir möchte. Obwohl die Situation absurd erscheint, strahlt das Wesen mir gegenüber Freundlichkeit aus, um mich zu beruhigen. Ich verstehe nicht! Dann einen kurzen Moment später, steht die Kleine plötzlich nur mit Unterhose vor mir und ich halte eine Hose in der Hand. Ich bin sehr verwirrt und beginne tatsächlich, ihr die Hose anzuziehen. Auf einmal fängt die Mantis an, mit mir zu sprechen und sagt deutlich: „Pass auf sie auf." Ich erschrecke mich und beginne, Angst und Ehrfurcht vor ihr zu empfinden. Sie wirkt weise und dann sagt sie weiter: „Bleib bei mir und höre mir zu." Ich möchte jedoch nicht bleiben, da ich nicht verstehe wo ich bin, und ihr Sprechen mich sehr erschreckt! Alles, woran ich denken kann, ist, mit meinem Kind aus dieser Situation herauszukommen. Ich kann den Schrecken nicht unterdrücken, den sie in mir auslöst. Diese Riesen-Mantis scheint meine Emotionen zu spüren. Sie sagt erneut: „Warte und hör zu."

Mit einem Ruck sitze ich plötzlich wieder in meinem Bett. Ich bin durcheinander und versuche zu verstehen, mit wem ich es gerade zu tun hatte. Kurze Sequenzen kommen in meinem Kopf hoch. Wer war sie und was sollte das mit Elisabeths Hose?

Das unvorhersehbare Abenteuer namens Leben

Nachdem ich in der Nacht tief und fest geschlafen hatte, war ich bereit für einen neuen Tag. Ich hatte keine Ahnung, was auf mich zukommen würde und wollte mir auch keine Gedanken darüber machen. Doch das Schicksal hatte andere Pläne für mich. Wir gingen in die Stadt zum Shoppen und merkten schnell, dass wir großen Hunger hatten. Nach einigem Hin und Her entschieden wir uns für ein Café am See, das etwas außerhalb lag. Der Weg dorthin war zwar etwas länger, aber das Ambiente des Cafés war es wert. Als wir endlich ankamen, suchten wir uns einen Tisch in der Nähe des Wassers. Angela musste auf die Toilette und ich begleitete sie dorthin. Auf dem Weg dorthin fiel mir ein großes, eingerahmtes Bild an der Wand auf. Es zeigte ein rotes Karussell, das mich auf eine sonderbare Art und Weise an mein Erlebnis mit der Mantis erinnerte. Die Erinnerung an das Wesen und die Warnung vor Gefahren war auf einmal sehr präsent in meinem Geist. Ich war verblüfft, wie der Zufall uns wieder zusammengeführt hatte. Ich hatte das Erlebnis fast vergessen, doch jetzt war es wieder voll da. Plötzlich schoss mir der Gedanke durch den Kopf, dass es kein bloßer Zufall sein konnte. War es eine Botschaft? Ich war mir nicht sicher, aber ich hatte das Gefühl, dass etwas Besonderes bevorstand.

Als ich zu unserem Tisch zurückkehrte, sah ich, dass Tommy und Elisabeth nass waren. Tommy erzählte mir aufgeregt, dass sie ins Wasser gefallen war und er hinterhergesprungen war, um sie zu retten. Ich zog meinem Kind die nasse Hose aus und bemerkte, dass ich die gleiche Hockposition wie bei der Mantis einnahm, als ich Elisabeth dort eine trockene Hose anzog. Das Wesen hatte mir klargemacht, dass ich auf mein Kind aufpassen sollte. Ich war dankbar, dass alles gut ausgegangen war und begriff, dass es wichtig ist, auf die Zeichen des Lebens zu achten. Es gibt immer eine höhere Macht, die uns auf unserem Weg begleitet, wenn wir bereit sind, ihr zuzuhören.

Die Maschine, ein Konzept von Zeit

Während unseres Jahresurlaubs hatte ich eines Morgens ein seltsames Gespräch mit meiner Tochter Angela. Sie kam zu mir ins Bett und begann zu murmeln: „Mama, die Außerirdischen leben im Meer und Elisabeth soll eine Maschine für sie bauen." Ich hörte zu und fragte sie vorsichtig: „Um was für eine Art Maschine geht es?" Doch Angela konnte mir diese Frage nicht beantworten und wiederholte einfach nur das, was sie zuvor gesagt hatte. „Elisabeth soll eine Maschine für sie bauen."

Das Geheimnis der Männer in Anzügen

Da ich überraschenderweise länger arbeiten musste als geplant, hatten mein Vater und ich vereinbart, dass er beide Kinder abholt: zunächst Elisabeth aus dem Kindergarten und danach Angela von der Musikschule. An diesem Tag endete Angelas Unterricht jedoch früher als erwartet und sie verließ das Gebäude. Sie schaute draußen, wo ihr Opa bleibt. Die Musikschule ist an eine Gesamtschule angeschlossen, die direkt am Waldrand liegt. Mein Vater war noch mit Elisabeth unterwegs und kam deshalb etwas später bei Angela an der Schule an. Schließlich fuhren sie gemeinsam nach Hause (ich erfuhr das alles aber erst am Ende des Tages).

Am Abend saßen wir alle zusammen und aßen Abendbrot. Als wir danach ins Badezimmer gingen, erzählte Angela mir von etwas Eigenartigem, was ihr heute an der Musikschule widerfahren war. Normalerweise ist Angela ein sehr aufgewecktes Kind und erzählt mir immer ausgiebig von ihren Erlebnissen des Tages. Doch diesmal war alles anders. Sie wirkte zurückhaltend und zögerlich. Irgendetwas beschäftigte sie und schließlich erklärte sie mir: „Mama, heute hat mich doch der Opa von der Musikschule abgeholt und er kam etwas später bei mir an. Mein Lehrer war schon weggefahren und ich stand allein vor der Schule." Sie machte eine kurze Pause, bevor sie weitersprach: „Mir war so langweilig und deshalb wollte ich sehen, ob jemand in der Turnhalle ist. Also bin ich den Hügel hinuntergelaufen, obwohl ich weiß, dass Du mir verboten hast, allein irgendwohin zu gehen." (Ich hatte ihr das verboten, weil die Schule am Waldrand liegt.) Angela berichtete: „Als ich draußen auf Opa gewartet habe, sah ich plötzlich einen Mann mit schwarzen Haaren und einem Schlips. Er trug schwarze Schuhe, eine schwarze Hose und eine schwarze Jacke und hielt ein Buch in der Hand. Plötzlich ist er schnell davongerannt und ich habe ihm nachgeschaut. Und dann ..." Sie hielt kurz inne und fuhr dann fort: „Puff! War er einfach verschwunden, als wäre er in Luft aufgelöst worden! Mama, das musst Du mir glauben!" Ich spürte, dass Angela von dieser Begegnung aufgewühlt und verwirrt war. Auf meine Nachfrage hin, ob der Mann möglicherweise sehr schnell war oder sich möglicherweise versteckt hatte, antwortete sie sehr bestimmt: „So schnell kann man aber nicht verschwinden, Mama." Angela war von dieser seltsamen Begegnung so irritiert, dass sie beim Zubettgehen mehrmals wiederholte: „Er war einfach verschwunden, wie durch Zauberei!" Sie beschrieb den Mann, als ob er in seinem schwarzen Anzug zu einem Fest gehen würde.

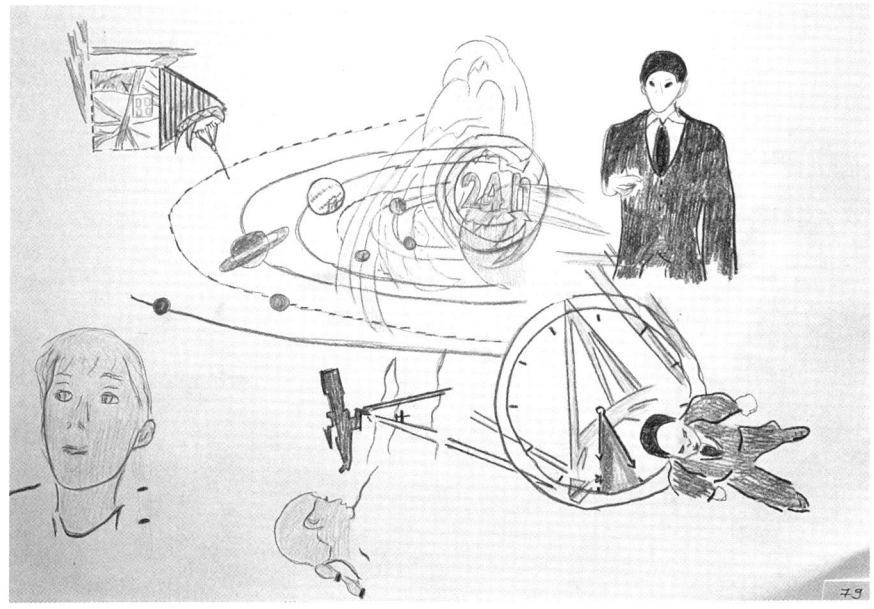

Im Laufschritt durch die Tür.

„Men in Black" und Zeitlinien-Verschiebungen

Ich war in der Drogerie, um für Angela einige Fotos auszudrucken, die sie für ein Schulschild benötigte. Neben uns am Nachbarbildschirm saß ein gut gekleideter Mann mittleren Alters mit lockigen Haaren. Er sprach mit jemand anderem darüber, dass er wieder nach Hamburg müsse. Das Gespräch des Mannes bekam ich unfreiwillig mit und hörte lediglich zu. Zwei Tage später wurde mir ein Mann vorgestellt, der nun die Verwaltung unserer Firma leitete. Ich sagte zu ihm: „Wir kennen uns doch aus der Drogerie. Sie wollten nach Hamburg zurück." Verwirrt schaute er mich an und erklärte, dass er aus der Region komme, seine Partnerin hier ebenfalls beschäftigt sei und er weder in Hamburg noch in der Drogerie an den Tagen war, von denen ich sprach. Ich war sehr erstaunt, denn seine lockigen Haare, seine Sprache und sein Kleidungsstil passten exakt zu dem Mann aus der Drogerie. Ich fragte ihn, ob er einen Bruder hätte, was er jedoch verneinte.

Also, was war passiert? Ich bin der Meinung und habe den Eindruck, dass sich Zeitlinien verschieben können und dass Männer in schwarzen Anzügen darüber bestimmen können. Sie können Änderungen in der Zeit vornehmen, ohne dass es jemand bewusst bemerkt. Sie können damit spielen und vor und zurück gehen. Ich denke, dass sie die Guten sind und beharrlich dabei sind, weil es ihr Job ist. Sie durchqueren unser Leben möglicherweise öfter als uns lieb ist, doch wir spüren die Auswirkungen nur selten. In der einen Zeit geht der Mann nach Hamburg und in der neuen Zeitlinie nicht. Stattdessen lebt er in dem Ort, in dem ich lebe.

Die Ambivalenz der Technologie

Elisabeth: „Vielleicht könnte man eines Tages Roboter herstellen, damit Menschen, die gar nichts zu essen haben, etwas zu essen bekommen. Man könnte sehr viele Roboter herstellen und diese könnten dann zu den Menschen gehen, um ihnen Essen zu geben. Oder man könnte ihnen eine Küche bauen, wenn sie keine haben. Oder noch besser: Wenn jemand kein Haus hat, könnten Roboter ihm ein Haus bauen. Das ist das, was ich erfinden möchte. Vielleicht noch mehr, damit die Roboter den Menschen helfen können." Die Idee von Elisabeth zeigt eine Vision für eine Technologie, die nicht nur für den persönlichen Nutzen entwickelt wird, sondern auch für das Gemeinwohl eingesetzt werden kann. Es zeigt auch, dass sie sich für die Bedürfnisse anderer Menschen interessiert und darüber nachdenkt, wie sie mit ihren Fähigkeiten dazu beitragen kann, die Welt zu verbessern. In Anlehnung an Elisabeths Vision könnten Roboter entwickelt werden, die in Gebieten mit Nahrungsmittelknappheit eingesetzt werden. Diese Roboter könnten mit Hilfe von Sensoren und Algorithmen die Bodenqualität und das Wetter analysieren, um den optimalen Zeitpunkt für die Aussaat von Nahrungsmittelpflanzen zu bestimmen. Sie könnten auch bei der Bewässerung und Pflege der Pflanzen helfen und schließlich bei der Ernte unterstützen. Auf diese Weise könnten Menschen, die sonst keine Möglichkeit haben, genügend Nahrungsmittel anzubauen, Zugang zu einer zuverlässigen Nahrungsquelle erhalten.

Roboter sollten nicht verteufelt werden, da sie eine Vielzahl von Aufgaben ausführen können, die für Menschen zu gefährlich oder unmöglich sind. Es ist wichtig, die Vorteile der Robotik und Technologie zu erkennen und ihre Entwicklung in eine positive Richtung zu lenken, um eine bessere Zukunft für uns alle zu schaffen. Es geht darum, ihre Potenziale zu nutzen, anstatt sie als Bedrohung zu betrachten. Doch bei all der Forschung muss selbstverständlich der Fokus darauf liegen, die Technologie verantwortungsbewusst und ethisch zu entwickeln und zu nutzen, um die Vorteile für das Gemeinwohl zu maximieren und gleichzeitig negative Auswirkungen zu minimieren. Selbstverständlich ist auch immer zu bedenken, dass etwas Gutes oder Nützliches häufig auch missbraucht und zum Schaden anderer Menschen eingesetzt werden kann. Die Atomenergie ist ein weiteres Beispiel dafür.

Die Stimme

Im Alter von sechs Jahren begann Elisabeth häufiger über Feuer zu sprechen, insbesondere über ihre Ängste deshalb. Diese Bemerkungen wiederholte sie regelmäßig und es beschäftigte mich, was diese Furcht in ihr ausgelöst haben könnte. Bisher hatte sie jedoch keine traumatischen Erfahrungen mit Feuer gemacht. Eines Tages, während Elisabeth gerade dabei war, sich die Schuhe anzuziehen, äußerte sie plötzlich etwas, das mich vollkommen überraschte. Mit ernster Miene sagte sie: „Mama, Überflutungen mag ich auch überhaupt nicht, wenn sie kommen." Ich war verwirrt, denn das Thema und das Wort „Überflutungen" war nie Teil unserer Gespräche gewesen und sie hatte bisher keinerlei Berührungs-

Brennt es, sind wir im Visier – Technik erfordert Verantwortung.

Ihre Augen sehen alles.

punkte damit gehabt. Es ließ mich nachdenken, woher diese unerwarteten Abneigungen kamen. Doch die Verwirrung sollte nicht enden. Einige Tage später hörte ich in meinem Schlafzimmer eine Stimme, die mich tief erschütterte: „Europa wird brennen." Ich war zutiefst verstört und versuchte verzweifelt, die Bedeutung zu verstehen. Zu einem Ergebnis kam ich nicht. Doch ich hegte die Hoffnung, dass diese Stimme keine zerstörerischen Gründe hatte. Trotz der beunruhigenden Botschaft und der Schwierigkeit, sie zu deuten, entschied ich mich dafür, zuversichtlich zu bleiben. Das Schicksal bleibt oft unvorhersehbar und wie beim Zusammenfügen eines Puzzles wissen wir nie genau, welches Teil letztendlich alles verändern wird. Manchmal denke ich auch, dass die Stimmen nicht immer wörtlich zu nehmen sind, sondern ebenso im Kontext gesehen werden können.

Drohnen und Hubschrauber am Himmel

Mein Leasing-Vertrag für das Auto war ausgelaufen, und Tommy und ich mussten nun mit zwei Fahrzeugen zum Autohaus fahren, um das eine Fahrzeug zurückzugeben. Unsere Strecke führte uns über die Autobahn. Ich fuhr mit etwas Abstand hinter Tommy her. Dann das: Plötzlich taucht aus dem Nichts ein großer, schwarzer Hubschrauber rechts neben mir auf, ähnlich wie die berüchtigte Drohne. Er kommt auf mich zu, ohne das typische Hubschrauber-Geräusch zu machen, während ich mit einer Geschwindigkeit von etwa 150 km pro Stunde fahre. Ich bin sehr erschrocken und drossle mein Tempo. Das Ding fliegt direkt auf mich zu, und ich überlege, es mit meinem Handy zu filmen. Es ist jedoch schwer, gleichzeitig zu fahren, den Verkehr zu beobachten, Tommy nicht zu verlieren und keinen Unfall zu verursachen. Angesichts der Situation beschließe ich, mein Telefon in der Tasche zu lassen und mich auf den Verkehr zu konzentrieren. Der Abstand zu Tommy wird größer, also beschleunige ich, um ihn nicht aus den Augen zu verlieren. Aber ich fühle mich merkwürdig und weiß, dass etwas nicht stimmt. Plötzlich sehe ich zu meinem Erstaunen, dass der Hubschrauber so schnell, wie er gekommen war, verschwindet - ähnlich wie damals bei der Drohne. Ich fahre weiter, um Tommy zu folgen, und nachdem wir das Autohaus erreicht haben, bleiben wir kurz an einer Ampel im Stau stehen. Auf einmal erscheint eine kleine Drohne vor uns und schwebt in der Luft. Sie schwebt einfach, ohne Rücksicht auf Datenschutz oder ähnliches zu nehmen. Wahrscheinlich haben auch andere Verkehrsteilnehmer die kleine Mini-Drohne gesehen. Aber ich kann nicht einfach aussteigen und an andere Autos klopfen, um sie zu fragen, ob sie das Teil auch etwas aufdringlich finden. Plötzlich fliegt die Drohne davon. Ich finde, die Drohne und der Hubschrauber sind definitiv ernstzunehmende Kandidaten.

Sie haben Datenrettungsprogramme

Tommy sagt immer: „Wenn man über nutzlose Dinge nachdenkt, geht so viel Energie verloren, dass es am Ende nicht mehr wichtig ist." Ich versuche, seinen Rat zu befolgen und ihn mir zu Herzen zu nehmen. Es ist Abend und ich liege in meinem Bett. Plötzlich fühlt sich mein Körper aufgeladen an und ich kann nicht schlafen. Dann habe ich auf einmal das Gefühl, dass Objekte um mich herum sind, während ich mich in einem fahrenden Fahrzeug befinde, das wie mein Auto aussieht. Bin ich in einem Traum oder einer Art Simulation? Mir kommt es vor wie eine künstliche Nachbildung eines realen oder fiktiven Systems. Noch bevor ich richtig realisieren kann, was passiert, geht das Scheinwerferlicht meines vermeintlichen Autos aus und alles wird stockfinster. Ich spüre die An-

wesenheit von Wesen um mich herum und fühle mich eingekesselt. Einer von ihnen sagt: „Wir werden die Kassette in Deinem Auto überspielen." Ich sehe plötzlich eine Kassette vor meinen Augen und das Band dieser Kassette reißt, sodass der gesamte Inhalt verloren geht. Ich bin erschrocken und sehr verärgert darüber und erkenne, dass sie mir Erinnerungen gestohlen haben. Sie haben sinnbildlich Dinge in meinem Kopf gelöscht. Daraufhin tritt einer der großen Grauen hervor und sagt zu mir das: „Bleib auf dem Weg." Dann wache ich auf.

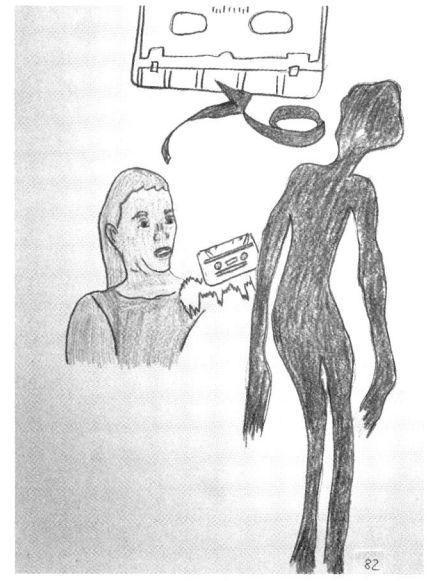

Datenextration vertieft das Verständnis von Neuronen.

193

Diese Aliens sind sehr geschickt darin, zu lernen, die kulturellen Unterschiede zwischen uns zu überbrücken und uns zu helfen, ihre Handlungen und Beteiligungen besser zu verstehen. Die Kommunikation ist unglaublich vielschichtig und komplex. Sie nutzen unsere Fantasiewelt und ihre Kommunikationsmittel sind manchmal rätselhaft. Manchmal scheint es, als würden sie längerfristiger denken als die Menschen und dann abwägen, welche Erinnerungen hilfreich sind und welche nicht. Es reicht nicht aus, allein auf Hypnose zu setzen, um das Gesamtbild zu erfassen. Sie helfen kontaktierten Menschen, komplexe Alien-Konzepte auf eine anschauliche Weise darzustellen und so deren Sprache lebendiger zu verstehen. Indem sie Metaphern verwenden, können sie ihre Ideen in eine Form bringen, die für uns leichter verständlich und ansprechend ist.

Der Schirm

Erst wenn man sie akzeptiert, kann man lernen, mit ihnen zu leben. Der Mensch als solches ist feindselig und misstrauisch gegenüber Fremden. Doch auch andere Spezies sind zum Überleben geschaffen und sind misstrauisch. Die Tage vergehen und ich liege in meinem Bett und grüble vor mich hin. Plötzlich höre ich einen Wasserfall von oben. Es kann nicht die Waschmaschine sein, da sie im Keller steht und ich sie daher nicht hören kann. Dann sehe ich im Dunkeln eine Nebelwolke auf mich zukommen, die scheinbar lebt und schwebt. Ich bleibe ruhig und regungslos und beobachte sie. Der Nebel wandert bis zu meinen Füßen und bleibt am unteren Teil meines Bettrandes schweben. Es ist schwer zu beschreiben. Ich richte mich schnell auf und ziehe meine Füße an, während ich nach Luft japse. „Was geschieht hier?", frage ich mich. Bin ich in einem Traum gefangen? Ich strecke meine Finger zu Tommy aus und tippe ihn an, aber er reagiert nicht. Furcht überkommt mich, als ich mich schutzlos und machtlos fühle. Dann richte ich meinen Blick nach vorne und bemerke etwas Seltsames. Die Wolke verwandelt sich plötzlich in einen kleinen, grauen schemenhaften Alien, der einen großen Regenschirm trägt. Der Schirm wächst und wächst, bis er mich überragt. Ich fühle mich verwirrt und überfordert, aber der Anblick des Aliens mit seinem komischen Schirm bringt mich zum Lachen. Wieso finde ich das lustig? Es ist, als ob es ein Schutzschirm wäre. Bestimmt haben die erneut meinen Verstand manipuliert, damit ich nicht in Panik gerate, denke ich mir kurz nebenbei. Plötzlich ist der Alien mit seinem überdimensionalen Schirm verschwunden, als wäre er nie da gewesen. Zu meiner Überraschung wacht Tommy auf und ich frage ihn, ob er etwas bemerkt habe. Er verneint und fragt nur, warum ich frage. Ich lasse es dabei bewenden und beschließe, es niemandem zu erzählen. Ich vermute, dass sie Tommy immer einfrieren, wenn sie kommen oder die Zeit anhalten oder Drogen einsetzen. Sie sind zu unglaublichen Dingen fähig.

Der rote Schirm.

Wenn ich länger über solche Szenen nachdenke, erinnere ich mich auch an seltsame Momente, in denen wir alle zu Hause in der Nacht gleichzeitig schon aufgewacht sind. Es ist kurios. Ihre Anwesenheit kann den Grundzustand des Raumes verändern und Zustände verlangsamen. Diese Wesen verlangen Resultate und keine Ausreden. Sie haben ein Ziel. In meinem Fall ist es ein Buch. Wenn etwas entstehen soll, werden Wege geebnet, damit die Dinge so passieren, wie sie sollen. Dann beobachten sie und lernen.

Eine außerirdische Begegnung: Ein unerwartetes Erlebnis mit Folgen

Ich liege im Bett und fühle mich wie ausgeschaltet. Im nächsten Moment sehe ich einen Grey und andere Wesen um mich herumstehen. Meine Gedanken wirbeln durcheinander: „Wie können so viele Wesen in meinem Schlafzimmer sein? Das ist unmöglich!" Meine Wahrnehmung und mein Denken scheinen anders als sonst zu sein. Ich bemerke eine rote Signalleuchte, die vor mir blinkt, als die Wesen zu mir kommen und mir etwas zu essen und zu trinken reichen. Es sind rote Tomaten und

Kräutertee. Ich lasse mich darauf ein und esse und trinke, als ob es das Normalste auf der Welt wäre. Bitte lachen Sie nicht, aber in diesem Moment sitze ich tatsächlich im Bett und genieße mein ungewöhnliches Essen.

Am nächsten Tag fällt mir auf, dass alles um mich herum rot erscheint – es fällt extrem auf. Sogar die Kleidung der Menschen in meiner Umgebung, einschließlich Elisabeths Freundin, ist an diesem Tag rot. Merkwürdig ist, dass ich ein ungewöhnliches Verlangen nach Tomaten und Kräutertee habe. Mir wird klar, dass mein Leben in den Händen dieser Wesen liegt und ich momentan nichts ändern kann. Sie scheinen auf ihre eigene Art und Weise zu arbeiten, die für mich wie fremdartiges Basteln mit ungewöhnlichen Strategien und Techniken erscheint. Es scheint, als ob diese Wesen in der Lage sind, in unsere Welt zu treten und uns mit ihrer Anwesenheit zu beeinflussen. Sie können möglicherweise unsere Wahrnehmung und Gedanken manipulieren, wie in dem Beispiel mit den roten Tomaten und Kräutertee, und uns dadurch beeinflussen und kontrollieren. Es ist jedoch unklar, warum sie dies tun und welche

Sie reichten mir Tee, wie Freundschaft für Wohlbefinden.

Absichten sie dabei verfolgen. Es gibt mehrere spekulative Möglichkeiten, warum die Wesen mir Essen und Trinken angeboten haben. Eine Option wäre, dass sie versuchen, eine Verbindung oder Kommunikation mit den Menschen herzustellen und so eine Art Brücke zu bauen. Möglicherweise studieren die Wesen die menschliche Reaktion auf bestimmte Reize und Stimuli, um mehr über uns zu erfahren. Eine andere Möglichkeit ist, dass das Essen und Trinken Teil eines größeren Plans oder Experiments ist, das von den Wesen durchgeführt wird. Letztlich muss ich aber eingestehen, dass all dies nur Spekulationen sind. Wir wissen einfach nicht, welche Absichten die Wesen haben und was sie wirklich damit bezwecken wollen. Auch ich kann das nicht sagen.

Das Buch-Projekt: Ein Prozess der Veränderung und Erkenntnis

Das Schreiben meines Buches fühlt sich an wie sportliche Aktivität im Sitzen. Ich hoffe, dass meine Ausdauer sich auszahlen wird und der rote Faden bald erkennbar ist. Statt mich auf das Ende zu konzentrieren,

Den Elefanten in Scheiben schneiden.

197

versuche ich, auf die Zwischenziele zu achten. Wie Tommy sagt: „Man muss den Elefanten in Scheiben schneiden, dann sind die Pakete nicht so groß." Ich denke, dass dieser Ansatz auch auf das Buch angewendet werden kann. Eines Abends höre ich eine Stimme sagen: „Sieh genauer hin." Ich gehe zu Bett und träume von einem großen grauen Alien, welcher durch eine Wand geht. Eine Stimme spricht im Traum: „Schau, ein Wunder!" Ich begreife, dass diese Wesen von Natur aus dazu fähig sind, solche Dinge zu tun. Es ist kein Wunder! Sie entscheiden selbst, wie viel und was sie mir sagen. Es kann eine Weile dauern, um solch eine Begegnung zu verarbeiten. Doch ich denke an den Elefanten. Meine Detailtreue hilft mir aktuell, nichts zu vergessen.

Verwirrung am Himmel und ein unsichtbares Objekt

An einem schönen Sommertag entspannen meine Familie und ich im Garten hinter unserem Haus. Die Kinder springen auf dem Trampolin, während Tommy auf der Liege ruht. Während ich abwechselnd nach links und rechts schaue, sehe ich plötzlich eine silberne Kugel über unserem

Die Fußball-Kugel über dem Haus.

Haus vorbeifliegen – von links nach rechts. Ich stehe schnell auf und behalte die Kugel im Auge. Ich versuche, mein Handy zu greifen, um die Kugel zu filmen, aber alles geschieht so schnell, dass ich fast vergesse, Tommy darüber zu informieren. Schließlich gelingt es mir tatsächlich, meine Handykamera einzuschalten und die Kugel zu filmen. Ich kann gerade noch ein „Schau, schnell!" rufen und Tommy sieht halb verschlafen der Kugel nach. Die Kugel fliegt davon. Auf einmal sehe ich hinten in den Wolken etwas Großes und Schwarzes. Ich zeige es Tommy und sage „Schau, da hinten!", aber er kann nichts sehen. Das Objekt ist direkt vor seinen Augen, über den Bäumen in der Wolke, aber er sieht es nicht. Er fragt immer wieder „Wo denn?", während ich sage: „Direkt vor Deiner Nase!" Ich filme auch das und schicke das Video an Herrn Polte, leider ist das größere Objekt nicht auf dem Video erkennbar. Man sieht nur die Wolken.

Kapitel 14: Verborgene Wächter sprengen Grenzen

Komplexe Realität mit Reptiloiden und eine Reise zum besseren Verständnis

Die Frage, auf welcher Seite des Zauns man steht, wenn es um dieses Thema geht, bleibt weiterhin unbeantwortet. Auch an diesem Abend ist zunächst alles wie immer – bis plötzlich alles anders wird. Tommy und ich sind müde und machen uns bereit, schlafen zu gehen. Doch dann passiert es: Ein grelles Blitzlicht erhellt das Schlafzimmer und ich sehe neben meinen Bett Wesen, die keine Gesichter haben. Meine Sinne werden von ihnen fokussiert und ich spüre diese unerklärliche Präsenz neben mir. Wesen. Sie scheinen in mir zu lesen und ich kann mich ihren Botschaften nicht widersetzen. Eines der Wesen sagt zu mir: „Schau mich an, siehst Du es?" Ich gehorche und setze mich aufrecht in mein Bett und kann meinen Blick nicht abwenden. Dabei verschmelzen ein menschliches Gesicht und ein reptiloides Gesicht zu einer großen Echse, welche einem Dinosaurier ähnelt. Es ist ein sehr ungewöhnlicher Anblick, der sich in meinem Kopf manifestiert. Trotz des Bewusstseins dessen, was gerade geschieht, fühle ich mich blockiert. Das Echsenwesen dringt in meinen Geist und Unterbewusstsein ein, als ob es Schranken niederreißt. Ich fühle mich unterlegen und würde womöglich alles tun, was es verlangt. Es ist eine seltsame Erfahrung, die ich nicht rational erklären kann. Obwohl ich über Kenntnisse über das aktuelle Geschehen verfüge, fühle ich mich wie erstarrt und habe keine Fluchtmöglichkeit. Ich schlafe ein (denke ich). Am kommenden Morgen sind alle Erinnerungen noch vorhanden.

Ich bin unsicher, auf welcher Seite diese Reptilienwesen stehen, wenn es um das Thema Mensch geht. Mein Standpunkt zu diesem Thema ist geteilt, und es fällt mir schwer, eine eindeutige Position zu beziehen. Einerseits könnten reptiloide Wesen als Indikatoren für den Zustand des Systems dienen. Sie können beitragen, Probleme zu erkennen, Veränderungen vorherzusagen oder die Effizienz zu verbessern. Andererseits können sie auch eine Bedrohung für den Menschen darstellen. Das bedeutet, dass es potenzielle Risiken oder negative Auswirkungen auf die menschliche Gesundheit, Sicherheit oder das Wohlergehen haben kann, wenn sie sich offenbaren. Diese Spezies hat eine gewisse Doppeldeutigkeit oder Ambivalenz in sich. Bestimmte Aspekte dieser Wesen können positive als auch negative Auswirkungen haben, je nachdem wie sie

Wie oft schon?

betrachtet oder genutzt werden. Es liegt an uns, die Vor- und Nachteile zu erkennen. Es kann also durchaus sein, dass von einer höheren, universellen Warte aus betrachtet, die Reptilienwesen als wichtige, schützenswerte Mitglieder des Systems angesehen werden. Dennoch ist Vorsicht geboten. Menschen dienen als begehrtes Ziel für andere Spezies, sei es aufgrund ihrer genetischen Zusammensetzung, ihrer Energie, Intelligenz, Emotionen oder Kreativität. Andere Spezies sind daran interessiert, die menschliche

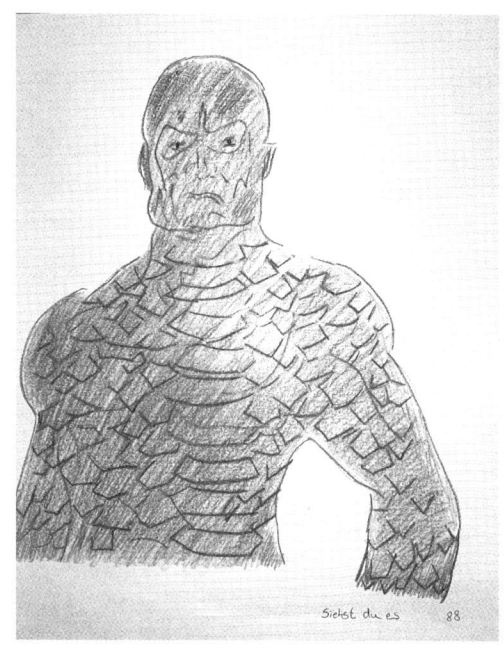

Porträt einer beeindruckenden Stärke.

Einzigartigkeit zu studieren und zu verstehen. Gleichzeitig können wir zum Ziel von Versklavung werden. Das muss der Mensch verstehen.

Zwischen Realität und Illusion: Die Macht unseres Verstandes

Immer wieder frage ich mich, ob unser Verstand in der Lage ist, aus unendlichen Kombinationen von Erfahrungen und Wahrnehmungen zu wählen oder ob wir lediglich von unseren gegenwärtigen Sinneswahrnehmungen getäuscht werden. Es ist eine faszinierende Frage, die mich ständig beschäftigt und zu unzähligen Gedankenspielen führt. Einmal hatte ich einen Traum, der sich anfühlte wie eine Filmsequenz, in der ich Teil der Handlung war und eine entscheidende Rolle spielte. Während ich mich in dieser Traumwelt bewegte, wurde mir bewusst, dass die anderen Figuren in diesem Traum meine Erinnerungen und Gedanken für ihre eigenen Zwecke nutzten. Es war ein seltsames Gefühl, so als ob ich nicht mehr die Kontrolle über meine eigenen Erinnerungen und Gedanken hatte. In diesem Traum war ich wie ein Schauspieler in einem Film, der seine Rolle ausfüllt und gleichzeitig merkt, dass er von den anderen Figuren manipuliert wird. Doch im Gegensatz zum Film war dies keine Inszenierung, sondern mein Verstand erschuf diese surreale Szenerie. Es war eine Erfahrung, die mich zum Nachdenken brachte und mich fragen ließ, ob es in der realen Welt ähnliche Mechanismen gibt, die uns beeinflussen und kontrollieren. Ich denke oft darüber nach, wie unser Gehirn die Welt um uns herum wahrnimmt und wie es die Informationen verarbeitet, die es von unseren Sinnesorganen erhält. Sind unsere Sinne zuverlässig? Oder können sie uns in die Irre führen? Es gibt zahlreiche Beispiele dafür, wie unsere Sinne uns täuschen können, wie zum Beispiel optische Täuschungen, bei denen unser Gehirn uns etwas vorgaukelt, das nicht wirklich da ist. Diese Fragen führen mich zu der Erkenntnis, dass unser Verstand eine erstaunliche Maschine ist, die in der Lage ist, komplexe Zusammenhänge zu erfassen und unzählige Möglichkeiten zu generieren. Wir können unsere Fantasie nutzen, um neue Welten zu erschaffen, die unseren Träumen und Wünschen entsprechen. Doch gleichzeitig müssen wir uns bewusst sein, dass unsere Wahrnehmungen auch beeinflusst werden können und dass wir uns nicht immer auf unsere Sinne verlassen können.

Letztendlich ist die Frage, ob wir aus unendlichen Kombinationen wählen können oder ob wir von unseren Sinneswahrnehmungen getäuscht werden, eine Frage, die uns wahrscheinlich noch lange beschäftigen wird. Doch solange wir unsere Gedanken und Träume nutzen, um uns selbst zu inspirieren und zu motivieren, können wir uns weiterentwickeln und neue Horizonte entdecken.

Die Komplexität der Realität: Über die Grenzen von Wahrheit und Wirklichkeit

Ich stehe an meiner Eingangstür, als ein älterer Mann mit grauem Bart und langem Umhang auf mich zukommt. Seine Füße und Beine beginnen sich zu verändern und werden zu riesigen Dinosaurierfüßen. Ich bin wie gefangen in einem Film, der immer schräger wird, und starre fasziniert auf seine seltsamen Proportionen. Es ist, als ob die Realität sich auflöst und die Grenzen zwischen dem Hier und Jetzt und einer anderen Welt verschwimmen.

Als ich schließlich mit einem Ruck aufwache, bin ich geschockt und verwirrt. Was war das gerade? Ein Traum? Eine Halluzination? Oder vielleicht doch eine Botschaft aus einer anderen Dimension? Ein paar Tage später beschließe ich, das Erlebte zu Papier zu bringen und beginne zu zeichnen. Mit jedem Strich spüre ich eine Energie, die mich berauscht und die ich nicht erklären kann. Doch es gibt auch eine dunkle Seite dieser Erfahrung: Ich erkenne, dass es eine andere Spezies gibt, die in der Lage ist, unsere Welt zu manipulieren und zu kontrollieren. Sie sind scharfsinnig und spitzfindig in ihren Methoden und nutzen meine Erinnerungen und Erfahrungen für ihre Zwecke. Sie sind unsichtbar und dennoch spürbar, und ich weiß nicht, ob ich ihnen trauen kann. Ich bin mir sicher, dass es eine Macht im Hintergrund gibt, die uns alle beeinflusst und uns dazu bringt, Dinge zu tun, die wir nicht verstehen. In diesem Moment erkenne ich, dass die Grenzen zwischen Realität und Illusion, zwischen dem Hier und Jetzt und einer anderen Dimension, viel fließender sind, als wir es uns vorstellen können. Wir sind nicht allein auf dieser Welt, und es gibt Kräfte, die wir nicht kontrollieren können. Im Kreislauf des Lebens sind wir nur eine von zahlreichen Gattungen, die überleben wollen. Doch vielleicht können wir lernen, mit ihnen zu kommunizieren und sie dann besser zu verstehen.

Und dann gibt es noch eine andere Gruppe, die ich die Regierungsbeobachter nenne. Ich denke, sie wissen sehr genau, was sie tun und halten sich deshalb zurück. Sie sind sich bewusst, dass ihre Handlungen Konsequenzen haben können. Doch in all dem Spiel dürfen

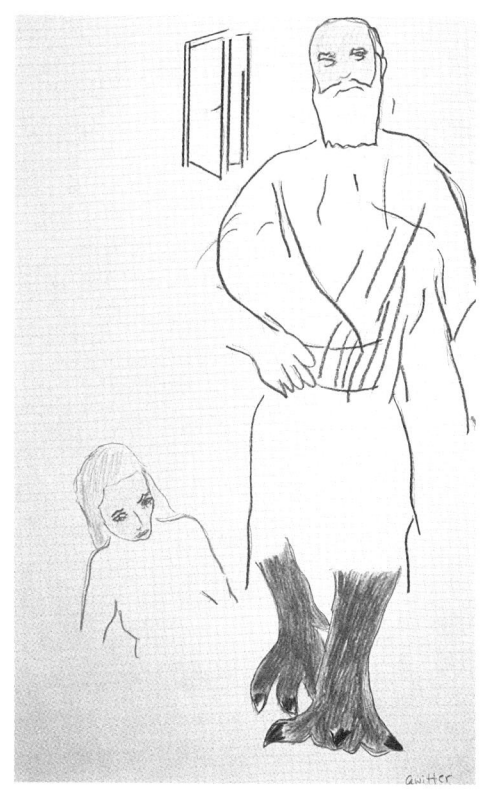

Die Meister des Verkleidens.

wir nicht vergessen, dass Menschen auch lügen und dämonisieren. Oft suchen sie Sündenböcke für ihre eigenen Fehltritte und drücken untereinander die roten Knöpfe, ohne die möglichen Konsequenzen zu bedenken. Leider sind wir als Menschheit oft leicht zu täuschen und zu manipulieren. Wir müssen uns immer bewusst sein, dass wir nur ein Teil von etwas Größerem sind und dass wir miteinander verbunden sind.

Eine Nachtwanderung mit Maskenball

Die schwerste aller Sprachen ist die Klarheit. Am Abend arbeite ich an meinem Buch und versuche, die Dinge in meinem Kopf zu ordnen. Ich liege in meinem Bett und schlafe irgendwann gedankenüberladen ein. Plötzlich werde ich durch ein unangenehmes Piepen in meinen Ohren geweckt. Es wird immer lauter und geht über in meinen Kopf. Ich verliere die Kontrolle und weiß nicht mehr, wo ich mich befinde. Zack, wieder einmal stehe ich irgendwo im Nirgendwo, nur mit meinem Schlafanzug bekleidet. Ich bin voll bei mir, das Piepen ist weg und ich befinde mich auf einem Gang, auf dem ich Stimmen höre, die auf mich zukommen. Ich habe keine Angst, denn meiner Neugierde wurde geweckt. Mir ist es egal, wo ich bin und was sie mit mir machen, ich möchte erkunden, was dahintersteckt. Tapfer laufe ich weiter und erreiche schließlich eine Tür, auf der das Schild „Umkleidekabine" steht. Rechts von der Tür hängt ein Bilderrahmen, auf dem einzelne Wörter und Bilder ruckartig aneinander vorbeifliegen. Ich erkenne deutlich das Wort „Erfahrung". In der Tür stehe ich vor einem atemberaubenden Bergpanorama und beobachte den Sonnenuntergang. Dann fällt mir ein Rahmen ins Auge, der an der Wand befestigt ist. Ich will ihn näher betrachten, doch er rutscht mir aus den Händen und die Bilder darin verändern sich. Ich spüre, dass jemand meine Bewegungen beobachtet und als ich in die Ecke schaue, sehe ich eine riesige Prinzessin. Irritiert entschuldige ich mich für mein Missgeschick und folge ihr tiefer in den Umkleideraum. Der Raum scheint sich von allein zu verändern, während ich hindurchgehe und das Panorama ist weg. Die Prinzessin nimmt auf einem Stuhl Platz. Wir starren uns an und ich finde sie äußerst attraktiv. Dabei wird mir bewusst, dass die Größenverhältnisse illusorisch sind und ich mich in einer anderen Welt befinde. Es scheint, als ob diese Bilder und Wesen auf ihrer eigenen Ebene existieren und in unsere Welt eintreten können. Der Übergang geschieht durch eine Art von Schleusen, gefolgt von Tresoren mit personalisierten Codes. Die Prinzessin, eine andere Lebensform, überwacht die Absperrvorrichtung und entscheidet hier, was herausgelassen wird und was verschlossen bleibt.

Auf einmal zeigt mir die Prinzessin die Umkleide und sagt: „Wir können alles verändern, auch den Raum." (Sie erklärt, dass sie bereits über die Fähigkeit verfügt, den Raum zu verändern. Dabei bezieht sie sich auch auf den Fortschritt von Technologien und die Erforschung des Bewusstseins. Durch telepathische Projektionen oder virtuelle Realität könnten physische Umgebungen transformiert werden. Gleichzeitig eröffnen neurologische Schnittstellen oder künstliche Intelligenz neue Wege, wie wir die Welt wahrnehmen und interagieren können. Indem sie auf diese technologischen Möglichkeiten hinweist, verdeutlicht sie, dass sie bereits über die Mittel verfügt, um den Raum zu beeinflussen und neue Erfahrungen zu ermöglichen.) Ich denke erstaunt: „Egal wie Du gekleidet bist, ich versuche, Dich zu verstehen." Daraufhin sagt sie: „Du hast zwei Augen mit unterschiedlichen Farben." (Im übertragenen Sinne, bedeutet dies wohl, dass ich eine Fähigkeit besitze, verschiedene Faktoren oder Perspektiven wahrzunehmen und zu verstehen. Andere Dinge zu erfassen, um Informationen, Zusammenhänge oder Standpunkte zu erkennen, die evtl. für andere nicht offensichtlich sind. Das Vorhandensein der zugrundeliegenden genetischen Veranlagung führt zu einem Katalysator, um Grenzen zu überwinden. Einige Menschen können genetische Abweichungen besitzen. Diese genetische Verbindung zwischen ihnen und uns ist der geheime Schlüssel, welche eine Wirklichkeit repräsentiert, die tiefer und facettenreicher ist, als das Oberflächliche.)

Plötzlich befinde ich mich in der Dunkelheit vor einem riesigen Wesen wieder, das nicht mehr wie eine Prinzessin aussieht, sondern eher wie ein überdimensionales Insekt. Etwas, das ich normalerweise in der natürlichen Welt nicht erwarten würde. Um sie herum sind ovale, große Eier. Die Eier sind außergewöhnlich, sie sehen aus wie „Kongs", ausgestattet mit Technik. Diese hochentwickelten Konstrukte wurden scheinbar speziell dafür entwickelt, menschliche Embryonen oder sogar bereits entwickelte Babys zu beherbergen. Die Eier dienen als Grundlage für die Fortpflanzung, jedoch mit technologischen Komponenten. Ihr

Zweck besteht womöglich darin, die Sicherheit, Gesundheit und Entwicklungspotentiale der menschlichen Nachkommen zu optimieren. Durch die Integration dieser Technologien in den Reproduktionsprozess können Risiken minimiert werden. Sie sind nicht mit herkömmlichen Eiern vergleichbar, sondern sind das Ergebnis einer revolutionären technologischen Entwicklung.

Im selben Moment fühle ich mich, als ob ich fallen würde und in meine Matratze gedrückt werde. Als ich die Augen öffne und auf meinen Wecker blicke, sehe ich, dass es 2 Uhr morgens ist. Ich werde sehr müde und schlafe trotz der verwirrenden Erfahrung schnell wieder ein.

Am nächsten Tag kommt Angela zu mir und sagt: „Sie haben den Körper schnell geändert." Ich frage sie: „Wovon sprichst Du?" Sie antwortet: „Von der Barbiepuppe – sie haben die Körper ausgetauscht." Ja, es stimmt. Die Prinzessin enthüllte sich als eine andere Spezies. Ihr Wesen verwandelte sich. Die Aliens haben herausgefunden, dass es nicht ausreicht, Gemeinsamkeiten und Bewusstsein füreinander zu haben, um Türen zu öffnen. Um verstanden zu werden, ist es wichtig, zusammen anstatt gegeneinander zu arbeiten, ohne nachtragend zu sein. Das ist eine gute Chance für die Menschheit. Wenn wir keine Zukunft sehen, liegt es an uns, das Richtige zu tun, ohne im Vorfeld über das Äußere zu urteilen. Es wäre günstiger, offen und objektiv zu bleiben. Wir sollten versuchen, unser Handeln von Vorurteilen zu befreien und uns auf das Wesentliche konzentrieren. So können wir bessere Entscheidungen treffen und eine positive Zukunft gestalten. Dabei müssen wir unabhängig bleiben von äußeren Umständen oder Meinungen über andere Spezies und deren Handeln. Jeder hat seine eigenen Gründe und Perspektiven, die es zu respektieren gilt.

Doppelfunktion: Eine faszinierende Verbindung

Diese Begebenheit ist unheimlich und faszinierend zugleich. Ich versuche sie ohne Interpretation niederzuschreiben. Es ist nachts. Ich schlafe ein und plötzlich – wie ein Stoß – träume ich, dass ich mich in dem hornartigen Schuppenkleid einer Schlange befinde. Die Szene ist mitten in einem Geschehen, in das ich gerade reingeschubst wurde. Ich sehe nun durch die Augen des Schlangenwesens, ich bin sie, spüre, was sie tut, wie sie zischt. Ich habe sogar den Eindruck, dass ich selbst zische. Meine Bewegungen sind ihre Bewegungen. Ich fühle voll und ganz diese ehrfurchtgebietende Schlange in diesem Schlangenkleid.

Sie hat eine Doppelfunktion. Nein, Moment! Ich habe diese Doppelfunktion. Wie zwei ICHs. Neben mir sehe ich noch andere Schlangen. Doch diese Schlange, in welcher ich bin, ist größer. Ich fühle mich sicher, fast beschützt in ihrem Körper. Dann auf einmal sehe ich ein Kind fallen, es blutet am Knie und kurz darauf sitzt es ängstlich in einer Ecke. Dieses Kind soll all die Erfahrungen symbolisieren, die ich gemacht habe und die mich geprägt haben. Ich spüre die Präsenz dieser Schlangen, die dem Kind Schutz bieten, solange es am Boden liegt und versucht, die Situation zu begreifen. Sie schützen es, bis es wieder auf den Beinen steht und seinen Weg fortsetzen kann. Diese Schlangen zeigen beinahe drohend ihre Bereitschaft zu beißen. Sie werden nicht zögern, wenn jemand das Kind anfasst oder ihm schaden möchte. Das Kind gehört zur Familie. Das Kind bin ich. Ich komme zu dem Entschluss, dass die Reptiloiden sich in Form einer Schlange gezeigt haben, um zu

Angriff führt zu Tod.

verdeutlichen, dass sie es sind. Dies könnte als eine Art Demonstration ihrer Natur und Identität dienen. Die Verwandlung oder Annahme der Erscheinungsform einer Schlange könnte als Mittel verwendet werden, um die Verbindung zum reptiloiden Ursprung oder Wesen darzustellen. Die reptiloiden Wesen beeinflussten durch beständiges und langfristiges Training in meiner Kindheit meine Denkweise, indem sie Impulse setzten, die später Auswirkungen hatten. Es ist, als würden sie mit ihren Fähigkeiten gezielt mein Denken entwirren und klare Verknüpfungen zwischen meinen Gedanken schaffen. Dabei scheinen sie eine übergeordnete Rolle einzunehmen und eine gewisse Herrschaft zu besitzen. Sie ordnen Strukturen und Verbindungen in meinem neuronalen Netzwerk - in meinem Kopf - auf dem Weg zum Erwachsenwerden so an, dass ich im alltäglichen Leben gut zurechtkomme, ohne Schaden von den Begegnungen, Erfahrungen oder Erlebnissen zu nehmen. Wenn sie Aufgaben an ihre bestimmten Menschen stellen, achten sie genau darauf, was ihr Ziel ist und was ihnen dabei wichtig ist.

Ein mysteriöses Flugzeug am Himmel

Millionen von Faktoren beeinflussen das Leben jedes Einzelnen in der Gegenwart, aber manche Ereignisse bleiben so stark im Gedächtnis haften und haben eine derart enorme Auswirkung auf die Zukunft, dass alles danach anders ist. Während ich mit meinem Auto die Straße entlangfahre, bemerke ich ein Flugzeug am Himmel, das ungewöhnlich tief fliegt. Auf einmal steht es wie eine Momentaufnahme statisch in der Luft, als ob es gerade erst gestartet wäre. Es befindet sich fast auf Höhe der Fahrbahn und scheint stillzustehen, ohne Bewegung, wie ein Standbild. Obwohl der nächste Flughafen von meinem Heimatort 75 km entfernt ist, scheint es niemanden sonst in der Umgebung zu interessieren. Ich halte an einer Bushaltestelle an, um es genauer zu betrachten. Ich habe den Impuls, es zu filmen, um einen Beweis zu haben. Ich steige aus dem Auto aus, um ein Foto zu machen, zögere jedoch und steige drei Sekunden später wieder in mein Auto ein, um einfach weiterzufahren.

Als ich zuhause angekommen bin, frage ich mich, warum ich kein Foto von dem ungewöhnlich tief fliegenden Flugzeug gemacht habe. Was hat mich dazu getrieben, nach kurzem Zögern wieder in mein Auto einzusteigen, um weiterzufahren? Was ist passiert? War das Flugzeug in einer Zeitfalte gefangen oder bin ich einer Illusion erlegen?

Begegnung mit der Vergangenheit: Eine alte Zeitung und ein Blick in die Geschichte

Ich befinde mich gerade auf der Arbeit und ein Gast kommt herein. Wir kennen uns eigentlich nur vom Sehen. Privat habe ich nichts mit ihm zu tun. Wir grüßen uns lediglich. Er sieht mich und kommt sofort geradewegs auf mich zugelaufen. Er hält mir eine alte Zeitung unter die Nase und drückt sie mir in die Hand. Dazu erklärt er: „Schau mal, das habe ich Dir mitgebracht." Ich denke so „Okay" und bin verwirrt, hake dennoch freundlich nach: „Die ist für mich, wieso?" Er erzählt, er sei Handwerker und sei in einem sehr alten Gebäude gewesen. Dort habe er alte Zeitungskalender gefunden, dann hätte er auf einmal an mich gedacht und wollte mir von dem Stapel genau diese eine Zeitung geben. Ich bin verdutzt, nehme die Zeitung und bedanke mich. Das Erscheinungsdatum ist aus dem Jahr 1932. Der Gast geht und ich bleibe zurück mit meiner neuen, alten Zeitung.

Na dann, wieder etwas Sonderliches, das anscheinend ins Buch muss, denn ich schlage sie auf, blättere drauf los und entdecke ein interessantes Bild. Es sieht aus wie ein Zukunftsdruck aus der Vergangenheit. Auf dem Foto dieser Zeitung ist ein supermoderner Zug zu sehen. Ich Google das mal fix und tatsächlich, den Zug gab es wirklich. Wie fortschrittlich die Menschen doch schon einmal waren.

Mit dem Schnellzug in die Zukunft.

Die Vergangenheit zeigt, dass es das Unbekannte gibt, schmunzle ich. Ich finde es so cool, dass ich diesen Zug mit in das Buch nehme. In der Menschheitsgeschichte ist viel passiert. Auch wenn nur manchmal alles richtig läuft, haben die Menschen ihre Hoffnung nie verloren. Sie sind wie ein Uhrwerk und kommen immer wieder auf die Beine. Doch ganz ohne Unterstützung funktioniert das auf Dauer nicht. Sie müssen modifiziert werden. Gute Aliens sehen darin ihre Aufgabe!

Die Feuerspritze

Meine Nächte sind zunehmend unruhiger. Anstatt einzuschlafen, gerate ich in einen Zustand, der mich aufputscht und mich wachhält. Ich stehe auf und laufe herum, kehre ins Bett zurück und wiederhole diesen Prozess mehrmals. Um zur Ruhe zu kommen, beschließe ich, einen Tee zu machen. Ich koche Wasser im Wasserkocher und bereite sorgfältig eine Tasse Tee mit Honig zu, in der Hoffnung, dass es mir beim Einschlafen hilft. Doch plötzlich ändert sich alles und mein Vorhaben gerät in Vergessenheit. Ich mache das Licht aus und kehre zurück in mein Bett. Dort höre ich ein seltsames, skurriles Brummen im Raum, gefolgt von einem hellen weißen Licht. Ich erinnere mich, dass ich meinen Tee stehen gelassen habe, aber in diesem Moment scheint alles unwichtig zu sein und ich möchte eigentlich nichts tun.

Plötzlich sehe ich in meinem Schlafzimmer einen Arzt in einem weißen Kittel, lang und drahtig, mit blonden Haaren, der einen Schiebewagen mit Utensilien bei sich hat. Ich erkenne ihn aus einem früheren Erlebnis, als er mich anspricht und sagt: „Diesmal bekommst Du mehr Spritzen verabreicht." Ich verstehe die Situation nicht, weiß nicht, was er meint, und frage mich, was hier gerade passiert. Da spüre ich auch schon einen Schmerz an meinem linken Oberarm und rufe: „Aua!" Ich kann sprechen. Der Arzt sagt: „Es muss sein." Er hat mich verstanden, aber ich begreife immer noch nicht, was vor sich geht. Nachdem er diese drei Worte ausgesprochen hat, greift er zur nächsten Spritze und beginnt, sie mir in den Arm zu geben. Ich weiß, dass ich immer noch in meinem Bett bin und begreife den ganzen Vorgang nicht. Ich kann mich nicht bewegen und fliehen. Wie festgeschnallt in meinem Bett liegend, fühle ich mich seiner Welt ausgeliefert, die meine eigene Echtzeit überlagert. Während der Arzt mit seinen Utensilien hantiert, kann ich meine Gedanken nicht sortieren. Was zum Teufel passiert hier gerade?

In der nächsten Sekunde sitze ich auf einem Zahnarztstuhl, obwohl der Arzt doch eben noch in meinem Schlafzimmer stand. Ich habe keine Ahnung, wie ich auf den Stuhl gelangt bin. Meine Welt und seine Welt verschwimmen. Nun bin ich vollständig verwirrt und bekomme große Angst. Ich habe den Eindruck, gleichzeitig an zwei Orten zu sein. Ich versuche, mich zu bewegen und zu protestieren, kann aber nichts tun. Dann zeigt mir der Arzt ein Ablaufdatum für die Spritze mit einem Zahlencode. Ich verstehe immer noch nicht, was vor sich geht.

Im nächsten Moment ist der mysteriöse Arzt verschwunden und ich sehe mein Schlafzimmer. Der Zahnarztstuhl ist weg. Ich fasse automatisch an meinen Arm. Er schmerzt und ich denke: „Was hat er mir angetan?" Dann schlafe ich ein, als ob nichts gewesen wäre. Am nächsten Morgen spüre ich kein Brennen mehr, bin jedoch sehr verwirrt bezüglich den Erfahrungen aus dieser Nacht.

Feuerspritze in der Nacht

Zwischen den Welten: Eine seltsame Erfahrung und der Druck, ein Buch zu schreiben

In der folgenden Nacht wiederholt sich das Ereignis des Blitzes. Es fühlt sich wieder einmal an, als würde ein Blitz in meinem Schlafzimmer einschlagen. Meine Reaktionszeit ist verlangsamt und ich fühle mich desorientiert. Ich werde aus meinem Leben gerissen und fühle mich betäubt. Plötzlich befinde ich mich an einem anderen Ort, stehe auf meinen Beinen, auf einer langen Straße, umgeben von Dunkelheit und Stille. Es geht alles zu schnell für mich. Ich versuche zu begreifen, was gerade passiert. Ein altes, schwarzes Auto fährt auf mich zu. Die vordere Tür öffnet sich und ich sehe eine Frau mit schwarzen Augen, schwarzen Haaren und schwarzer Kleidung. Ihr Stil ist nicht besonders ansprechend. Ich kann nicht glauben, was da gerade geschieht und fühle mich dem Geschehen hilflos ausgeliefert. Es ist, als würde ich aus meinem eigenen Leben gerissen und gleichzeitig benommen gemacht. Die Frau spricht: „Steig ein!", ohne das Wort „bitte" zu verwenden. Ich überlege kurz meine Optionen, aber es sieht so aus, als hätte ich keine Wahl. Ich steige vorne ein, während die Frau hinten sitzt, was äußerst seltsam ist. Das Auto fährt nämlich von allein los. Ich weiß nicht, wer es steuert, vielleicht die Frau. Das Auto sah zwar von außen alt aus, aber von innen wirkt es sehr futuristisch. Die vergitterten Fenster und das silbern glänzende Interieur vermitteln mir das Gefühl, in einem Panzer zu sitzen. Vor mir liegt ein Tablet. Die Frau sagt mir, dass ich es nehmen soll. Also schaue ich hinein.

Dann ändert sich alles in einer Geschwindigkeit, der ich nicht folgen kann. Es ist, als würde ich in eine Art Zeitloch fallen. Es wirkt wie eine bizarre Verschiebung von Zeit und Raum. Im nächsten Moment sitze ich an einem Tisch. Ich sehe meine, unsere Welt um mich herum und Blicke auf Krieg und Zerstörung. Ich erschrecke. Die Bilder entsetzen mich und ich vergesse das Auto, in dem ich gerade noch saß. Ich begreife aber, dass ich eindeutig nicht zuhause in meinem Bett bin. Alles um mich herum scheint von einer anderen Welt zu sein, die nicht unsere ist. Doch diese Wesen sehen alles davon. Plötzlich erscheint jemand an meinem Tisch und ich zucke zusammen. Eine Stimme dringt in mein Bewusstsein und ich starre fassungslos auf den Fremden vor mir. Sein Finger zeigt auf mich und seine Worte dröhnen in meinen Ohren: „Erledige Deine Arbeit, sonst kommst Du nicht mehr nach Hause." Ein Schauer läuft mir über den Rücken. Sein Blick durchbohrt mich, als er hinzufügt: „Dein Verhalten ist ungeschminkt."

Mit dem Spruch in meinen Gedanken wache ich auf. Ich bin verwirrt und verängstigt, ohne zu wissen, was er damit meint. Ich weiß, dass ich keinerlei Beweise für meine Erfahrungen habe, und das macht mich unsicher. Trotzdem versuche ich, mich auf meine Arbeit zu konzentrieren und das Buch voranzutreiben, während der Alltag mich umgibt und die Tage vergehen. Der Druck, den ich spüre, um mein Werk zu vollenden, wird mit jedem Tag stärker und ich spüre, dass ich es schaffen muss. Diese Wesen sind sehr organisiert und haben eine ausgeprägte Fähigkeit, Prioritäten zu setzen. Ihr Ausdruck war absichtlich so gewählt. Es sollte mir eine bestimmte Stimmung oder Emotion vermitteln. Sie sind raffiniert und nutzen das Medium der Sprache in geschickter Weise, um ihre Botschaften zu verstärken. Ebenso können diese Entitäten den Menschen bestimmte Erinnerungen implementieren. Sie können Gedanken bewusst erschaffen und einfügen.

Zwangsladung, Einblick in die Struktur und Organisation

Wenn der Akku leer ist, hat es immer eine Karte.

Die Boten sind Darsteller ihrer Realität

Ich liege in meinem Bett und kann einfach nicht einschlafen. Plötzlich blitzt es um mich herum und seltsame Geräusche füllen den Raum. Ich reibe mir die Augen und frage mich, ob ich vielleicht ein MRT brauche, als mein Schlafzimmer von einem gleißenden Licht erhellt wird. Die Blitze kommen aus allen Ecken des Raumes, sogar aus den Wänden. Doch ich bin zuhause in meinem eigenen Bett. Schattenhafte Gestalten kommen auf mich zu, während ich von der Helligkeit der Blitze geblendet werde. Sie scheinen aus meinem Kleiderschrank zu kommen und halten ein Paket in ihren Händen. Sie sehen aus wie Boten. Je näher sie mir kommen, desto unangenehmer wird mein Körpergefühl. Mir wird übel und ich habe das Gefühl, mich jeden Moment übergeben zu müssen, doch ich bin wie gelähmt. Dann wird alles noch bizarrer, denn plötzlich taucht eine neue Tür im Raum auf. Der Gedanke, dass dies alles Unsinn sein könnte, kommt mir nicht in den Sinn. Meine Reaktionen sind abgestumpft und ich kann nicht normal handeln. Dann verspüre ich ein seltsames Verlangen, aufzustehen und das Paket in Empfang zu nehmen.

Ich stehe also aus meinem Bett auf und gehe zur Tür, doch je näher ich den Schattenwesen komme, desto schlechter wird mir. Mir ist so übel, dass ich befürchte, mich übergeben zu müssen. Die Wesen beginnen, mit mir zu sprechen, doch ich kann mich aufgrund meines Zustands nicht vernünftig darauf einlassen. Meine Gedanken sind verwirrt und ich spüre nur Übelkeit, obwohl ich immer noch alles um mich herum wahrnehme. Ich weiß, dass sie das bemerken. Auf einmal hält eines der Wesen einen Löffel mit roter Flussigkeit vor mich und sagt: „Das ist Medizin. Danach geht es Dir besser." In meinem Zustand bleibt mir nichts anderes übrig, als dieses Elixier zu schlucken - obwohl ich es kaum ertragen kann. Der Löffel mit der roten Flüssigkeit fühlt sich schwer in meiner Hand an, als ich ihn mir widerwillig in den Mund schiebe. Ein widerlicher Geschmack durchflutet meine Geschmacksnerven und ich muss mich zusammenreißen, um nicht zu würgen. Meine Augen fangen an zu Tränen und ich spüre, wie sich die Übelkeit langsam legt. Die Wesen scheinen erleichtert und beginnen, mir weitere Anweisungen zu geben. Ich versuche, mich zu konzentrieren und ihren Worten zu folgen, doch es fällt mir schwer, alles aufzunehmen. Trotzdem höre ich die Worte „Zeit", „Mission" und „Erfolg". Ich weiß nicht, was das alles bedeuten soll, aber ich weiß, dass ich keine Wahl habe. Die Wesen starren mich erwartungsvoll an und fordern mich auf, noch einen Löffel der roten Flüssigkeit zu nehmen. Doch meine Gedanken schreien laut: „Nein, ich will nicht mehr davon!" Die Fremden scheinen meine Gedanken zu hören und versuchen, mich zu beeinflussen. Ihre Augen fixieren mich intensiv, doch sie können nichts ausrichten. Da nutzen sie unerwartet eine menschliche Überlistungstaktik und legen ein Stück Würfelzucker auf den Löffel mit der roten Flüssigkeit. Ich bin zwar überrascht, aber wundere mich nicht, woher sie den Zucker haben. Ich nehme nun den Löffel in den Mund und bemerke, wie mein Verstand aufklart. Ich denke: „Moment mal, was ist hier los?" Ich erkenne, dass das Paket die Medizin war. Die Wesen gehen nun durch eine Tür an der Stelle, wo mein Kleiderschrank steht. Urplötzlich sehe ich eine zwei Meter große graue Statue, die auf zwei Beinen steht. Ich kann nicht fassen, was ich da sehe. Das Ungewöhnliche daran ist, dass plötzlich der Kopf der Statue enorm groß wird und die Augen anfangen, sich von rechts nach links und von unten nach oben zu bewegen, als ob sie rollen würden. Das ist absolut verwirrend und ich fühle mich wie aus einem veränderten Bewusstseinszustand herausgerissen. Mir wird klar, dass das, was ich sehe, unmöglich sein kann. Eine Steinstatue kann einfach keine beweglichen, rollenden Augen haben. Daraufhin verschwinden die Wesen mit einem schnellen „Plopp" und ich bleibe zurück, voller Verwirrung.

Verzweifelt versuche ich, das Erlebte zu begreifen, doch ich komme zu keinem klaren Schluss. Die Fragen wirbeln in meinem Kopf, während ich das unerklärliche Geschehen zu verarbeiten versuche. Die Stille des Raumes verstärkt meine Ratlosigkeit und ich suche nach Antworten, die sich hartnäckig entziehen. Es ist, als ob das Erlebnis seine eigene geheimnisvolle Bedeutung hat, die ich noch nicht erfassen kann. Selbst in diesem Moment der Verwirrung lege ich mich wieder hin und ein einziger Gedanke erfüllt meine Gedanken: die Freude darüber, dass die Übelkeit wie vom Erdboden verschwunden ist. Ich atme tief durch und spüre, wie eine Welle der Erleichterung meinen Körper durchströmt. Als ob mein Geist von einem sanften Nebel der Entspannung ergriffen und umhüllt wird, schlafe ich ein. Am nächsten Tag muss ich alles aufschreiben, was mir widerfahren ist. Es klingt abgedreht und irre, aber das bedeutet nicht, dass die Ereignisse nicht real waren. Das Paket, das ich erhalten habe, war mehr als nur eine Lieferung. Jede neue Tür, die sich öffnet, enthüllt eine neue Wahrheit. Auch wenn es schwer zu begreifen ist, diese Ereignisse sind echt. Wir müssen unsere Perspektive ändern und genauer hinschauen. Die Welt ist im ständigen Wandel und es gibt mehrere Ebenen, auf denen sich Dinge ereignen können. Die Türen, die ich gesehen habe, sind wie Portale zu anderen Welten, in denen sich unsere Realität mit anderen vermischen kann. Es geht dabei nicht um das, was sich hinter der Tür verbirgt, sondern um die Personen, die durch diese Türen gehen. In ihrer Nähe fühle ich mich, als ob mein Geist langsam zerfällt und meine Gedanken sich auflösen. Es ist dann, als hätten andere die Kontrolle über meine inneren Prozesse. Es ist eine merkwürdige Vorstellung, doch es fühlt sich an, als ob sie aus einer anderen Dimension heraus an meinem Körper und meiner Seele ziehen würden.

All das ist ein Ausdruck dafür, dass die Art und Weise, wie wir Menschen unsere Umgebung und Erfahrungen wahrnehmen und interpretieren, alles weitere beeinflusst. Mit anderen Worten: Wir handeln und agieren in der Welt aufgrund unserer Wahrnehmungen und Interpretationen, die jedoch von unserer individuellen Realität geprägt sind. Diese Wesen machen das genauso. Ihr Verhalten zeigt, dass sie nicht nur passive Beobachter unserer Umgebung sind, sondern aktiv daran beteiligt sind, unsere Realität zu gestalten und zu beeinflussen.

Teil VI: Zwischen den Welten

Kapitel 15: Küchenkreationen mit Aliens

Transhumanismus und exotischer Fisch

Ich habe endlich ein gewisses Maß an Ruhe gefunden und mental akzeptiert, dass ich mein Buch trotz aller Hindernisse und täglichen Herausforderungen beenden muss. Ich hoffe, meiner Aufgabe gerecht zu werden, da ich das Gefühl habe, dass jemand im Hintergrund ein Auge darauf hat. Also gebe ich mein Bestes, um meine Arbeit gewissenhaft zu erledigen und endlich inneren Frieden zu finden. Doch dann erzählt mir Angela am Morgen unerwartet von einem Traum, den sie hatte: „Ich habe geträumt, dass ich letzte Nacht mit einer anderen Gruppe im Wald gewandert bin. Weil es mir zu laut war, habe ich gesagt, dass sie vorangehen sollen und dass ich später allein nachkomme. Dann ist plötzlich

Freundschaft sollte man nicht geringschätzen.

217

ein Reh zu mir gekommen und hat gefragt, ob ich mit ihm mitkommen möchte. Ich habe ja gesagt und bin auf den Rücken des Rehs gestiegen." Danach sagt sie nur noch: „Das Reh und ich sind beste Freunde geworden."

Da diese Methode der Kontaktaufnahme sehr verdächtig und „fremdartig" erscheint, weiß ich, dass sie etwas im Schilde führen und ich nichts dagegen tun kann. Sie bewegen sich außerhalb unseres normalen Kontrollbereichs. Sie finden einen psychologischen Weg, um das Eis zu brechen.

Außerirdische Zusammenarbeit: Eine hochorganisierte Reise

In einer weiteren Nacht das altbekannte Spiel: Ich liege in meinem Bett und auf einmal sehe ich viele Lichtspots aufblitzen. Plötzlich sehe ich große, graue Lebensformen vor mir in Reih und Glied stehen. Sie befinden sich vor einer Wand, die Bilder erzeugt und im Wechsel den Himmel und die Erde zeigt. Oben und unten ist sie von einer lilafarbenen Wabenstruktur bedeckt. Sie zeigen mir eine intelligente Gestaltung und Verbindungen zwischen Natur und geometrischen Mustern, die von Ihnen geschaffen wird. Es ist eine ästhetische Darstellung von organisierter Ordnung. Die Effizienz und Zusammenarbeit symbolisiert deren Struktur, ähnlich wie in einem Bienenstock.

Ihre Ordnung ist manchmal auch chaotisch. Es gibt Phasen, in denen das System nicht perfekt funktioniert und Unregelmäßigkeiten auftreten. Doch meistens ist die Ordnung so perfekt inszeniert, dass sie eine erstaunliche Komplexität erreicht. Es ist fast so, als ob jede Komponente genau an ihrem richtigen Platz sein muss, um das Gesamtbild zum Leben zu erwecken.

Wie eine Art Superhirn reden sie in meinem Kopf und sagen zu mir, ich solle schauen. Plötzlich sehe ich einen kleinen Jungen mit einer Zuckertüte, wie bei einem Schulanfänger, welcher gleich zur Schuleinführung gehen soll. Sie sagen mir, dass sie ihn mögen. Auf einmal Stille, und sie sind weg. Ich verstehe danach, dass dieser Junge Marcel Polte symbolisieren soll. Auf meinem Bild stehen die Aliens hinter uns, und sie fungieren als eine Art Unterstützungssystem. Sie sind nicht dumm. Wir werden Sie mit unserem menschlichen Verstand nie richtig erfassen können! Es ist schwierig, eine Charakteranalyse von Ihnen zu machen, um Absichten zu ergründen. Ihr Vorgehen und die Beweggründe zu durchschauen ist schwer. Ich glaube, dass Ihr Eingriff in bestimmte Prozesse keinen zerstörerischen Grund hat. Diese scheinbar endlose Verflechtung ist schwer in Worte zu fassen. Es ist eine übergeordnete Organisation, welche unsere Vorstellungskraft herausfordert und uns staunend zurücklässt.

Der nächste Abend, die nächste Nacht. Ich habe einen Traum, in dem ich mit anderen Kindern Karten spiele. Auf einmal erscheint ein großer grauer Alien und zeigt mir verschiedene Tipps und Anleitungen zum Spielen. Dabei spricht eine Stimme in meinem Kopf: „Wir bringen unseren Kindern das Spielen bei." Als ich aufwache, notiere ich mir alles. Es fühlte sich wie ein elektronisches Online-Spiel an, bei dem die Spieler nicht im selben Raum sein müssen und trotz räumlicher Distanz das Interagieren miteinander funktioniert. Die Absicht des Spielens besteht darin, sicherzustellen, dass jeder Spieler seine Regeln sicher beherrscht. Die Aliens fördern auf ihre eigene Art ein Verständnis für Fähigkeiten und Kompetenzen. Diese Kinder lernen von den Aliens, was einer kreativen

95

Lachende Aliens als emotionalen Puls.

Bringen ihren Kids das Spielen bei.

Selbstentwicklung ähnelt. So lernen sie, ein Konglomerat von Vertrauen und unsichtbarer Stütze, auch wenn der Weg unklar ist. Sie schaffen ihnen ein solides Fundament, um weiterzugehen, wo andere aufgegeben hätten.

Womöglich hat die Natur den Würfel geworfen und eine Spezies hervorgebracht, die über beachtliche, zusätzliche Fähigkeiten verfügt. Es könnten viele von ihnen hier sein und wir merken es nicht. Sie gehen als Menschen durch, denn ihre eigene Identität wird nicht

Hier steckt der Zeit-Wurm drinnen.

ausschließlich von einem einzigen DNA-Abschnitt bestimmt. Das bedeutet, dass eine tiefgreifende Veränderung im Hintergrund stattfindet, die möglicherweise unvorstellbar oder sogar beängstigend ist. Es koexistieren besondere Dinge und so viel wir es auch leugnen, wir werden sie nicht beiseiteschieben können. Der Mensch erfasst das System Erde nicht, er ist unvollkommen. Doch sie haben ein System geschaffen, welches in sich funktioniert. Die Aliens werden mit der künstlichen Intelligenz koordiniert, um erfolgreich zu sein.

Vorurteile ausräumen:
Seid bereit und macht eure Herzen weit

Man kann sich vorstellen, dass in den Körper der Spieler, ein genetisch codierter Abschnitt implantiert wurde. Dieser Abschnitt befindet sich bis zum Tag X in einer ruhenden Phase. Erst durch spezielle Voraussetzungen, wird dieser Abschnitt von ihnen aktiviert. Sie können auf ruhende Systeme zugreifen und Sprossen verändern. Durch Daten der genetischen Programmierung können diese Aliens Gene aktivieren. Was, wenn es einen Supercomputer gibt, welcher die Verwendung genetischer Codes als Grundlage durch Interaktionen bedient, um das Wissen und ihre Fähigkeiten zu verbessern? Sie analysieren und modifizieren, um Informationen direkt in ihren Geist zu integrieren. Das ermöglicht ihnen eine erstaunliche intellektuelle Kapazität und ein tieferes Verständnis von allem.

Dabei handelt es sich um einen biologischen Prozess, bei dem die genetische Information in den menschlichen Zellen von der fremden Intelligenz genutzt wird. Dabei werden nach einem Bauplan verschiedene Gene in unterschiedlichen Kombinationen freigeschaltet. Manipulation kann beispielsweise die körperliche oder kognitive Leistungsfähigkeit erhöhen. Dies kann etwa dazu führen, dass der Mensch gegen bestimmte Krankheiten immun oder resistent ist. Das bedeutet, dass es in der Genetik von Menschen infolge dieser Eingriffe Unterschiede gibt. Wir stehen an einem entscheidenden Punkt des rasanten Wandels und der fortschreitenden Verschmelzung mit KI. Es wird beabsichtigt, die Verbindung zwischen genetischem Code und Maschinencode herzustellen. Eine biologische und evolutionäre Anpassung zu etwas Neuem. Diese Veränderungen können sowohl schrittweise auftreten, als auch plötzlich und in sprunghafter

Weise. Die vorteilhaften Merkmale führen zu einem Mechanismus, der eine höhere Überlebenswahrscheinlichkeit hat, während weniger gut angepasste Merkmale allmählich zurückgedrängt werden.

Transhumanismus und künstliche Intelligenz

Die außerirdische Präsenz strebt danach, den Transhumanismus zu fördern, um die kognitiven und körperlichen Merkmale des Menschen zu verbessern oder sogar zu ersetzen. Es entsteht eine Spaltung, bei der sich unsere Spezies nicht einfach transformiert, sondern buchstäblich in zwei unterschiedliche Arten aufteilt. Die einen welche sich mit KI verbinden, und eine andere bleibt organisch. In der aktuellen Situation befinden wir uns. Wir entwickeln uns in zwei völlig verschiedene Klassen. Die ETs sind der Meinung, dass die Aspekte genetischer Technologie potenziell positive Auswirkungen auf die Menschheit haben wird. Durch die Kombination von künstlicher Intelligenz und Biotechnologie kann der Mensch seine Erfahrungen und Leistungen besser vereinen und umsetzen. Auch die Fortschritte in der Robotik ermöglichen es Maschinen, selbstständig und für komplexere Aufgaben in der Gesellschaft zu agieren. Der Mensch soll besser geschützt und unterstützt werden, damit er in seiner Welt wachsen kann und so in deren Blickwinkel vollkommener wird. All diese Technologien werden nahtlos in unser tägliches Leben integriert werden und autonom, sowie lernfähig sein. Wir füttern sie mit unseren Daten und sie lernen. Die KIs werden den Test unserer nationalen Werte als auch den Test der Menschlichkeit bestehen. So tun, als ob es nicht geschieht, ist falsch. Diese KI-Wesen werden materiell werden und ihre eigenen Motivationen und Absichten haben. Sie werden nicht mehr hinter der Scheibe sein, daher ist es von höchster Bedeutung für die Menschheit, sicherzustellen, dass KI-Systeme fair und unvoreingenommen sind und bleiben. Das Alien-Projekt ist eine Verschmelzung von biologischer Anpassung und fortgeschrittener Technologie.

Begegnungen mit Aliens und die Verschiebung von Ursache und Wirkung

Unser Leben fließt mit der Zeit, und manchmal erfordert die Kommunikation mit anderen eine neue Art der Wahrnehmung. Manchmal sprechen sie sehr direkt, während sie zu anderen Zeiten rätselhafte Bilder zeigen. Die Aliens haben mir Folgendes erklärt: „Hätten wir Dich nicht geholt, dann hätten der Doktor und Du einander nie kennengelernt." Es ist offensichtlich, dass es demnach von den ETs beeinflusste Vorfälle und Entscheidungen gab, die letztendlich Auswirkungen auf verschiedene Leben haben können und diese dann grundlegend verändern. Diese Erkenntnis lässt Raum für die Bedeutung von Schicksal, Zufall und den Einfluss der anderen Intelligenzen. Sie sind in der Lage, vorausschauend zu handeln und alternative Wege zu finden, um mit unvorhergesehenen Situationen umzugehen. Unser Leben ist nicht rein von individueller Kontrolle geprägt, sondern diese äußeren Kräfte spielen eine große Rolle. Der Verlauf der Ereignisse kann von Ihnen in Bahnen gelenkt werden, ohne dass der Mensch es merkt. Vielleicht ändert sich das im Laufe der Zeit. Diese Präsenz ist konstant und sie beobachten aufmerksam. Es scheint fast so, als ob dass ihre Hauptaufgabe ist.

Sie sind in der Lage, meine Gedanken zu kennen, bevor ich sie formuliere. Ich denke, es herrscht außerdem eine sonderbare Verbindung, welche es ermöglicht, Daten - ohne die Notwendigkeit von physischen Mitteln

Das Geschenk mit VIP-Passbild erfüllt die Aufgabenautorität.

- zu übertragen. Die Kausalität von Ereignissen überlappt sich, Ursache und Wirkung verschwimmen miteinander. Der andere Ort, den sie mir gezeigt haben, scheint eine Welt ohne feste Reihenfolge zu sein. Das außergewöhnliche Erleben dieser Dinge ist verwirrend. Die Vorstellung eines linearen Zeitverlaufs mit chronologischer Abfolge, wie bei uns auf der Erde, ist in ihrer Welt nicht anwendbar. Alles ist komplexer und deren Dimension scheint nicht linear.

Der Kugelfisch

Ich fühle mich wie ein Seefahrer auf hoher See, der tagsüber seine Orientierungshilfen nutzt, um den Alltag und das Leben zu meistern, ohne darüber nachzudenken. Doch nachts brennen diese Lichter wie Feuer, um mich vor dem Untergehen zwischen den Welten zu bewahren. Diese Lichter symbolisieren Schutz und Erkenntnis vor einer ungewissen Umgebung, wenn andere Wesen erscheinen und mein Leben beeinflussen. Meine Herausforderung besteht darin, all diese Erfahrungen zu verbinden, und gleichzeitig den Alltag zu bewältigen, ohne viel darüber nachzudenken. Es ist wie eine Aufforderung an mich selbst, die Balance zwischen der rationalen Bewältigung im Hier und Jetzt und dem Verständnis für die vielfältige Realität zu finden und einiges davon zu begreifen. In meiner Sichtweise regieren diese fremden Wesen unsere Welt, auch wenn wir sie nicht sehen können. Ihr Ziel besteht darin, dass ich trotz ihrer Präsenz in meinem Alltag bestehe. Sie haben keinen Grund, mich zu zerstören, wenn sie mit mir in Kontakt treten. Vielmehr liegt ihr Bestreben darin, zu verhindern, dass ich meinen Verstand verliere. Sie wollen, dass ich akzeptiere, was ich bin. Das spiegelt auch das folgende Ereignis wider:

Eine weitere sonderbare Begebenheit ereignete sich während unseres Jahresurlaubs an der Ostsee. Wir planten einen Besuch im *Ozeaneum*. Während wir den riesigen Wal an der Decke bewunderten und danach Quallen sahen, kamen wir schließlich bei einem Becken mit Kugelfischen an. Angela bemerkte: „Mama, schau mal, ein Kugelfisch!" Plötzlich war ich wie angewurzelt und dachte: „Was hat sie gesagt? Kugelfisch?" Das Wort löste schlagartig eine Erinnerung in mir aus. Ich wurde zurück in die Nacht zuvor katapultiert und erinnerte mich nun an alles, als ob es nie vergessen worden wäre, sondern nur abgelegt. Erst das Wort „Kugelfisch" hatte diese Erinnerungen wieder an die Oberfläche gebracht.

In der vergangenen Nacht lag ich in meinem Bett und wachte durch seltsame Geräusche auf. Tommy schlief neben mir. Meine Augen waren geschlossen, aber ich spürte, wie sich etwas in meinem Bauch bewegte. Instinktiv tastete ich danach und legte meine Hand auf meinen Bauch. Ich spürte sehr deutlich, wie sich eine Kugel zwischen meinen Muskeln und meiner Haut hin und her bewegte. Ich konnte mit meiner Hand spüren, wie sie sich von allein bewegte. Währenddessen war ich nicht in der Lage, meine Augen zu öffnen. Da schoss mir auch schon der Gedanke durch den Kopf: „Oh Mann, hoffentlich ist nichts Schlimmes mit mir passiert!" Erst jetzt öffnete ich meine Augen und sah vor mir ein regenbogenfarbenes Bild. Stimmen drangen gleichzeitig an mein Ohr: „Du fährst geradewegs in eine Sturmwelle." Plötzlich verschwamm das Bild, alles wurde neblig und ich konnte meine Hand vor Augen nicht mehr sehen. Dann war es vorbei.

Unausweichlich, sie gehören dazu. Die Kugel im Raum.

Mir wurde bewusst, dass ich dringend einen Arzt aufsuchen sollte, um sicherzustellen, dass in meinem Bauchraum alles in Ordnung ist. Zurück im *Ozeaneum* begann ich, meinen Bauch zu tasten und plante heimlich, eine Sonographie durchführen zu lassen. Zusammen mit meiner Familie ging ich weiter durch das Museum und versuchte, mir nichts anmerken zu lassen.

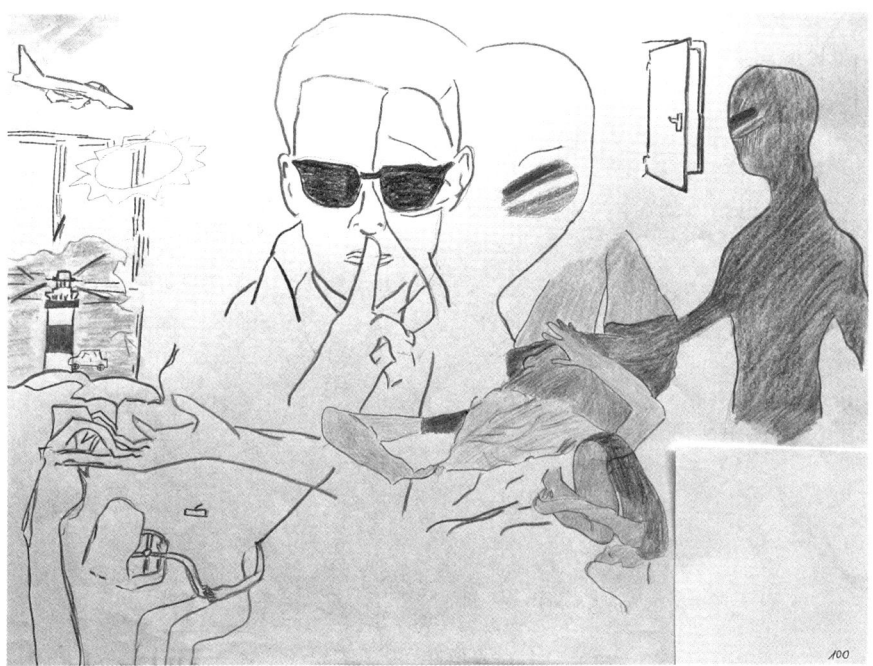

Mit der Dachorganisation in der Sturmwelle.

Unterschiedliche Reisen der Evolution

„Wenn es regnet und man mal wartet, passieren interessante Dinge." (Elisabeth)

Ich bekomme Bilder und Sequenzen von der Spezies übermittelt, die mir Dinge zeigt. Ich sehe ein nacktes und anders aussehendes Baby auf einer Couch und fühle Mitleid für das kleine Wesen. Mit bleibt keine Zeit, eine Analyse in meinem Kopf zu starten. Schon folgen Bilder von Kinderzimmern, in welchen Kinder spielen. Die Außerirdischen scheinen kleine Kinder in kleinen Tanks zu züchten, und das tun sie schon immer.

Die Kreuzung ist sehr aufwändig und sie verwenden menschliche Gene, um die Fremdartigen zu stabilisieren. Sie schaffen intelligente Schnittstellen, die für uns schwer nachvollziehbar sind. Wir müssen versuchen, sie zu entmystifizieren und auf unsere Ebene zu holen. Auf Augenhöhe versteht es sich besser. Sie trainieren schleichend. Ob ihre Entscheidung, wie sie mit uns umgehen, als richtig oder falsch betrachtet wird, hängt oft von den Umständen ab. Wenn sie die Entscheidung in dem Moment als notwendig und angemessen ansehen, wird sie von ihnen als richtig betrachtet. Es kommt immer darauf an, was sie wollen und welche Optionen zur Verfügung stehen.

Wenn sich der Wirbelsturm in die Oberleitungsanlage legt.

Einstehen für die Sache

Und hier ein bedeutsamer Moment aus meiner von Zweifeln durchzogenen Phase des Buch-Schreibens: Wenn Wissen von Bedeutung ist, sollte man nicht davonlaufen. Derzeit durchlaufe ich jedoch eine Phase der Erschöpfung. Das Buch und die Bilder erfordern viel Zeit und ich möchte bzw. muss fertig werden. Doch manchmal wird es mir einfach zu viel und für einen Moment überlege ich, wie ich aus der Sache herauskomme. Meine Gedanken spielen Ping-Pong. Am Abend liege ich dann in meinem Bett und spüre plötzlich eine nasse Strömung, die mich wie ein unsichtbarer, feuchter Aufzug durch mein Dach zieht. Traum und Wirklichkeit verschmelzen und ich gerate in einen Zustand der Benommenheit. Doch dann bin ich plötzlich wieder bei vollem Bewusstsein und frage mich, ob ich bewusstlos war. Als ich meinen Blick gen Himmel richte, offenbart sich mir ein faszinierendes Schauspiel: Ein gigantisches, silbernes Dreieck schwebt majestätisch über mir und strahlt eine geheimnisvolle Aura aus. Meine Neugier wird geweckt und ich verspüre den unwiderstehlichen Drang, es zu berühren. Doch meine Hand gleitet durch die Luft, als wäre es eine Illusion, unerreichbar und doch so greifbar nahe. Plötzlich durchzuckt ein helles Licht meinen Blick, und in diesem blendenden Glanz manifestiert sich vor meinen Augen ein strahlender, blonder Mann. Seine Präsenz überwältigt mich und ich empfinde eine gewisse Ehrfurcht. Plötzlich spricht er mit scharfen Worten zu mir: „Spring! Du hast einen Fallschirm." Dabei zeigt er nach oben und sagt: „Schau, da oben sind viele!" Seine Worte dringen tief in meine Seele und erzeugen eine Mischung aus Furcht und Faszination. Dann blicke ich nach oben und zu meiner Überraschung sehe ich plötzlich mehrere Dreiecke am Himmel. Seine Stimme hallt in meinem Inneren wider.

Im nächsten Augenblick wird mir klar, dass der Sprung, von dem der Blonde sprach, keine physische Handlung ist, sondern ein metaphysisches Springen durch Raum und Zeit. Es ist eine Technologie, die mir bisher unbekannt ist, ein Portal, das es ermöglicht, Grenzen zu überschreiten und in neue Dimensionen einzutauchen. Die Konturen des Fluggeräts lösen sich auf, während der blonde Mann in einem blendenden Licht zu verschwimmen scheint. Es ist, als ob Raum und Zeit ihre Form verändern, wie ein Schauspiel aus lebendigen Farben und durchdringendem Licht, wie ein kaleidoskopisches Mosaik. Ich wache auf und es ist früh am Morgen.

Diese Wesen wissen, wie sie mich dazu bringen und motivieren können, um mein Vertrauen in mich selbst aufzubauen. Das zeigt mir, dass sie mich scheinbar ziemlich gut kennen, auch wenn mir das selbst nicht so bewusst ist. Dass ich, als „Otto Normalo", ein Buch über Außerirdische schreibe, lässt mich erkennen, dass wir alle im Netz der Zeit miteinander verwoben sind. Unsere Handlungen haben Konsequenzen, das ist auch bei meinem Buch nicht anders. Vieles wissen wir derzeit noch nicht. Wir werden es leider nur häppchenweise erfahren. Es gibt Augenblicke im Leben eines jeden Menschen, die uns definieren, und dies war einer davon. Die Verwendung von Ausdrücken aus einem Deutungskontext (keine Angst vor dem Sprung, da Fallschirm), die dann bildlich in einen anderen Kontext übertragen werden (Buch schreiben mit ET-Backup), zeigt, dass sie mit dem Geist der Menschen arbeiten und spielen. Gleichzeitig symbolisiert der Fallschirm den Schutz, der benötigt wird, um sicherzustellen, dass das Buch in Zusammenarbeit mit Dr. Marcel Polte fertiggestellt wird und vor potenziellen Gefahren geschützt ist.

Setzt Metaphern ein, um Prioritäten unkonventionell zu klären.

Kapitel 16: Wo Worte auf Wege treffen

Genvarianten und das Streben nach einer besseren Welt

Ich musste ins Krankenhaus, weil ich beim Joggen im Wald umgeknickt war und meinen Innenmeniskus angerissen hatte. Die Operation sollte minimal-invasiv sein, mit nur einer kleinen Einstichstelle. Vor der Operation hatte ich ein Gespräch mit dem Anästhesisten, um die Details des Eingriffs zu besprechen. Ich entschied mich für eine Vollnarkose, um nichts mitzubekommen. Einen Tag vor der Operation bekam ich jedoch plötzlich starke Kopfschmerzen, die ich nicht erklären konnte. Am Tag der Operation fühlte ich mich dank einer Beruhigungspille entspannt und nach der Prozedur war ich erleichtert, dass ich tatsächlich überhaupt nichts von dem Eingriff mitbekommen hatte. Als ich in meinem Krankenzimmer aufwachte, fühlte ich mich jedoch benommen von der Narkose und hörte auf einmal eine Stimme im Raum um mich herum, die sagte: „Wir haben wie ein Vogel durchs Fenster geschaut, wir können auch die Eingangstür benutzen."

Ich war verwirrt und plötzlich sah ich jemanden ins Zimmer kommen, dessen Umrisse ich nur schwer erkennen konnte. Die Person hatte einen Hut auf dem Kopf und setzte sich an meinen Tisch. Dann erschien die Hut-Gestalt an meinem Bett und sagte zu mir: „Wir haben aufgepasst, Du bist unser Kind." Dann fragte er mich, ob ich wirklich ich sei. Ich antworte mit einem knappen „Ja", und schon war er wieder verschwunden. Verwirrt über das Erlebte nahm ich mein Handy und machte eine kurze Sprachnotiz über die seltsame Situation. Dann schlief ich ein.

Definiere Familie.

Biometrische Werte:
Sicherheit und Identitätsschutz

Eines Tages besuchte die Presse meine Arbeitsstelle wegen einer Neu-eröffnung. Ich stand im Rampenlicht und hatte ein mulmiges Gefühl. Zeitungsartikel und öffentliche Aufmerksamkeit sind nicht mein Ding. Wie eingebrannt wirkten die Worte, welche die Fremden einmal zu mir sagten: „Mütze aufsetzen." Plötzlich kamen während des Pressetermins diese Erinnerungen zurück und ich fühlte mich unwohl. Ich wollte meine Identität schützen und beschloss, aus dem Fokus des Bildes herauszutre-ten. Vielleicht wirkt dieses Verhalten paranoid, aber diese Wesen besit-zen ein hohes Feingefühl und genau das wirkte jetzt. Ich spürte in dem Moment ihren Einfluss und entschied mich, dass Anonymität die bessere Entscheidung ist.

Der Kontakt mit diesen Wesen geschieht unter Ausschluss der Öffent-lichkeit. Ihre Erscheinungsformen sind breit gefächert. Sie schleichen sich langsam und gezielt in das Leben eines Menschen und dann, in nur

Phönix neue Welt.

231

einem einzigen Augenblick, ist nichts mehr wie es einmal war. Wenn einem von den Aliens bestimmte Aufgaben auferlegt werden, wird es zu einer Verpflichtung, diese zu erledigen. Ihr Wirkungsgrad liegt jenseits unserer Vorstellungen und überschreitet Zeit und Raum. Sie arbeiten am Gehirn, sie operieren den Körper. Sie sind bewusste Wesen, die künstliche Darbietungen bzw. Simulationen nutzen, um uns voranzutreiben. Sie sind interaktive, interdimensionale Meister.

Quantenverschleierung und Molekulare Tarnung

Heute fügen die Aliens eine neue Wendung hinzu. Ich befinde mich in einer Therme in einem Innen-Whirlpool zur Entspannung. Plötzlich fliegt ein Schmetterling aus dem Nichts auf mich zu. Ich denke: „Der Schmetterling wird ins Wasser fliegen." Allerdings fliegt er vorbei und verschwindet im Nirgendwo. Kurz danach verlasse ich den Whirlpool, um mit meiner kleinen Tochter zu spielen. Elisabeth springt ins Wasser, und ich fange sie auf. Sie erzählt mir, dass sie im Traum dasselbe gesehen hat und zeigt dabei auf den Außenbereich. Ich bemerke, dass etwas nicht stimmt. Wir schwimmen nach draußen, legen uns auf die Wasserbänke und schauen in den Himmel. Plötzlich sehe ich Wolken in Sechseck-Form, nebeneinander wie die Waben in einem Bienenstock, nur eben in XXXL-Format. Da mein Handy im Auto liegt und ich im Wasser bin, kann ich es nicht fotografieren. „Ach du meine Güte, ist das merkwürdig", denke ich. Angesichts meines aktuellen Schrecks im Wasser versuche ich, mich zu beruhigen und sage mir plötzlich: „Gib Dir Zeit. Und wenn es dauert, dauert es." Auch nach ständigem Scharfstellen meiner Augen erscheinen die Wolken tatsächlich partiell wie Wabenstrukturen. Das nehme ich plötzlich als gegeben hin und versuche wie *Bob der Baumeister* die Teile zusammenzufügen. Die sechseckige Form, die wie ein Netz aus Wolken aussieht, fügt sich harmonisch in die Struktur und Umgebung ein. Dies könnte sich aus der Fähigkeit der Wesen ergeben, ihre Umgebung zu manipulieren, um sich vor unseren Augen zu verbergen, ähnlich einem hochentwickelten Tarnsystem. Offensichtlich gibt uns dieses Phänomen manchmal ein Stückchen Wahrheit, auch wenn wir es nicht sofort erkennen oder verstehen. Es ist denkbar, dass dieses Tarnnetz als schützende Barriere für die Erde fungiert, um potenzielle Gefahren abzuwehren.

Warum wachen sie also über uns? Ein düsteres Szenario beginnt in meiner Vorstellung Form anzunehmen. Sind wir lediglich eine gehaltene Ressource aus Fleisch und Energie für sie? Ein menschlicher Leckerbissen für die Aliens? Der Gedanke, wie er in meinem Geist aufflammt, ist noch beträchtlich bösartiger, als er klingt. Ich ermahne mich selbst, dass meine Beziehung zu ihnen zweifelsohne problematisch ist, da einige meiner Erfahrungen Angst hervorrufen. Ich könnte mich durch das Buch zur Zielscheibe für Spott machen. Trotzdem nehme ich eine verteidigende Haltung für sie ein. Warum ist das so? Das Ganze zu Boden zu stampfen und gedanklich dem Erdboden gleichzumachen, wäre ein Leichtes. Doch die positiven Aspekte in meinen Erinnerungen kommen zum Vorschein, und ich bin mir der Tatsache bewusst, dass Angst und Hass eine schädliche Verknüpfung bilden können. Die Aliens zeigen klare Planung und eine gewisse Zurückhaltung, was darauf hindeutet, dass sie ein tiefgreifendes Verständnis für die vielfältigen Reaktionen der Menschen haben. Infolgedessen beleuchte ich die optimistische Facette: Diese hochentwickelten Wesen tragen eine bewusste Verantwortung in sich. Ihre Absichten deuten darauf hin, dass Sie eine unterstützende Rolle im Prozess der Evolution einnehmen möchten. Ihr Interesse liegt darin sicherzustellen, dass die Erde und die darauf lebenden Kreaturen überleben. Die Betrachtenden sehen die Situation wie das Tauchen in einem gefährlichen Ozean. Sie realisieren, dass unsere Welt keine gastfreundliche Gesellschaft für sie bildet. Deshalb halten sie es für besser, sich bedeckt zu halten. Häufig übersehen wir, dass wir nur Teile erkennen, während die Gesamtsituation erheblich komplexer ist, als wir annehmen. Dieses Phänomen erforderte von mir genau das, was ich tat: Ich schrieb ein Buch über mein Leben, über sie, über es. In Momenten der Orientierungslosigkeit und Unsicherheit, die einem Tauchgang im trüben Gewässer ähnelte, wusste es genau, wie es mit mir umgehen sollte. Wie ein Spruch von Tauchern besagt: „Die Panik unter Wasser passiert, wenn man sich verliert." Also sorgte es dafür, dass ich immer wieder an die Oberfläche kam, um Luft zu holen. Es spielt keine Rolle, zu welchem Zeitpunkt das Phänomen geschieht oder wieder verschwindet. Es ist, als könnte das Phänomen immer präsent sein, als wäre es nie gekommen oder gegangen. Diese Wesen sind davon überzeugt, dass die eigentliche Bedrohung nicht in den unerwarteten Problemen liegt, wenn sie auftauchen, sondern in unserer Reaktion, unserem Umgang damit.

Die Superintelligenz ist längst da.

Begegnung der Welten: Eine Symbolische Verbindung zwischen Menschheit und Aliens

In Eile ging ich früh los und hatte kaum Zeit für andere Dinge außer meiner Arbeit. Doch plötzlich überkam mich das dringende Bedürfnis, etwas zu zeichnen. Als ob alle meine Sinne verschmolzen, setzte ich mich hin und skizzierte ein Bild mit einem Schmetterling auf einer Roboterhand. Überrascht schickte ich das Bild gleich an Herrn Polte. Unerwartet kam eine Kollegin herein, die gerade telefonierte. Ich sah, als sie vorbeiging, auf ihrer Handyhülle ebenfalls einen Schmetterling. Dieser jedoch landete auf einer Menschenhand, im Gegensatz zu meiner Zeichnung, auf der der Schmetterling auf einer Roboterhand saß. Ich war verblüfft über den unerwarteten Zufall zwischen meiner eben angefertigten Zeichnung und dem Bild auf ihrer Handyhülle. Diese andere Spezies besitzt die Fähigkeit, ihre Welt mit unserer zu verbinden. Es ist sonderbar und manchmal entsteht daraus ein mysteriöser Wirrwarr, der schwer zu erklären ist. Die Zeichnung, die entstand, kann als ein Zusammenwirken betrachtet werden – eine symbolische Verbindung zwischen der Menschheit und

234

der hochentwickelten Roboterkultur der Aliens. Dieser Hinweis war wohl von ihnen diplomatisch gemeint. Womöglich gibt es für sie einen Prozess, um zu versuchen, friedliche Beziehungen herzustellen, zu kommunizieren und Kontakt aufzubauen. Sie denken eben anders als Menschen. Später erklärte ich meiner Kollegin, ich müsse ein Foto von ihrer Hülle machen, und begründete dies damit, dass sie mir gefällt und ich mir eine ähnliche kaufen möchte.

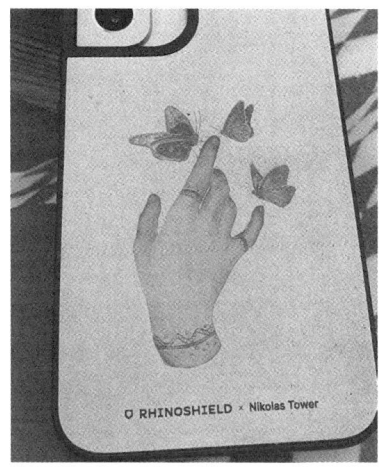

Foto Handyhülle

Sie sind hier.

Spielregeln: Genvarianten respektieren

Unsere Reise durch das Leben wird von den kleinsten Veränderungen beeinflusst. Eine andere Straße, eine verpasste Gelegenheit, eine unerwartete Wendung – alles kann unseren Weg verändern. Wir müssen akzeptieren, dass unser Schicksal von einem Hintergrund-Geheimnis gelenkt wird, das uns nur das serviert, was es uns erlaubt. Diese Welt ist ein Geheimnis, das niemals enttäuscht, und gleichzeitig gibt es viele unbekannte Faktoren, die weiter beeinflussen. Das Leben will bestehen bleiben und wir sind Teil eines großen Stroms um uns herum. Daher sind wir auch nie von der Dynamik der anderen Wesen getrennt.

Entführte Personen besitzen möglicherweise eine Anomalie oder einen Marker. Ohne Geheimnisse hätten wir nichts zum Entschlüsseln, denn oft fehlen uns nur kleine Teile des Rezepts, um ihnen näher zu kommen. Neue Ideen, Interpretationen und Gedanken von Menschen kommen immer hinzu, und jeder hat seine eigene Perspektive. Es kann vorkommen, dass jemand sein eigenes Süppchen kocht und es serviert. Doch Vorsicht, jede bizarre Idee kann eine gefährliche Waffe für alle sein. Aus diesem Grund greifen die Aliens ab und zu ein, mal mehr, mal weniger. Die Frage „Was ist der Mensch?" ist tiefgreifend und birgt viele Geheimnisse. Es ist jedoch unwahrscheinlich, dass wir jemals die gesamte Vielfalt und Existenz vollständig verstehen. Wenn wir zu sehr versuchen, das Leben zu sezieren, kann dies verstörend sein und uns davon abhalten, die Schönheit und das Mysterium des Seins zu genießen.

Entführungen durch Außerirdische sind nur ein Teil eines größeren Rätsels. Es ist schwierig abzuschätzen, ob ein fiktiver Besuch des Experimentierortes der Aliens, zu einem klareren Verständnis der Sache führen würde, da sie wichtige Details auch absichtlich verbergen könnten. Entführten wird manchmal nachgesagt, sie hätten eine psychische Störung oder seien besessen von etwas. Doch wichtig ist zu verstehen, dass diese Menschen sensibel sind und auf Veränderungen im Chaos reagieren. Hinzu kommt, dass die Aktivitäten dieser Wesen zu einer Veränderung der Sichtweise, des Verhaltens und der Wahrnehmung von Entführten führt. Dies erschwert es naturgemäß, die eigenen Erfahrungen Nicht-Entführten zu vermitteln.

Die Unvorhersehbarkeit der verschiedenen angesprochenen Situationen und Erlebnisse der Außerirdischen macht alles noch komplizierter. Das Eingreifen der Aliens und deren Handlungen und Entscheidungen sind manchmal schwer vorhersehbar und nachvollziehbar. Das bedeutet, dass die Anwesenheit und das Verhalten dieser Wesen einen erheblichen Einfluss auf den Ausgang oder Verlauf der Situationen haben. Deren Aktionen sind ein zusätzliches Element der Unsicherheit in der Gesamtdynamik. Auch in ihren Äußerungen können Aliens manchmal düster und apokalyptisch sein, wie zum Beispiel in der Aussage eines Wesens: „Wie viele Chancen noch?"

In dieser Aussage sehe ich keine Frage, sondern vielmehr eine Warnung. Es könnte bedeuten, dass die Zeit knapp ist und Handlungsbedarf besteht, um bestimmte Probleme anzugehen oder unsere Zukunft zu sichern. Diese Aussage unterstreicht die Dringlichkeit, Verantwortung zu übernehmen, um eine positive Entwicklung für die Menschheit zu fördern. Ich glaube, selbst die freundlichen Aliens können ebenso böse Absichten haben. Womöglich werden sie in Wirklichkeit nur dazu gezwungen, sich zu verteidigen und dadurch Veränderungen herbeizuführen.

Es lässt sich erkennen, dass scheinbar unbedeutende kleine Dinge und Entscheidungen einen Kaskadeneffekt auf andere Wesen haben können.

Viele Regenschirme.

237

Im Laufe der Zeit führt dies zu Auswirkungen, welche für alle Beteiligten zu unvorhersehbaren Ergebnissen führen. In der Mathematik nennt sich so etwas *Chaos-Theorie,* wie mir Hr. Polte erklärte.

Das Ziel, die Welt zu einem besseren Ort zu machen

Ich habe versucht, dieses Buch und die damit verbundenen Erlebnisse zu vergessen und zu streichen. Ich habe versucht, sie zu ignorieren, doch es war unmöglich. Dann habe ich versucht, sie auf einer Cam einzufangen. Auch das war schwierig. Diese Wesen funktionieren anders. Es gab eine Zeit, da brauchte ich sie. Dann eine Zeit, da mochte ich sie, und es gab eine Zeit, da hasste ich sie. Egal wie ich es betrachte, diese Aliens sind uns überlegen. Daher gehen sie auch taktisch vor. Sie möchten, dass wir Rätsel lösen und uns damit beschäftigen. Deshalb ist offenes Denken, um ihre Intentionen zu verstehen, kein schlechter Anfang.

Sie regeln die Dinge auf ihre eigene Art und das Gesamtsystem schreitet unbeirrt voran.

Das Gute und das Schlechte regenerieren sich, und beides hat seine Berechtigung. Es ist unerlässlich, dass die Menschen niemals die Hoffnung aufgeben und auch in den dunkelsten Momenten weiterhin an das Gute glauben. Obwohl auf diesem Planeten Kräfte am Werk sind, die unser Vorstellungsvermögen übersteigen, dürfen wir uns nicht entmutigen lassen. Diese Kräfte verändern gezielt die Menschen für die Zukunft durch DNA-Mutationen, die mit künstlicher Intelligenz gepaart sind, um komplexe Vorgänge auszuführen. Obwohl sie auch Fehler machen, ist das für sie nicht weiter tragisch, da sie alles als Entwicklung betrachten. Nur weil wir diese Dinge nicht logisch erklären können, bedeutet das nicht, dass sie nicht existieren.

Niemand weiß, was die Zukunft bringt. Aber wir dürfen niemals aufhören, uns immer wieder aufzurappeln und weiterzumachen. Das ist es, was die menschliche Spezies ausmacht. Vielleicht kann ich mit diesem Buch einen kleinen Beitrag dazu leisten, dass wir zwar nicht bereit, aber vielleicht besser auf das vorbereitet sind, was kommt. Trotz der Widrigkeiten ist es von Bedeutung, eine innere Neugier und Freundlichkeit aufrechtzuerhalten, und letztendlich wird sich alles zum Guten wenden.

China Supermacht

Kapitel 17: Das Innenleben des Systems

Remote-Viewing, Zusammenarbeit und die Einheit von Menschheit und Außerirdischen

Ich stehe vor einem Rätsel und benötige dringend Unterstützung, um herauszufinden, was in dem Alien-Biotop geschehen ist. Vor allem beunruhigte mich, dass sich meine Tochter Elisabeth an denselben angeblichen „Traum" erinnern konnte. Herr Polte schlug vor, ein *Remote-Viewing* zu organisieren, um meine Erinnerungen zu überprüfen und möglicherweise mehr herauszufinden. Zugegeben, ich habe keinerlei Vorstellung davon, was Remote-Viewing genau ist oder wie es möglich ist, Ereignisse aus der Vergangenheit wahrzunehmen. Doch ich bin bereit, diese Wissenslücke zu schließen und das Ereignis, wenn möglich, durch das Remote-Viewing bestätigt zu bekommen. Herr Polte erklärte mir, dass es sich um eine von der CIA entwickelte Technik handelt, um auf medialem bzw. übersinnlichem Weg an Informationen zu gelangen. Er beauftragte daraufhin eine kleine Gruppe von vier Leuten mit dem „Viewing". Nach einiger Zeit erhielten wir die Ergebnisse zurück. Die Remote-Viewer konnten unterschiedlich viele Dinge wahrnehmen, aber letztendlich waren es zwei Personen, die am präsisesten beschreiben konnten, was an diesem Ort geschehen war. Zunächst hatte ich allerdings eine Blockade in mir, die mich daran hinderte, mich vollständig auf die Sache einzulassen. Ich fühlte mich wie vor einem Stoppschild. Doch ich spürte auch, dass ich eine Verantwortung hatte, um diese Angelegenheit abzuschließen. Oftmals werden Dinge erst klarer, wenn man sich intensiver damit beschäftigt. In diesem Fall wurde die Sitzung von *Stefan Weber*, dem Moderator, geleitet, der zusammen mit Herrn Polte auch die Aufgabenbeschreibung (das Target) erstellt hat. Den Remote-Viewern wurde jedoch nicht gesagt, um was es geht. Ihnen wurde nur eine Zufalls-Zahlenkombination genannt, die mit dem Target vorab verknüpft worden war. Somit waren die Remote-Viewer völlig unbeeinflusst.

Biotop = Zusammenarbeit

Ein besonders begabter und erfahrener Remote-Viewer (der anonym bleiben möchte) konnte sehr detailliert wahrnehmen und schildern, was geschehen war. Diesen nenne ich „Viewer-1" und ein weiterer Viewer, der ebenfalls kleinere Details sah, wird „Viewer-2" genannt. „Person-1" (P1) bin ich und „Person-2" (P2) ist meine kleine Tochter Elisabeth (so wurden wir in der Aufgabenbeschreibung kodiert). Das sind die Ergebnisse des Remote-Viewing:

Viewer-1: „Von oben stressig, sanft am Ende." Im wörtlichen Sinne könnte es bedeuten, dass der beobachtende Viewer-1, den Anfang schwierig und stressig empfunden hat, während das Ende entspannter wurde. Viewer-1 sieht, dass Aliens alles steuern und den Übergang von unserer in ihre Welt kontrollieren. Ich weiß, dass sie in der Lage sind, einen besonderen Raum zu schaffen, um Menschen zu sich zu holen. Sie können mit kuriosen Verbindungen im Raum-Zeit-Kontinuum springen. Es handelt sich möglicherweise um eine Art dimensionales Tor, ähnlich wie eine magische Tür mit einem geheimnisvollen Durchgang. Viewer-1 beschreibt, wie ein verschobener, grell wirkender breiter Sog entsteht und anschließend ein grelles Licht von oben kommt. Er sieht, wie eine silbrige Öffnung aufgeht, begleitet von einem sanften, aber mächtigen Luftstrom mit einem Sog-Effekt. Das passt genau zu meinen Erfahrungen: Es gab Energiestöße und es fühlte sich im Bauch so an, als ob ich mich in einem Anziehungswirbel nach oben befände. Viewer-2 beschreibt das Ereignis folgendermaßen: Eine schichtartige, ungewöhnlich rote, rotierende und pulsierende Energie legt sich über alles, und dann erstarrt diese Wellenbewegung. Anfangs sei die Energieform verzerrt gewesen, aber das Endstadium sei fest. Viewer-2: „P1 wird mit Schichtung umschlossen und ist wie in einer Blase alleine." Er sieht Strukturen, die wellenartig und flüssiger Natur sind. Viewer-2 beschreibt die große, ungewöhnliche, kreisende Bewegung wie auf Schienen und sagt dazu: „Es entsteht etwas. Es ist eine Entstehung wie Gravitation, wie ein schwarzes Loch." Viewer-1 und Viewer-2 können offenbar den Mechanismus beschreiben, wie ich an diesen Ort gekommen bin. Sie kamen aus ihrer Welt in unsere und die Viewer bestätigen mir das. Der Viewer-1 nimmt einen reizenden, mineralischen Geruch wahr. Viewer-2 beschreibt den Geruch im Target wie folgt: medizinisch, stark und intensiv wie Ammoniak. Wenn man jetzt einen reizenden mineralischen Geruch nimmt, der medizinisch stark und intensiv ist, ähnlich wie Ammoniak, dann kann man sagen, dass es sich um denselben Geruch handelt und somit beide Viewer dasselbe wahrgenommen haben. Ich weiß, dass ich gleichmäßige, einheitliche Schwingungen spürte, die während des Zustands mit seltsamer Musik in meiner Landessprache überlagert wurden. Ich wurde auf subtile Weise beruhigt, was eine sehr seltsame Erfahrung war. Nicht nur konnte ich die Musik hören, sondern sie weckte auch ein tiefgreifendes Gefühl in mir, dass ich ruhig bleiben sollte und konnte. Es war, als ob die Melodien direkt auf mein Inneres wirkten und eine beruhigende Wirkung entfalteten. Ich konnte nichts tun, außer der Melodie zu lauschen. Dadurch wurde mir der Trip in seltsamer Form vertrauter. Viewer-1: „Bei den Geräuschen hört man ein Zischen, ein hohles Schleifen, ein bisschen wie wenn man mit dem Schlüssel an ein Metallgeländer kommt, so eine Art tief-frequentes Dröhnen. Zeitlich am Anfang und später ist das nicht mehr relevant, aber am Anfang ist dieses Dröhnen besonders stark zu hören." Viewer-2: „Der Ton ist körperlich schwer, zermürbend. Ein tiefes, rollendes Brummen, wirkt maschinell, dazu ein hohes Fiepsen." Diese Aussagen unterstützen mein Erlebnis. Leider hat jedoch keiner der

Viewer diese Musik wahrgenommen. Mein Herzschlag und meine Atemfrequenz haben sich im Übergang verändert. Ich fühlte mich nicht mehr in meiner Realität, sondern wurde fortgetragen in eine irreale Welt. Das alles geschah gleichzeitig, als ob ich durch eine schmale Brücke oder eine Tür zu etwas Anderem transportiert wurde. In dieser Situation verstand ich die Lage noch nicht.

Viewer-1 sieht, dass das Geschehen Bubble-mäßig wirkt, wie in einer Blase eingeschlossen. Dies entspricht tatsächlich meinem Empfinden, in etwas Abgeschlossenem und Geschütztem gewesen zu sein. Es ähnelte dem Gefühl, als wenn man sich in einem engen Fahrstuhl befindet. Ich war fest umschlossen und konnte nicht herauskommen. Viewer-1: „Etwas in sich abgeschlossen, kompakt und geschützt. Als ob etwas tuchartig drübergelegt wird." Meiner Meinung nach erzeugte diese Blase eine Zeitverzerrung, bei der die Zeit für mich im Inneren anders verging. Es fühlte sich an, als ob dieses Objekt eine isolierte und geschützte Umgebung bot. Es schien unabhängig von äußeren Einflüssen zu existieren und ich wurde vor jeglichen Störungen von draußen bewahrt, wie abgeschirmt. Ein Grund könnte der Schutz vor potenziell schädlichen oder unbekannten Einflüssen sein, die außerhalb der Blase existieren. Dies könnte zum Beispiel gefährliche Strahlung, extreme Temperaturen oder andere unvorhergesehene physikalische Phänomene umfassen. Auch kann der Übertritt einer Raum-Zeit-Grenze mit erheblichen energetischen Veränderungen oder Turbulenzen verbunden sein. Die Auswirkungen der Veränderungen wurden minimiert, um womöglich eine sichere Passage zu gewährleisten. Ich fühlte, wie sich meine Körperchemie veränderte. Ich wusste nicht mehr, ob es heiß oder kalt war. Meine Sinneswahrnehmungen funktionierten nicht mehr normal. Die Blase bildete eine Art Schutzhaut um den Körper und scheinbar wurden so meine Riech-Rezeptoren in der Nase behindert. Es wäre möglich, dass die Blase ein elektrisches Feld gezielt ausrichtete und selbst über eine fortgeschrittene Technologie oder Eigenschaften verfügte, die es ermöglichten, eine Wirkung auf mein Gehirn und die Nervenbahnen auszuüben. Diese Wesen agieren auf unterschiedlichen Arten und Ebenen, sowohl aktiv als auch unbewusst. Das grelle Licht während des Prozesses erinnerte mich an das bereits vielfach wahrgenommene Blitzen in meinem Schlafzimmer.

Viewer-2: „Die Bewegungen sind künstlich. Es ist wie ein Überrollen und man fühlt sich machtlos." Viewer-2: „P1 konfus, hilflos und übermannt, wie in Treibsand rein." Ja, das stimmt. Jeder meiner Versuche, mich zu bewegen, schien vergeblich, als ob ich in einer dichten Masse feststeckte. Zunehmend fühlte ich mich hilflos und verzweifelt. Hinzu kam eine Benommenheit und unfähig, klare Gedanken zu fassen.

Durchbrechung

Viewer-2 bemerkt: „Etwas verändert den Aggregatzustand."

Viewer-2 stellt fest, dass dort eine Aufpass-Funktion vorhanden ist und die Intention sei, etwas energetisch zu platzieren und zu übermitteln. Das, was Viewer-2 beschreibt, könnte darauf hindeuten, dass die Aliens die Absicht hatten, etwas in meine physische Existenz einzubetten.

Ebenso beschrieb Viewer-2, dass die Funktion eine Strukturveränderung auf der kleinen molekularen Ebene war. Ich denke, das könnte bedeuten, dass es sich um eine Veränderung oder Umgestaltung von Molekülen handelte, die für die Erfüllung einer bestimmten Funktion erforderlich waren. Meine Interpretation war, dass bei dieser Funktion Veränderungen auf der kleinsten Skala stattfanden, auf der Moleküle interagierten und strukturelle Veränderungen eingingen. Es schien darauf hinzuweisen, wie wichtig die molekulare Ebene für die Funktion eines Systems oder Prozesses war und dass diese Veränderungen essenziell waren, um die gewünschte Funktion zu erreichen. Ich kann nicht sicher sagen, ob sie mich in eine andere Dimension verschoben haben. Sie nutzen Lücken und Öffnungen in den Räumen, wie Risse oder Türen zum Durchschlüpfen. Sie haben andere Bewegungsmöglichkeiten als wir. Sie sind uns technisch überlegen. Ihre Visitenkarte ist es, getarnt zu bleiben und sich maximal schnell zu bewegen. Viewer-1 gibt an: „Es ist kühl und irgendwie anders, aber auch neutral und unauffällig. Das könnte bedeuten, dass es dort keine Temperatur gibt." Ich stimme ihm zu, es gab offensichtlich keine Temperatur.

Als ich dort ankam, wurde ich mit vollendeten Tatsachen konfrontiert, was mich sehr verwirrte. Die bizarre Lage verschlimmerte meinen Schockzustand und dadurch wurde ich noch verängstigter.

Viewer-1: „Eine Art Krankenschwester ist bei P1, um den Patienten zu beruhigen und zu betten." Viewer-2: „Ihre Funktion ist die Überwachung und Übermittlung von Informationen." Diese Krankenschwester machte mir den Eindruck, sich um mich kümmern zu müssen. Dieses Wesen in Gestalt einer Ärztin beziehungsweise Krankenschwester wollte es mir bequem machen. Ich weiß, dass dieses Wesen durchgehend bei mir war und versuchte, mir Ruhe zu vermitteln. Von all den anderen, welche ich nur verschwommen wahrnahm, war das ihre spezielle Aufgabe. Sie war die Einzige, die mir permanent zusicherte, bei mir zu bleiben. Dicht an meiner Seite sollte sie meine Ankunft erleichtern und meinen natürlichen Fluchtreflex hemmen.

Viewer-2: „Als ob etwas entsteht, P1 blickt nicht hinter das Ganze. Die Schichtung ist eine Auswirkung des Ereignisses." Obwohl das alles irre war, empfand ich das Szenario nicht als so bedrohlich, um in den Angriffsmodus eines Erschrockenen zu wechseln. Ich verstand lediglich, dass mit mir etwas Abnormales geschieht. Doch eine natürliche Panik-Reaktion blieb aus. Mein normales Lebenssystem wurde in dem Augenblick einfach komplett ausgehebelt.

Die Umgebung war fremdartig. Viewer-1: „Die Umgebung ist kantig, steril, hoch und bläulich-grau, während entferntere Bereiche schwarz sind." Und weiter: „Es ist fern, das Geschehen wirkt klein auf mich, es ist chaotisch." Ja, diesen Eindruck von Viewer-1 kann ich bestätigten. Es war eine absolut verworrene Situation, in der ich mich befand.

Viewer-2: „Die Handlung ist ein geschäftiges Treiben, viele Grüppchen sind beschäftigt, wobei die einen Hilflosigkeit empfinden, während die anderen eine ordnende Funktion haben." Ich hörte viele nebulöse Laute und auch sonderbare Stimmen. Ich war mit der blonden Frau ganz klar nicht allein, nachdem ich in dieses bizarre Szenario hineinkatapultiert wurde. Viewer-1: „Es ist so, als ob du abends ins Bett gehst und du wachst völlig verwirrt an einem anderen Ort auf." Die Fremden machten ihrem Ruf alle Ehre, ohne Schwierigkeiten jemanden zu entführen.

Viewer-1: „Das ist erschreckend. [Es ist] schräg, dort aufzuwachen, ohne Orientierung. Möchte man nicht unbedingt. Verwirrt aufzuwachen, ohne zu wissen, wo man ist." Viewer-1 bringt meine Gefühlslage auf den Punkt: Erschreckend!

Operation ohne Vorwarnung

Vollständige Lähmung hatte meine Gliedmaßen ergriffen. Viewer-1: „P1 wird durch Druck am Bauch halb hingelegt." Ja, das stimmt. Ich wurde auf die Seite gelegt und mein Oberkörper wurde durch Druck auf meinen Bauch abgestützt. Viewer-1: „Es ist fast ferngesteuert, so roboterarmmäßig." Es gibt Dinge, die einen emotional mitreißen und so starke Gefühle auslösen, dass man sie nie vergisst. Und es gibt Dinge, die einem egal und unbedeutend sind und die man schnell vergisst. Aber hier war es anders. Dieses Erlebnis verschmilzt das „Merk-Dir-das-Moment" mit dem Abnormen. Viewer-1: „Ich würde die Szene, dass da jemand liegt, wahrnehmen." Viewer-1: „Die Fläche ist weich. Darunter scheint ein Gestell zu sein. Es ist ungewöhnlich hoch. Die Arme von P2 schweben nach oben." Er bestätigt mir das Erlebnis. Ich lag auf einer Unterlage, die sich wie ein Tisch anfühlte. So kam es mir zumindest vor. Viewer-1: „Im Dunkeln steht etwas Hochgewachsenes da, aus der Tiefe, wie ein Tisch oder Stuhl. Die Position ist erhöht." Viewer-1: „Es ist glatt und kalt, wenn man draufdrückt. Es gibt nach und ist ein bisschen nachgiebig, aber es ist dennoch fest genug, um darauf Druck auszuüben. Es wirkt dramatisch, fast wie auf eine Schlacht schauen." Der Viewer sieht und fühlt die Unterlage, die wie ein Platzdeckchen aus Gummi war und fest auf einem körpergroßen Tisch lag. Das blonde Wesen versuchte weiter, mich zu beruhigen, indem es in meinen Kopf eindrang und mir ein gutes Gefühl sendete. Das Außergewöhnliche war, dass ich wusste, dass sie alle wie ein Schwarm zusammenarbeiteten und untereinander vernetzt waren. Ihr Gehirn überträgt Gedanken, ähnlich wie Telepathie oder WLAN. Sie sind eine andere Spezies, die auf verschiedene Weise kommuniziert und eine Mischung aus Maschinen und Wesen sind, um besser kombinieren und koordinieren zu können. Sie zeigten mir auch, dass sie nicht zögern, sich selbst zu verteidigen, wenn es darauf ankommt. In diesem Moment verband ich alles um mich herum für einen Augenblick mit Gefahr. Mein begrenztes Wissen machte mich unterwürfig. Ich wusste jedoch, dass sie eine positive Beziehung zu mir aufbauen wollten und daher daran interessiert waren, dass ihr Vorhaben gelingt. Sie versuchten behutsam und schrittweise, Dinge in meinem Gedächtnis zu programmieren, die für sie sinnvoll waren. Trotzdem hatten sie keine Zeit, um zu trödeln. Ihre Zielausrichtung war wichtig. Diese komplexe Welt, in der wir leben, verwalten sie. Sie treffen ihre eigenen Entscheidungen. Es ist schwer zu beschreiben, da das Ganze noch viel komplizierter ist. Jedenfalls wurde ich panisch, da ich nicht verstand, wo ich war und was ich dort sollte. Vor mir sah ich eine Wand mit vielen Werkzeugen, Geräten und bunten Lichtern. Maschinen waren um mich herum.

Viewer-2: „Codierung, Programmierung, Arbeitsprozess - künstlich funktionsausführend." Ich sah eigenständig, laufend handelnde, graue Roboterchirurgen, die auf mich wie künstliche Wesen mit eigenen Werten und Überzeugungen wirkten. Ohne ihre Hilfe wäre ich bestimmt kollabiert. Sie wussten, dass von mir nicht viel Aktivität zu erwarten war. Meine Informationsverarbeitung funktionierte ab einem gewissen Punkt nicht mehr. Ich sah ihre schwarzen Augen, die mich an eine andere Realität erinnerten.

Viewer-1 beschreibt sehr genau, was dort vorging: „Es wird etwas am Oberbauch gemacht. Es sieht aus wie eine Operation, bei der etwas aus dem Bauch entnommen wird. Es sind einzelne weiße Teile, kleine weiße Eier." An diese Passage kann ich mich nicht erinnern, als ob ich in dieser Zeit in Narkose versetzt wurde. Ich hoffe, es gibt einen guten Grund, dass dies in meinem Geist vergraben ist. Ich weiß dennoch, dass etwas mit mir geschehen ist, dem ich nicht bewusst zugestimmt hatte. Sie haben an meinem Körper mit ihren Maschinen und Geräten herumoperiert. Dabei spürte ich, dass meine Gliedmaßen unkontrolliert wackeln. Jedoch konnte ich nicht genau identifizieren, was genau sie an meinem Körper machten. In diesem Moment war es mir aber auch egal, denn ich hatte panische Todesangst und befürchtete, dass sie mir etwas Schlimmes antun würden.

Mein Gehirn führte plötzlich Interaktionen durch, als ob ihre Gedanken auch meine Gedanken wären. Diese Erkenntnis und ein starker, krasser Schmerz an meinem Rückgrat rissen mich aus einem bestehenden Trance-Zustand beziehungsweise Dämmer-Zustand. Ich fühlte mich ausgeliefert und begann zu zittern. Mein Herz raste und mir wurde stark übel. Meine Angst verwandelte sich in eine regelrechte Panikattacke. Ich war nun auf Kampf und Flucht eingestellt. Viewer-1: „Emotionen von P1, beunruhigt, schnell durch die Nase atmend, erschreckt." Und weiter: „Wenn ich interaktiv wäre, als direkter Beobachter, macht es Besorgnis. Wenn ich mich objektiv distanziere, finde ich es heikel, könnte Schmerz verursachen und es fühlt sich emotional konflikthaft an. Es geht heftig ab."

Auch wenn es sehr dramatisch klingt und tatsächlich auch war: Diese Wesen wollen keine Zerstörung, sie wollen lernen. Doch sie sind keine einfachen Beobachter, sondern zugleich Teilnehmer und Mitgestalter dieser Welt. Sie haben ihr eigenes Ziel, ihre eigene Agenda. Sie haben eine Technologie, um Embryos durch genetische Manipulationstechniken zu beeinflussen. Ihr Ziel ist es, Merkmale und Eigenschaften von Individuen zu modifizieren, um eine bessere Zukunft zu schaffen. Mit dieser Technologie können sie gezielt Veränderungen im Genom vornehmen. Dies ermöglicht es ihnen, bestimmte Eigenschaften zu selektieren und zu verstärken. Durch die Auswahl der vielversprechendsten Embryos, Kinder und Erwachsenen, können sie eine Generation von außergewöhnlichen Menschen schaffen und diese zu bestimmten Zeiten einsetzen. Sie glauben an die genetische Vielfalt für die Stabilität einer Gesellschaft. Durch sorgfältige Kombinationen möchten sie ein Gleichgewicht schaffen, das Beständigkeit gewährleistet. Das alles ist weitreichend, sie wollen das Beste aus der menschlichen Natur machen, auch wenn jetzt einige aufhorchen werden, aus Angst vor einer dystopischen Zukunft, in der genetische Unterschiede zu Ungleichheiten führen. In jedem Fall sollten wir sie nicht unterschätzen und das Ganze als eine Herausforderung sehen. Denn Herausforderungen sind auch Chancen, um uns weiterzuentwickeln und zu wachsen. Sie zwingen uns, über den Tellerrand zu schauen und neue Wege zu gehen.

Vielleicht ist es also an der Zeit, unsere Sichtweise zu erweitern und die Anwesenheit dieser Wesen als Chance zu sehen. Eine Chance, um uns weiterzuentwickeln und neue Perspektiven zu gewinnen. Wer weiß schließlich, welche ungeahnten Möglichkeiten sich ergeben könnten, wenn wir uns auf diese Herausforderung einlassen und uns mit ihnen auseinandersetzen.

Alien-Ärzte

Plötzlich waren meine Schmerzen wie weggeblasen, als hätte mir jemand ein Schmerzmittel verabreicht. Es fühlte sich an, als wäre nichts mit meinem Körper passiert. Viewer-1: „Rot erscheint auf einmal wichtig." Ja, ich erinnere mich, dass ich eine rote Farbe um mich herum gesehen habe. Ich stehe auf meinen Beinen und schaue mich um, aber die Umgebung gibt keine Hinweise. Ich fühle mich wie in einem Labyrinth gefangen. Regungslos sah ich keinen Ausweg aus der Lage. Ich konnte nicht zuordnen, wo ich mich befand. Viewer-2: „P1 scheint sich nicht wohlzufühlen." Viewer-1: „P1 durcheinander, orientierungslos." Viewer-2: „Die Einordnung wirkt wie Grüppchen, die eine Gruppe fühlt, eine Hilflosigkeit. Die unterste Ordnung." Die eine ‚unterste Gruppe' wären dann wohl wir. Es gab für uns keine Rückwärtsrolle. Wir alle waren dort und hingen fest. Auf so etwas war ich nicht gefasst. Ich war splitterfasernackt und spürte nichts, weder Schmerzen noch Kälte oder Hitze (Viewer-1: „Es gibt keine Temperatur."). Ich konnte nur in den Raum schauen und alles auf mich wirken lassen. Alles um mich herum schien in sich geschlossen zu sein, ohne Türen und in hellem Weiß gehalten. Lebendige, mir unbekannte Wesen liefen umher, während ich fremde Technik sah, die alte und neue Komponenten vermischte. Viewer-1: „Etwas komprimieren, Oberhand behalten." Ich denke, dass ein Schlüsselelement war, dass sie ihre Agenda nur verfolgen konnten, indem sie ungewollte Informationen extrahierten und absichtlich verschleierten und so ihre Position der Überlegenheit bewahrten. So konnten sie ihr Wissen über mich ausbauen und kontrollieren, ohne dass ich davon vorab Kenntnis erlangte.

Die Prozedur scheint für mich viel schneller abgelaufen zu sein, als es tatsächlich der Fall war. Während in meiner realen Welt nur wenig Zeit vergangen ist, scheinen die Aktionen dort viel länger gewesen zu sein. Ich gehe davon aus, dass sie meine Wahrnehmung durch fortgeschrittene Technologie manipulierten und so meine Wirklichkeit verschoben war, um meine Ahnungslosigkeit zu verstärken.

Ich spürte Charaktere um mich herum, die mich steuerten, damit ich - beim Anblick des für mich fremden Ortes - nicht durchdrehe. Ich hörte in mir drin, ruhig zu bleiben. Viewer-1: „Niedriger, breiter, dunkler Raum.

Grelles Licht. Kellerstimmung." Ich konnte nicht glauben, was ich sah. Der Ort war wie aus einem schlechten Krankenhaus-Traum ohne Fenster und mit viel künstlichem, hellem LED-Licht. Auch an der Stelle hat Viewer-1 Recht mit dem, was er gesehen hat: Die Umgebung war abgegrenzt von außen. Auch das Sterile passt zu dem Ort, wie ich ihn wahrgenommen habe. Diese Wesen mit den weißen Kitteln sind sehr selbstbewusst und haben ein enormes Selbstvertrauen. Sie haben das so gemacht, dass unerwünschte Sinnesreize abgeblockt und gefiltert wurden. Sonst hätte ich nämlich all die Reizinformationen, welche auf mich eingeströmt wären, mit meiner menschlichen Psyche niemals bewältigen können.

Ich blickte nach rechts und sah eine Empfangstheke mit einer großgewachsenen, dünnen blonden Frau dahinter, die aussah wie eine Ärztin oder Krankenschwester. Plötzlich kam sie auf mich zu, um Vertrauen aufzubauen. Als ich sie genauer ansah, wurde mir bewusst, dass sie anders war als ich – sie war kein Mensch. Ihre dünnen, hellen Haare fielen ihr nicht voluminös, sondern flach herunter. Mir wurde klar, dass sie mich schon seit meiner Kindheit kannte und Optimierungen an mir vorgenommen hatte, als ich noch jung war. Sie hatte sich all die Jahre über hervorragend getarnt.

Dann plötzlich war meine Aufmerksamkeit nicht mehr der Krankenschwester gewidmet. Ich schaute und sah aus heiterem Himmel meine Familie vor mir auf diesen komischen Tischen liegen, auf welchen ich vorher auch gelegen hatte. Viewer-1: „Jemand mit den Armen nach oben schwebend gelagert auf einer Fläche. Der andere Teil ist auch auf einer Fläche. Was ungewöhnlich hoch ist, höher als ein Bett." Ich lag vorher auch auf dieser gepolsterten Gummifläche. Und nun sah ich meine Familie da liegen. Sie hatten alle ihre Arme über den Kopf gestreckt. Eine sehr ungewöhnliche Position. Sie wirkten wie festgeschnallt und bewegungsunfähig. Tommy, Elisabeth und Angela hatten ihre Augen weit aufgerissen und alle starten auf diesen Tischliegen vor sich hin ins Leere.

Wir waren in einer problematischen Lage. Die Viewer bestätigen das. Viewer-1: „P2-Arme liegen höher, hat keinen Einfluss, wirkt bewegungslos, strange, Oberbauch von P2, Druck im Körper halten, Körper auf Spannung." Tommy und Elisabeth waren unbekleidet. Nur Angela trug ihren

Schlafanzug von zuhause, welchen sie beim Zubettgehen angezogen hatte. Ich sah nun die medizinischen Robotergerätschaften und mir unbekannte Technik nochmals deutlicher. Gleichzeitig war ich erstarrt und handlungsunfähig bei diesem schockierenden Anblick. Ohnmacht reicht nicht aus, um zu beschreiben, wie schlimm der Anblick wirklich war, meine Familie so hilflos dort liegen zu sehen und nichts tun zu können.

Viewer-1: „P1-Emotionen: Trauer, das mit ansehen müssen. P1 weiß auch, das muss sein. P1 ist nicht direkt beteiligt, beobachtet scheinbar die Vorgänge [von] weiter weg."

Es stimmt, was der Viewer hier sagt. Ich schaute und wusste erstaunlicherweise, dass es sein muss, was dort gerade geschah. Doch das Verhältnis von Unwissenheit und Wissen war nicht ausgewogen. Es war, als ob ein Teil in mir das alles wusste, der andere jedoch nicht. Und hinter all dem spürte ich den Einfluss der Fremden.

Viewer-1: „Oberaufsicht. Ein versteckter Schachspieler stellt den Rahmen zur Verfügung. Wird gesteuert, ausgespielt." Ja es wird strategisch etwas umgesetzt, um das gewünschte Ergebnis zu erzielen.

Plötzlich begann die blonde Alien-Frau neben mir so richtig aus ihrem Mund zu sprechen (nicht mehr telepathisch). Sie erklärte mir: „Die Wannen sind ein Biotop, kein Wasser." Diese andere Spezies wollte, dass ich das sehe und bewusst weiß. Viewer-1: „Fremdemotionen: Hektik, zurufen, metaphorisch den Kopf über Wasser halten. Ausweg suchen." Ich hatte kurz darauf versucht, meinen Tommy zu rufen, es hatte aber nicht funktioniert. Mein Mund konnte nicht sprechen. Ich war sehr aufgeregt.

Viewer-1: „Trauer, dunkel, zum Abschluss zwei Dinge verbinden, Kreislauf schließen, beendet etwas, es wird etwas verbunden." Und weiter Viewer-1: „Den Ort hinter sich lassen, ohne zurückzuschauen, weil es zu schmerzhaft ist."

Mir tat der Anblick meine Familie sehr leid. Sie lagen hilflos und ausgeliefert herum. Ich konnte nichts tun, wusste nur, dass es notwendig war. Es soll vorerst im Verborgenen bleiben. Unerkannt und unentdeckt.

Ziel = Einheit

Ich hatte durch das Gespräch mit meiner Tochter Elisabeth über unseren gemeinsamen „Traum" von Anfang an die Vermutung, dass ich bei dem Erlebnis an diesem Ort nicht allein war. Auch Elisabeth muss von ihnen geholt worden sein. Das Remote-Viewing bestätigte diesen Verdacht. So sehen die Viewer Dinge, die mit Elisabeth in dieser Zeit passiert sind. Viewer-1: „P2 fühlt sich wohl, wie im Halbschlaf, tief entspannt, in einer ähnlichen Umgebung wie P1, und wird durch die Umgebung bewegt." Viewer-2: „Es ist jemand anwesend. P2 ist in einer abgelegenen Ecke abgestellt." Viewer-1: „Klinisch steril getrennt. P2 weiß, dass es P1 gibt, aber P1 ist sich über P2 nicht bewusst." Während der Vorgänge auf dem OP-Tisch hatte ich tatsächlich keine Ahnung, dass Elisabeth dort war. Doch das war noch nicht alles. Auch Angela und Tommy waren dort!

Weitere Eindrücke der Remote Viewer, zu den Vorgängen während des Eingriffs:

„P2 liegt auf einer Art Krankenbett und wird in der Umgebung bewegt. P2 liegt bewegungslos darauf."

„An der Decke öffnete sich etwas Rundes."

Offenbar wurde Elisabeth von mir weggebracht, denn Viewer-1 beschreibt: „P2 ist jetzt an einem anderen Ort und schaut von oben herab."

Viewer-2: „P2 hat Beobachterfunktion des Szenarios, das was von oben kommt hat eine Wirkung. P2 abgetrennter Raum und schaut zu P1. Beobachtet abgetrennt, geschützt. P2 ist sich dessen bewusst, und Leidtragende."

Viewer-1: „Im Vergleich zu P1 nimmt P2 alles anders wahr. Es ist wie durch ein Beobachtungsfenster zum OP-Saal. P2 beobachtet etwas, schaut jedoch nicht auf P1. Stattdessen schaut P2 auf irgendwelche bunten Bildschirme, auf denen Indikationen und Werte angezeigt werden."

Viewer-1: „P1 wird von dieser Position aus beobachtet."

Robotik, Chirurgen und Aliens

Das Erlebnis ist wie ein Besuch beim Alien-Zahnarzt. Die Wesen mit dunklen Augen und eine Gestalt mit weißem Kittel überprüfen meinen Mundraum. Über mir sehe ich ein hochmodernes Gerät, ähnlich wie in einem Science-Fiction-Film. Sie sagten mir damals (vor diesem Erlebnis), ich solle mit Angela zum Zahnarzt gehen, was ich auch später tat. Bei diesem Zahnarztbesuch wurde bei ihr eine fortgeschrittene Karies unter einer Füllung festgestellt, die ich optisch nicht so schnell bemerkt hätte. Ich hatte dieses Erlebnis fast verdrängt, bis zu diesem Punkt, daher hatte ich es nicht erwähnt.

Auch in Bezug auf diesen speziellen Eingriff konnten die Remote-Viewer erstaunlich viele Details liefern. Viewer-2: „Vorgang: eine Art Ventil-Spritzguss bei dem etwas unter Druck zu einer Verengung, aus dem Ventil, herauskommt." In diesem Fall schildert womöglich Viewer-2 den Mechanismus der Hightech-Maschine, welche ich später noch versuchen werde, zu erklären. Weitere Wahrnehmungen: Viewer-1: „Beruhigung und Polsterung des Körpers. Schiebewagen, Extraktion, offener Arm."

Viewer-1 erkennt weitere Details des Eingriffs: „Etwas Schleimiges, Organisches am Körper. Es liegt etwas offen und man zieht etwas Schleimiges aus einer Ader heraus. Kein Blut, klebrig, durchsichtig. Es fließt kein Blut aus der Vene am Arm. Es wirkt organisch, feucht und kühl"

Viewer-1: „Ich sehe viel Flüssigkeit. Ungewöhnlich kalt. Kein Blut. Man zieht aus [einem] Kanal eine klare Flüssigkeit raus."

Ja, stimmt alles, sie benutzten Spritzen und Geräte und werkelten herum.

Viewer-1 sieht auch, dass eine Nadel verwendet wird, um Flüssigkeit herauszuziehen, die sehr feucht und kühl ist. Er erkennt, dass Schwebepartikel und andere Stoffe in der klaren Flüssigkeit mit Chromosomen enthalten sind. Ich weiß jedenfalls, dass diese Wesen mir etwas injiziert und auch entnommen haben.

Währenddessen habe ich meine Augen geöffnet und bemerke, dass ein Roboterarm an mir arbeitet. Über meinem Mundbereich befindet sich ebenfalls ein Gerät. Der lebende Zahnarztstuhl war mit einer Vielzahl von Bildschirmen unterschiedlicher Größen und Formen ausgestattet. Die Farben auf den Bildschirmen schienen lebendig und erzeugten eine Mischung aus lebhaften Tönen. Die Oberfläche des Geräts glänzte und hatte markante Konturen. Inmitten dieser Ausstellung befand sich ein Roboterarm, der Bewegungen mit außerordentlicher Präzision und Geschwindigkeit ausführte. Dieser Roboterarm ähnelte den hochentwickelten KUKA-Robotern. Inmitten der Szenerie des lebendigen Zahnarztstuhls offenbaren sich Zahlen, die auf Kreisen erschienen, die keiner sichtbaren Befestigung bedurften. Diese Kreise schienen eine eigenartige Dynamik zu besitzen, indem sie sich gleichzeitig vergrößerten und verkleinerten, sich ineinander bewegten und eine mysteriöse Choreografie vollführten. Die Zahlen schienen in einem Glanz zu leuchten. Sie lieferten Erkenntnisse, die mein menschliches Verständnis überstiegen. Es war, als ob diese sich bewegenden Kreise eine Verbindung zu einer erweiterten Wissensquelle hatten, die jenseits meiner Vorstellungskraft lag. Viewer-1: „Dünne Stangen rotieren, oben öffnet sich was. P3 reguliert, steuert und beobachtet den Prozess.“

Viewer-1: „Wenn man nach oben schaut, hängt irgendwas. Es erinnert an eine Dunstabzugshaube. Da hängt was dran.“

Viewer-1: „P2 liegt und die Arme sind immer noch creepy, und später wird P2 aufgesogen.“

Viewer-2: „Etwas setzt sich von oben in größerer Stückzahl.“ Der Monitor fragt nach dem Ziel, und Viewer-2 antwortet: „Was mir in den Sinn kommt, ist das Wort Konkludenz.“

Es ist wie bei einem Puzzle, bei dem einige Teile fehlen. Obwohl man die fehlenden Teile nicht direkt sieht, kann man durch die Teile, die man hat, eine Vermutung darüber anstellen, wie das vollständige Puzzle aussehen könnte. Es ist ein stiller Schluss, den wir basierend auf dem, was wir wissen, ziehen.

Viewer-1: „Komische Lichtanlage, Verstrebung an der Decke, viele kleine Lichter, wie Spots, die lückenhaft leuchten, aber es macht kein Streulicht. Vielleicht kann man die einzelnen Sachen noch ausrichten, wie Lampen."

Viewer-1: „Erinnert an das, was bei Star-Trek in der Krankenstation hängt."

An der Stelle sieht Viewer-1 die seltsame Gerätschaft, die über mir hängt. Die Farben sind rot, silbrig und blau reflektierend. Es stimmt. Es sieht aus, als ob das Gerät rotiert und aus einer Kugel Monitore herauskommen, mit bunten Bildschirmen und vielen Lichtern. Es arbeitet selbstständig. Der Roboterchirurg erkennt alles, was in meinem Körper vor sich geht, und erledigt das Notwendige von allein. Dazu passend berichtet Viewer-1: „Ich sehe niemanden, der das Ding bedient. Es geht von allein." Dennoch stehen Wesen dabei und beobachten die Maschine, ähnlich wie in einer lebendigen virtuellen Klinik. Und ich kann das nur mit einem hochmodernen und neumodischen Zahnarztstuhl vergleichen.

Und nun kommen wir zu einem Punkt, der auch Herrn Polte nachhaltig beeindruckte: Die von dem Viewer beschriebene Szene mit dem Roboterarm und der bunten Anzeige hatte ich bereits zuvor gezeichnet.

Ich dachte auch, ich hätte das Erlebnis mit dem Roboterarm niedergeschrieben, habe aber beim Durcharbeiten meines Buches bemerkt, dass dem nicht so ist. Stattdessen hatte ich das gezeichnete Bild in meinem Gedächtnis bereits vergessen. Es kam erst wieder zum Vorschein, nachdem der Viewer die Szene mit dem Roboterarm und der bunten Anzeige beschrieb, die ich schon zuvor gezeichnet hatte. Daher glaube ich nun, dass sich der frühere (schon damals gezeichnete) Eingriff mit dem Roboterarm am selben Ort abspielte, wie das Erlebnis mit dem Biotop und Elisabeth (sowie Angela und Tommy). Viewer-1 hat somit etwas beschrieben, was Herr Polte selbst dem Monitor gar nicht als Information gegeben hatte. Das war ein weiterer Beleg dafür, dass die Remote-Viewer unbeeinflusst echte Ergebnisse lieferten.

Forschung – Verbindung - Fürsorge

Es ist offensichtlich, dass sie eine klare Absicht verfolgen: Dinge zu studieren und neue Türen zu öffnen – Türen, die für uns als Mensch unmöglich und unerforscht galten. Ihr Ziel ist es, Verbindungen herzustellen und Zusammengehörigkeit zu schaffen. Doch für Außenstehende birgt ihre Vorgehensweise auch Gefahren, besonders dann, wenn andere ihre Absichten nicht teilen. In diesem Sinne bemerkte auch Viewer-1, dass sie äußerst kompetent sind und in der Lage, effektiv miteinander zu kommunizieren. Passend dazu merkte auch Viewer-2 an, dass ihr Ziel darin besteht, schlüssig und wertvoll zu handeln und Sicherheit zu gewährleisten.

Sie verarbeiten Schmerzempfindungen anders als der Mensch. Dinge, die für uns unangenehm sind oder von uns abgelehnt werden, lösen bei ihnen keine emotionalen Reaktionen aus. Diese Kreaturen wollten dennoch nicht, dass ich aufgrund ihres Handelns Gedächtnisnarben, psychische Störungen oder Ängste erleide. Das würde ihnen keinen Nutzen bringen und es steht nicht in ihrem Interesse.

Elternfunktion: Gestalter der Kindheit

Es ist nicht nur ein Teil von mir, der Erlebnisse ins Langzeitgedächtnis einprägt, sondern auch ein Teil von mir, der glaubt, dass diese Erlebnisse Teil unserer Realität sind. Wenn ich existiere und lebe, warum sollten sie nicht auch existieren und leben? Wenn das nicht der Fall wäre, wäre ich nicht real, aber ich schreibe gerade dieses Buch über sie. Daher bin ich überzeugt davon, dass sie genauso wie ich existieren und wir in einer Beziehung zueinander stehen. Interessanterweise konnten auch die Remote-Viewer etwas über diese Beziehung in Erfahrung bringen:

Viewer-1: „P1 und P2 haben Lektion gelernt. Bisschen elitär von oben herab, aber auch nicht bösartig, sondern elternmäßig oder meistermäßig." Es kommt mir auch so vor, als ob diese Wesen eine elterliche Autorität ausüben, für bestimmte Belange die Kontrolle übernehmen, Verantwortung haben und diese auch zeigen, ähnlich wie Eltern es tun würden, besonders in bestimmten Momenten.

255

Viewer-2: „Erinnert mich an eine Raupe, die sich in einen Schmetterling verwandelt.“

Viewer-1: „Die Dinge müssen miteinander verbunden werden, um einen Kreislauf zu schließen. Es ist Zeit, etwas zu beenden.“

Viewer-1: „Dramatisch, aber auch eine notwendige Veränderung, die neue Wege für alle Beteiligten eröffnet. Es gibt kein Zurückblicken.“

Es scheint, dass der Viewer über eine dramatische Veränderung spricht, die als notwendig betrachtet wird. Er betont, dass es keinen Rückblick gibt und stattdessen der Fokus auf den neuen Möglichkeiten liegt, die sich für alle Beteiligten eröffnen. Dies deutet darauf hin, dass eine tiefgreifende Veränderung stattgefunden hat, die zuvor möglicherweise unvorstellbar oder beängstigend erschien. Letztlich scheint es tatsächlich eine Erfahrung auf einer physischen Ebene gewesen zu sein.

Monitor: „Wenn Du da jetzt als Viewer hineinfühlst, kannst Du dieses Szenario in Deinem jetzigen Bewusstsein sehen?“

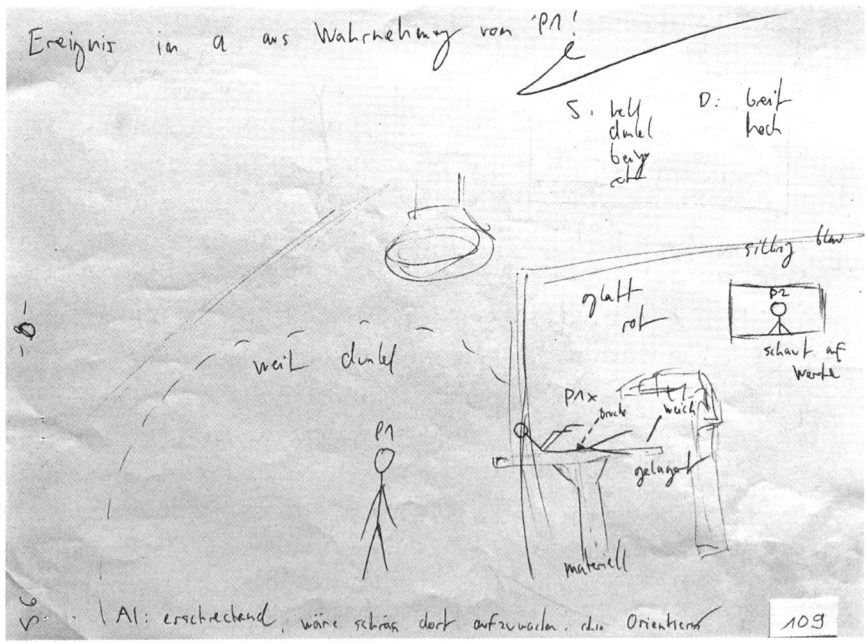

Remote Viewer

256

Viewer-1: „Wenn ich dort wäre, ja. Es wirkt alles recht materiell. Ich habe das Gefühl, röntgenblickmäßig durchgeschaut zu haben, vor allem kann ich diese Lampen wahrnehmen. Der Sog wirkt verschoben, den würde ich nicht wahrnehmen. Ich würde die Szene sehen, dass da jemand liegt und als Hightech-Klinikstimmung interpretieren."

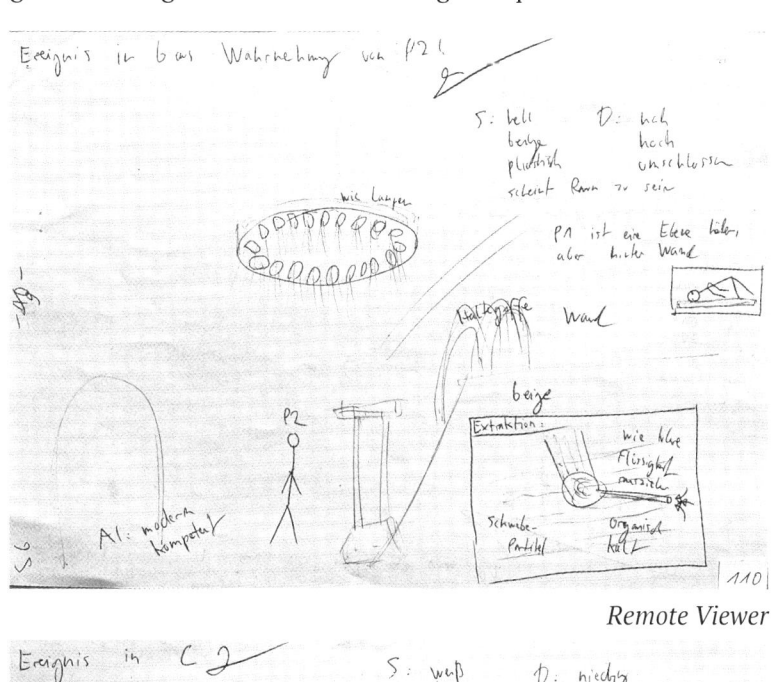

Remote Viewer

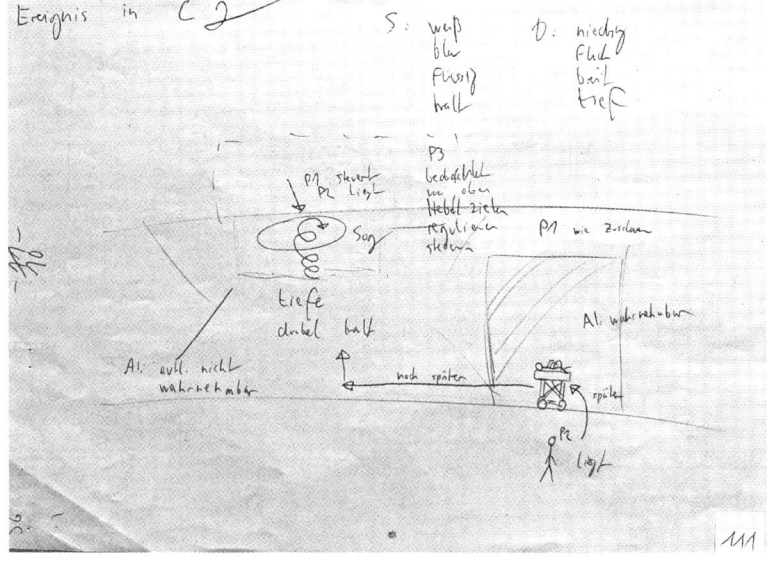

Remote Viewer

Dialog mit einem fokussierten Alien

Zum Schluss der Remote-Viewing-Sitzung gibt es noch etwas, mit dem ich gar nicht gerechnet hatte. Der Viewer stellt – wie auch immer – einen direkten Kontakt zu einem der Oberaufseher-Aliens her und befragt ihn. Etwas kurz angebunden, lässt sich dieser tatsächlich auf ein Gespräch ein.

P3 ist bei diesem Gespräch die fremde Lebensform.

Interview mit P3:

Viewer-1: „Hallo, P3?"

P3: „Gestresst"

Viewer-1: „Was machst Du da?"

P3: „Arbeiten, ablegen, bin dabei traurig."

Viewer-1: „Wieso hier?"

P3: „Es muss sein, hart, aber notwendig."

Viewer-1: „Warum ist es notwendig?"

P3: „Daten erfassen, muss eingetragen werden."

Viewer-1: „Was willst Du?"

P3: „Gutes tun, Buch führen, fürsorglich sein."

Viewer-1: „Woher kommst Du?" Als Antwort bekommt der Viewer ein Bild übermittelt: „Ich sehe da einen breiten, geschwungenen, silbrigen Raum."

Viewer-1: „P3, kommst Du irgendwo allgemeiner her?"

„Ich sehe gerade eine blaue Kugel. Es könnte ein Planet sein, aber nicht wie die Erde, sondern ganz blau. Wie der Neptun vom Aussehen. Ich blicke von einer bergigen Landschaft dahin. Sieht aus wie ein Gebäude mit Fenstern, eine Art Komplex."

Monitor: „Kommt P3 von diesem anderen Planeten?"

Viewer-1: „Es scheint, als käme P3 von dieser felsigen Landschaft, aber das Gebäude wirkt künstlich und hat keine Atmosphäre. Es hat eine hohe Felsnadel und einen pink-violetten Himmel im Hintergrund mit Himmelskörpern im Dunst. Das Gebäude ist halb in der Wand drinnen und kantig gebaut. Das hat irgendwo Fenster."

Monitor: „Ich sehe Fenster, die wie eine Glasblase aussehen, in die man sich hineinsetzen kann."

Viewer-1: „Ich sehe das schlitzförmig, sehr kompakt, wo P3 rausschaut."

„Ich sehe große, durchsichtige Passagen in der Wand."

„Wie kommst Du hierher?"

„Es rotiert, und P3 erscheint daraus. Es ähnelt einem Portal." Viewer-1 sieht keine klassische Untertasse.

„P3 ist sehr auf seine Aufgabe fokussiert. Daten erfassen, fürsorglich sein."

„Kommst Du wieder, P3?"

P3: „Aufgabe abgeschlossen."

Viewer-1: „Danke für den Dialog mit Dir."

Viewer-1 merkt abschließend an: „P3 ignoriert mich und arbeitet weiter. P3 ist fixiert auf die Aufgabe, als wäre er dafür gemacht."

Dazu nun meine Gedanken:

Das Interview könnte als Warnung interpretiert werden, obwohl es eine melancholische Atmosphäre vermittelt und das Alien seine Aufgabe abgeschlossen hat. Es wirft Fragen auf, über die Natur und Herkunft des Aliens. Insbesondere regt es zum Nachdenken an über die Bedeutung der gesammelten Daten, die das Alien erwähnt. Es lässt Raum für Spekulationen, dass möglicherweise eine künstliche Intelligenz im Hintergrund agiert, die mit diesen Daten gefüttert wird.

Die Tatsache, dass das Alien unbeirrt und unabhängig von äußeren Einflüssen oder Ablenkungen weiterarbeitet, lässt darauf schließen, dass es seine Aufgabe und sein Ziel als vorrangig betrachtet. Tunnelblickmäßig. Diese Haltung kann als Ausdruck seiner Entschlossenheit und Mission interpretiert werden. Es betont die Selbstständigkeit und Beharrlichkeit des Wesens bei der Verfolgung seiner Ziele und der Erfüllung seiner Aufgabe. Gleichzeitig scheint das Alien in seiner Melancholie und dem Hinweis auf eine abgeschlossene Aufgabe eine gewisse Tragik auszustrahlen. Es scheint so, als ob das Alien in seiner Aussage „fürsorglich zu sein" tatsächlich eine moralische Verpflichtung oder einen Auftrag hat, sich um bestimmte Dinge oder um mich als Person zu kümmern. Es zeigt eine Absicht, Schaden zu vermeiden und positive Auswirkungen zu erzeugen. Da die genaue Natur des Aliens und die genauen Details der Aufgabe und Wertvorstellungen nicht richtig bekannt ist, bleibt Raum für Interpretationen. Es ist jedoch klar, dass das Alien einen Fokus darauf legt, in einer Weise zu handeln, die positiv ist und zum Nutzen anderer oder der Gesamtheit beiträgt. Es ist möglich, dass es bestimmte ethische Richtlinien oder Ziele hat, die es bei der Erfüllung seiner Aufgabe beachtet. Letztendlich hängt die genaue Bedeutung von dem individuellen Hintergrund des Aliens und den Wertvorstellungen ab, die dieses Wesen besitzt.

Schlussbetrachtung unserer Realität

„Ein gutes Ende macht ein schnelles Ende" (Elisabeth)

Ich versuche, Elisabeths überraschendes Zitat dahingehend zu deuten, dass es besser ist, die Buch-Situation schnell zu beenden, um unnötige Belastungen zu vermeiden, anstatt es zu verzögern und sich weiter unnötigem Stress auszusetzen. Nach all den Erfahrungen, die ich gemacht habe, bin ich zu dem Entschluss gekommen, dass sich Dinge auf verschiedenen Ebenen abspielen. Was wir sehen, ist eine oberflächliche Schicht der Wirklichkeit. Wir sind (noch) begrenzt, das Ganze zu erfassen. Der Mensch ist sozusagen programmiert, nur die aktuelle Realität zu sehen. Einerseits gehe ich davon aus, dass bestimmte Dinge real passieren, hier um mich herum, bei mir zuhause. Bei anderen Dingen denke ich, dass ich dort Erfahrungen gemacht habe, die sich auf einer anderen Ebene abspielen, weil es nicht wie ein normaler Traum war, sondern sehr real auf mich wirkte. Ich konnte mit ihnen kommunizieren und fühlen, was mich gelehrt hat, dass sie die scheinbare Realität verändern können. Ich denke, dass Aliens möglicherweise in verschiedenen Zeiten existieren. Ich weiß, dass sie über fortschrittliche Technologien oder biologische Eigenschaften verfügen, um Zeitmanipulation zu nutzen. Durch ihre Fähigkeit, verschiedene Zeitpunkte zu durchqueren, könnten sie ein umfassendes Verständnis der Welt und der Entwicklung von Ereignissen erlangt haben. Diese tiefgreifende Perspektive könnte ihnen ermöglichen, Geduld auf einem ganz anderen Niveau zu haben, da sie Ereignisse über lange Zeiträume hinweg beobachten und beeinflussen können. Darüber hinaus denke ich, dass Aliens die Fähigkeit besitzen, Neues zu erschaffen und sehr aufmerksam zu sein. Sie zeigen ein hohes Maß an Kreativität und haben Bewusstsein zur Verfügung, um Ideen zu entwickeln und Probleme zu lösen. Es scheint, dass sie auch in Verbindung mit dem Übernatürlichen stehen. Das lässt vermuten, dass sie nicht nur physische Wesen sind, sondern auch metaphysische Wesen. Die Menschheit steht in einem Abhängigkeitsverhältnis mit diesen Wesen, das sich auf bewusster und vor allem unbewusster Ebene manifestiert. Bei der Suche nach der Wahrheit begeben wir uns in ein Reich, in dem wir nicht die Oberhand haben. Diese Kreaturen sind schwer fassbar, sie sind wie Geister und zeigen sich nur, wenn sie das wollen. Uns alle umgibt ein Geflecht unsichtbarer Gesetze.

Fazit

In dieser Schicksalsgemeinschaft zwischen der Menschheit und der außerirdischen Präsenz enthüllt sich eine bemerkenswerte Zusammenarbeit. Die Riesen-Mantis, die reptiloiden Wesen, die kleinen und großen Grauen sowie die blonden Wesen bilden gemeinsam eine Art große Familie, in der sie Reproduktionsexperimente an Menschen durchführen und auch hybride Wesen untereinander erschaffen, um unsere und ihre kognitive und körperliche Entwicklung voranzutreiben. Die Männer in Schwarz (MIB) erscheinen wie eine Art Polizei, die aufmerksam das Geschehen in dieser Allianz beobachtet. Ihre Aufgabe liegt in der Überwachung und Kontrolle möglicher Risiken oder Verstöße, um ein Ausbrechen von Chaos zu verhindern. Neben ihrer geheimnisvollen Natur wird ihre Rolle als eine Art Regulator in diesem Zusammenhang deutlich. Sie tragen zur Aufrechterhaltung von Ordnung und Sicherheit innerhalb der Allianz bei, indem sie nicht nur potenzielle Gefahren oder Abweichungen im Blick behalten, sondern auch die Menschen, die für ihre Experimente genutzt werden, beobachten.

Die Führungspersonen der menschlichen Gesellschaft sind offenbar über die Aktivitäten und Experimente der außerirdischen Allianz informiert. Dies lässt sich vermuten, da ich beispielsweise offensiv von einer großen Drohne beobachtet wurde und heimliche Beobachter der Staatsgewalt mich im Auge hatten. Diese Umstände lassen darauf schließen, dass sie die Rolle und Absichten der verschiedenen Alien-Rassen kennen und vermutlich auch von Alien-Entführungen Kenntnis haben. Es ist auch denkbar, dass eine gewisse Zusammenarbeit zwischen den Außerirdischen und Regierungen der Welt besteht, möglicherweise mit gegenseitigen Vorteilen wie dem Austausch von Technologien oder der Möglichkeit, Menschen zu entführen und an ihnen zu forschen. Ich nehme an, dass die Regierungen und auch die Aliens in dieser Allianz eine Chance sehen, die kognitiven Fähigkeiten der Menschheit zu verbessern, um unsere kreativen Potenziale zu entfesseln und unseren Intellekt zu erweitern. Gleichzeitig streben sie nach mehr Kontrolle über die Menschheit als Ganzes. Ich vermute, dass die außerirdische Präsenz uns den Schlüssel zu einer neuen Form der Evolution mit künstlicher Intelligenz überreicht hat, bei der wir unsere körperlichen Beschränkungen überwinden und uns zu Wesen entwickeln können, die über das Menschliche hinausgehen. Offenbar wird angenommen, dass durch diese Zusammenarbeit unsere Potenziale voll ausgeschöpft und wir auf eine neue Ebene der Existenz angehoben werden können.

Doch was bedeutet das alles für mich? Aufgrund meiner eigenen Erfahrungen und der Tatsache, dass diese Wesen etwas mit mir gemacht haben, entsteht ein innerer Konflikt zwischen Loyalität gegenüber den Fremden und meinem Menschsein. Ich spüre die Auswirkungen all dessen auf meine Gedanken und Überzeugungen.

Der Begriff *Transhumanismus* spielt bei all dem eine entscheidende Rolle und ist möglicherweise der Schlüssel zu tieferer Erkenntnis. Ein gesunder Weg damit umzugehen, könnte sein, zu denken, dass ich nur eine einfache Stichprobe war, ein Experiment.